COLLECTION MICHEL LÉVY
— 1 franc 25 cent. le Volume —
PAR LA POSTE, 1 FR. 50 CENT.

EUGÈNE DE MIRECOURT

CONFESSIONS
DE
NINON DE LENCLOS

PRÉCÉDÉES

D'UN COUP D'ŒIL SUR LE RÈGNE DE LOUIS XIV

PAR MÉRY

I

NOUVELLE ÉDITION

PARIS

MICHEL LÉVY FRÈRES ÉDITEURS
RUE AUBER, 3, PLACE DE L'OPÉRA
—
LIBRAIRIE NOUVELLE
BOULEVARD DES ITALIENS, 15, AU COIN DE LA RUE GRAMMONT

COLLECTION MICHEL LÉVY

AMOURS HISTORIQUES

CONFESSIONS

DE

NINON DE LENCLOS

I

MICHEL LÉVY FRÈRES, ÉDITEURS

OUVRAGES
DE
EUGÈNE DE MIRECOURT

Format grand in-18

COMMENT LES FEMMES SE PERDENT. . . . . 1 vol.
LA MARQUISE DE COURCELLES. . . . . 1 —
LES CONFESSIONS DE MARION DELORME. . . . . . . 3 —
LES CONFESSIONS DE NINON DE LENCLOS. . . . . . 3 —
MASANIELLO, LE PÊCHEUR DE NAPLES. . . . . 1 —
ANDRÉ LE SORCIER. . . . . 1 —
UN ASSASSIN. . . . . 1 —
LE MARI DE MADAME ISAURE. . . . . 1 —

F. Aureau. — Imprimerie de Lagny.

AMOURS HISTORIQUES

CONFESSIONS
DE
NINON DE LENCLOS
PAR
EUGÈNE DE MIRECOURT

PRÉCÉDÉES

D'UN COUP D'ŒIL SUR LE RÈGNE DE LOUIS XIV
PAR MÉRY
I

NOUVELLE ÉDITION

PARIS
MICHEL LÉVY FRÈRES, ÉDITEURS
RUE AUBER, 3, PLACE DE L'OPÉRA

LIBRAIRIE NOUVELLE
BOULEVARD DES ITALIENS 15, AU COIN DE LA RUE DE GRAMMONT

1874

Droits de reproduction et de traduction réservés

PRÉFACE

COUP D'ŒIL SUR LE SIÈCLE DE LOUIS XIV

Lorsqu'on veut bien étudier ce siècle, pendant lequel les femmes continuèrent à exercer sur l'esprit et sur les mœurs de la nation une influence souveraine, il faut s'arrêter d'abord aux quelques années qui séparent la mort de Louis XIII du nouveau règne. Avant de suivre le grand roi dans les somptueuses résidences de Versailles et de Fontainebleau, remontons à cette époque d'insouciance et de gaieté vraiment française où la blanche main des duchesses attachait un nœud de ruban à l'épée de la Fronde.

Dans la physionomie de tous ces jeunes seigneurs qui se battent sous les yeux de leurs maîtresses, il y a je ne sais quel bel air, quel air de gaieté charmante et de raillerie chevaleresque. Cela donne aux scènes tumultueuse de l'émeute une fougue adorable, un entrain délicieux. Le trait spirituel part en même temps que la balle du mousquet; la chanson leste et pimpante se mêle au bruit du tambour, aux fanfares des clairons; le pamphlet incisif devient une arme de bonne trempe. Les pères ont lu la *Satire Ménippée;* les fils se disputent les *Mazarinades.*

Il est vrai que, pour cette fois, on ne s'acharne ni sur une monarchie ni des questions séculaires; on ne porte la hache au pied d'aucun de ces arbres sous lesquels les générations se sont abritées et ont vécu ; on n'en veut qu'à un homme, à un aventurier florentin que favorise la reine, à un étranger sans noblesse, qui estropie le Français et jette à tous les vents ces mots italiens : *Cantano pagaranno.*

Les plus jolies femmes de la cour prenaient part à ces séditions turbulentes. Ce bruit, ces combats, ce double feu roulant de l'épigramme et de la mousquetade, n'éteignaient pas les doux propos et les soupirs ; l'intrigue politique ne venait qu'en second ordre, et, pour le plus grand nombre des combattants, la révolte était une affaire de cœur.

Un jeune homme, qui devait, plus tard, écrire de froides et desséchantes maximes, se battit comme un lion pour les beaux yeux de madame de Longueville, cette gracieuse et noble reine de la Fronde.

Et Mademoiselle, qui la transforma subitement en héroïne, si ce n'est l'amour? Ne dirait-on pas que toute la pétulance des Guise, dont elle a pris un des apanages, a passé dans les veines de cette fille de Gaston, de Gaston, le plus faible des hommes, le plus lâche des princes? La duchesse de Montpensier prend des villes; elle entre par une brèche dans les murs d'Orléans, comme eût fait Henri IV, son aïeul; puis elle revient à Paris, monte en haut de la Bastille, et fait éclater le tonnerre de trente canons pour sauver Condé de la honte d'une défaite.

Si l'esprit débordait alors, même aux époques de troubles les plus violentes, c'est que le bon mot sorti des lèvres d'un chef d'émeute faisait éclore sur une bouche aimée un sourire approbateur, et donnait l'épanouissement de la joie à ces doux visages que le pinceau du peintre et le ciseau du sculpteur ont su nous conserver dans toute leur grâce et leur beauté premières. Le salon devenait une puissance avec laquelle il fallait compter, une puissance que l'on craignait, que l'on ménageait, que l'on flattait, dont on recherchait les suffrages. On y voyait naître cette exquise galanterie française qui proclamait le règne de la femme sur la nation la plus spirituelle du monde.

Dans la Grèce ancienne, on nous montre Socrate et Platon se glissant chez Aspasie pour agiter avec cette célèbre courtisane de hautes questions philosophiques : cela s'appelait sacrifier aux Grâces. Toutefois ce n'était là qu'une influence passagère et à laquelle Platon a dû peut-être l'élégance de son style.

A Rome, rien de semblable.

Si des temps anciens nous passons aux temps modernes, nous trouvons à Florence la société choisie dont Boccace se fait l'ingénieux historiographe ; mais nulle part qu'en France la femme ne se montre animée de cette douce et féconde ardeur qui échauffe le génie naissant et produit les chefs-d'œuvre.

La galanterie se trouvait maintenue à l'hôtel Rambouillet dans les bornes de la décence, et la vivacité de l'esprit français y était assujettie à des règles qui en tempéraient les écarts. On chercha bientôt à échapper à cette solennité de manières, à cette gravité de langage et de maintien qui engendraient le ton précieux. Voiture, Balzac, Saint-Évremond, Ménage et vingt autres écrivains du temps allèrent s'asseoir au cercle d'une femme qui semblait continuer les traditions des courtisanes d'Athènes. Marion Delorme préparait, avec plus de tendresse dans l'âme, avec moins de brillant dans l'esprit, le règne de cette Ninon de Lenclos qui devait un jour souligner par ses sourires les vers de l'auteur du *Misanthrope*, et les désigner d'avance aux bravos du parterre.

Louis XIV est entré au parlement en bottes fortes et le fouet à la main : le grand règne commence.

Bien des changements ont suivi la mort de Mazarin. La fraise à la *confusion*, le chapeau retroussé, le vêtement du *guap* d'Oviedo, de l'élégant *caballero* de Madrid, font place à des habits roides et majestueux. Les gentilshommes ne croient plus que les longs cheveux, naturellement bouclés, suffisent à l'ornement du visage; ils affublent leurs têtes de gigantesques appareils, et transforment l'art du coiffeur. Les rubans sont répandus à profusion sur les souliers, aux genoux, aux manchettes, aux épaules, et la dentelle même devient une partie essentielle du vêtement masculin.

Seules, avec ce tact qui les caractérise, les femmes se révoltent contre une mode absurde, et refusent de quitter les costumes qui les embellissent; elles sont soutenues par les Mancini, les la Vallière, les Montespan, les Fontanges, et par cette divine madame Henriette, dont la vie, radieuse étoile, devait s'éteindre si promptement dans l'ombre de la mort.

La littérature elle-même s'est disciplinée : cependant elle ne saurait rompre avec les traditions galantes, sur lesquelles le jeune roi jette, le premier, tout le fastueux éclat de sa grandeur. Les femmes continuent d'inspirer le vers du poëte; elles préparent le succès de l'artiste, et vont s'asseoir jusque sur les marches du trône, pour exercer de plus haut leur glorieux patronage. Alors, si elles écrivent, elles donnent à la peinture du sentiment et au récit un charme de style, une souplesse de ton, qui transportent dans le livre toute la vivacité, toutes les allures fines et délicates des entretiens du salon. Si elles ne se nomment ni madame de Sévigné, ni madame de la Fayette, si elles se bornent au rôle de protectrices des lettres et des arts, elles accueillent, comme madame de la Sablière, le poëte insoucieux qui n'a point d'abri ; elles demandent, comme madame de Maintenon, des tragédies à Racine ; elles dirigent, à l'aide de leur intelligence que la grâce décore, à l'aide de leur cœur que l'enthousiasme électrise, ce mouvement universel des idées qui a valu à ce siècle l'honneur d'être regardé comme une des quatre grandes époques du progrès littéraire chez les peuples.

Bercé par la plus belle poésie du monde, par la poésie grecque, le jeune élève de Lancelot, le lecteur des fraîches amours de *Théagène* et de *Chariclée*, va bientôt, à côté de la pompe d'un règne éblouissant, étaler celle de ses vers. Ici tout se met en harmonie : le poëte, beau comme le roi, amoureux comme le roi, verra toujours, au travers des magnificences de Versailles, le palais d'Argos, le temple athénien, la chambre impériale de César. Sa pensée, malgré le vêtement grec, restera française, et la muse du courtisan de Louis recevra les inspirations d'une cour brillante, sous la tunique et le peplum qui la couvriront, sans la cacher.

Fermez les yeux : ne croiriez-vous pas, à cette douceur amoureuse qui embaume les paroles d'Iphigénie, à ces harmonieuses plaintes qui s'échappent de la bouche de Bérénice, que la Vallière et madame Henriette étaient présentes à l'imagination du poëte quand il donnait aux regrets de l'une et aux douleurs de l'autre cette suavité qui attendrit le cœur et mouille les yeux de larmes délicieuses?

A cette époque, les femmes se partagent en deux camps : nous les voyons arborer deux bannières. Elles prennent parti, les unes pour Racine, les autres pour Corneille.

Madame de Sévigné, dont la société ordinaire se compose d'admirateurs exclusifs du père du *Cid*, se montre des plus ardentes contre le poëte. « Il manque entièrement, écrit-elle, de la vigueur romaine qui éclate dans les *Horaces*. »

Ce dut être un coup bien douloureux pour Racine que cette déclaration de guerre, surtout quand, à côté de madame de Sévigné, vinrent se ranger une multitude de femmes, des cercles entiers, où chaque jour on aiguisait une épigramme nouvelle pour le blesser au cœur.

Dans cette injuste agression se fit remarquer au premier rang madame Deshoulières, qui mit au service de la coterie son habileté à forger la rime.

Mais la femme qui recevait du poëte tant de rôles passionnés, qui, de son âme, de son regard, de ses gestes, de ses accents, faisait vivre sur la scène les héroïnes tragiques, la Champmeslé, vengea Racine, en excitant, chaque soir, les bravos du parterre; elle le consola par son admiration, par son amour.

Sur le déclin du règne, madame de Sévigné assista aux

belles représentations de Saint-Cyr. Toute cette pompe théâtrale, que la présence du roi réchauffait encore, agit avec force sur son esprit. Elle reconnut enfin le mérite de celui dont elle avait injustement troublé le triomphe. Le sophisme peut envahir une âme loyale, le paradoxe peut tromper un cœur droit; mais tôt ou tard le bandeau tombe, l'erreur se dissipe et la vérité se fait jour. Madame de Sévigné rendit justice au mérite de Racine et ne parla plus de ses œuvres qu'avec éloge.

Cette qualité brillante, l'esprit, dont l'Allemagne, l'Angleterre, et tous les peuples qui ont une littérature ne présentent que des contrefaçons maladroites, l'esprit, cette fleur exquise de l'âme, qui se révèle par un parfum subtil, a eu chez nous tout son éclat, tout son relief, toute sa grâce, parce que chez nous la femme règne encore plus par l'intelligence que par la beauté.

Au XVIIe siècle, quand un trouble politique intimidait les écrivains et chassait l'esprit du domaine des lettres, il trouvait aussitôt refuge dans les salons et donnait naissance à la causerie française.

Pourquoi ne pas l'avouer? C'est là surtout, plutôt que dans les livres, que nous le voyons jeter ses plus vives étincelles. Il éclate en fusées, petille, aiguise ses pointes, et donne à la conversation quelque chose d'une rencontre en champ clos. Il montre encore cette humeur batailleuse, agressive, qui s'est déployée jadis dans la guerre civile. Un bon mot entame une réputation, comme un bon coup d'épée entame la chair. Se détachant de la lèvre dédaigneuse qui l'envoie, il meurtrit, il déchire, et cause une blessure dont on ne guérit pas.

Tout à coup l'apparition suave de l'une des femmes les plus adorables qui aient régné sur la société parisienne vient adoucir l'âpreté de cette épigramme, qui retentissait comme un coup de lanière, et pénétrait dans l'amour-propre comme un poignard.

Un nouveau cercle s'ouvre.

L'esprit a trouvé un lieu où rien ne va gêner son essor ni mesurer l'espace à ses ailes.

Ninon de Lenclos commence à prêcher les doctrines de cette philosophie du plaisir qui la rattache, elle et ses amis, à la plus attrayante des sectes de l'antiquité. Sur la pente facile qui l'entraîne vers de complaisantes amours, elle se laisse glisser avec une insouciance heureuse, dont l'excès se trouve tempéré par l'honnêteté virile de son âme et par la solidité de ses relations.

Rien de fascinateur comme la puissance qu'exerçait cette femme, animée du plus beau feu de l'esprit, et pourvue des plus riches dons de la grâce.

Mademoiselle de Lenclos n'eut que des amis d'élite : les Chapelle, les Bachaumont, les d'Estrées, les Clérambault, les Saint-Évremond, les Condé, les Molière; puis ces deux autres, Chaulieu et la Fare, le poëte et le capitaine des gardes, qui durent faire regretter aux gentilshommes de la Régence l'heureux temps où l'on allait chercher dans le salon de la rue des Tournelles la joie et la gaieté disparues de Versailles.

On l'a dit depuis longtemps : l'Italien chante, l'Allemand discute, l'Anglais pérore, le Français seul sait causer.

Ce privilége, qui nous distingue, nous le devons surtout à ces femmes précieuses des derniers siècles qui savaient reprendre avec la plume une conversation interrompue, sans que la plume en altérât la vivacité, en alourdît les sémillantes allures.

Quand Louis XIV, d'un geste de sa main royale, eut éteint l'incandescence des partis, les femmes se hâtèrent d'abdiquer le rôle d'opposition railleuse qu'elles avaient joué sous la Fronde, pour en prendre un plus noble, un plus éclatant, un plus digne d'elles. Nous assistons alors à un magnifique spectacle. Le poëte qui les encense, l'artiste qui reproduit leur beauté sur la toile et avec le marbre, l'homme d'esprit qui recherche leurs suffrages, se laissent enflammer au feu de leurs regards et obéissent à leur impulsion. Sous les noms d'Hortense Mancini, de Louise de la Vallière, de mademoiselle de Fontanges, de madame de Montespan, beautés rivales, qui tour à tour attireront les regards du maître et donneront des chaînes à son cœur, elles sont l'âme de toutes les fêtes. Le siége qu'elles occupent aux cercles de la cour, aux représentations théâtrales, dans les carrosses qui suivent les chasses de Compiègne et de Chambord, devient un trône d'où elles répandent, comme des rayons bienfaisants, sur tout ce qui les entoure, le charme de leurs regards, l'encouragement de leurs sourires.

Louis XIV a pris pour emblême le soleil; ses architectes le cisèlent comme une signature splendide sur tous les monuments; ses ingénieurs en décorent les armes meurtrières qui lui donnent la victoire; l'intrépide chevalier banneret du moyen âge, tour à tour devenu le grand seigneur de la Ligue et de la Fronde, maintenant simple courtisan du grand roi, efface ses armoiries devant celles de la couronne ; et cependant, malgré tous ces hommages, malgré la fastueuse devise du prince, le véritable soleil de ce temps, c'est la femme. Pour elle, la satire émousse ses traits aigus, le madrigal épuise sa douce louange; elle exerce la plus noble des royautés, celles qui consiste à encourager les arts.

Au fond de la plus éloignée de nos provinces, vivait, à cette époque, un malheureux artiste brûlé par deux flammes qui dévorent, le patriotisme et le génie.

Enfant de Marseille, on eût dit qu'il avait, après deux mille ans, ramassé sur cette terre grecque le ciseau tombé des mains de Phidias au pied du Parthénon. L'Italie connaissait Pierre Puget, mais la France l'ignorait encore. Gênes le suppliait de donner, dans son église de Carignan, des compagnes aux statues de Philippe Carlone, et Marseille lui refusait un bloc de marbre, Marseille le traitait de maçon, parce que, émule de Tagliafico, il avait, pour sa ville natale, dessiné des lignes architecturales d'une grandeur et d'une beauté merveilleuses.

Déjà vieilli par l'âge et les ennuis, Puget tourne les yeux vers la cour de France.

Son fils part, et porte à la favorite du jour un médaillon sculpté de mémoire, avec le modèle d'un de ces groupes magnifiques que le génie seul peut concevoir et exécuter.

Fière de voir ses traits immortalisés par un artiste nouveau et si grand, la favorite l'appelle à Paris ; elle lui donne un atelier, des blocs gigantesques ; et bientôt le *Milon de Crotone* râle la souffrance sous les ombrages de Versailles.

Louis XIV, suivi de toute sa cour, vient en grande pompe visiter l'œuvre du sculpteur, et manifeste hautement sa satisfaction.

Puis, d'une autre bouche royale, à l'aspect de ce torse et de ces muscles où la douleur palpite, de la bouche de Marie-Thérèse, de la femme du roi, sortent ces mots que l'histoire a recueillis : « Dieu ! que cet homme souffre ! »

L'artiste avait pressé l'achèvement de son œuvre, car, depuis qu'il lui était permis de promener son ciseau à loisir sur le bloc, il craignait que la mort jalouse ne vînt l'interrompre et le saisir au milieu de son travail.

Comme il exécutait son *Milon*, le roi avait souvent dirigé sa promenade du côté de l'atelier pour suivre tous les progrès de la merveille promise. Un jour, entre autres, seul avec la protectrice du sculpteur, il était venu examiner l'œuvre, tandis que la cour, éparpillée, se promenait dans les bosquets voisins. De loin, Puget avait reconnu l'amant royal de celle qui s'avançait, fière, souriante, gracieuse, l'ombrelle négligemment rejetée sur l'épaule, et, comme a dit le poëte, « dans sa démarche décelait la déesse. »

Une idée subite, un éclair traversa le cerveau de Puget.

Louis XIV et sa compagne le trouvèrent façonnant avec de l'argile la première ébauche de l'*Andromède* et du *Persée*.

— Ah! s'écria Puget, quelle sera la personne dont les formes divines voudront prêter un corps à cette fable ravissante de nos ancêtres grecs?

On a dit, et nous le croyons, que le lendemain, à l'insu de tous, une femme transformait ses appartements, presque royaux, en atelier. Là, faisant tomber tous ses voiles aux yeux de l'artiste ébloui, elle voulut lui servir de modèle, et lui permit de donner une sœur à ces créations d'une beauté jusque-là sans rivale, léguées aux siècles par les sculpteurs de l'antiquité.

Ainsi les arts, les lettres, comme le caractère de la nation, tout subissait l'influence des femmes. Nous les trouvons constamment aux premiers plans de la scène. Sous Mazarin, elles avaient adouci, en les partageant, les querelles politiques. Elles entreprirent ensuite la réforme de ces mœurs turbulentes où se laissaient voir encore bien des traces de la barbarie, et contribuèrent à épurer la langue en y apportant cette précision fine, élégante, cette exquise clarté, ce tour délicat de la phrase, qui sont les plus grands charmes de leur esprit chatoyant. Tout concourait à assurer, à agrandir leur triomphe. La cour était à leurs pieds comme la ville ; on leur prodiguait l'encens et la louange, et, le jour où la veuve Scarron vint partager la couche du roi, l'on peut dire que dans cette femme, arrivée à l'apogée d'une vertu sans égale, tout son sexe était couronné par la main de Louis XIV.

Il est vrai qu'à la fin de ce siècle il s'opéra des changements soudains, des revirements inouïs.

Le roi n'était plus jeune ; autour de lui tout vieillissait.

Condé, qui, après le maître, était, sous l'inspiration des femmes, le premier protecteur des écrivains, des savants, des artistes, Condé touchait au terme de sa carrière. Bossuet, blanchi comme les autres, venait s'esseoir auprès du lit de mort du héros, pour lui consacrer *les restes d'une voix qui tombe et d'une ardeur qui s'éteint.* Les plaisirs s'envolaient avec la jeunesse ; l'ennui, froid, monotone, solennel, avait élu domicile à la cour du grand roi. Cet astre pâlissait à son déclin. Toutes les femmes qui avaient jeté l'éclat de leur esprit, de leur beauté, de leurs sourires, sur les pompes des premières années de ce règne, disparaissaient, touchées par la mort.

Au milieu de ce deuil et de ces tristesses, madame de Maintenon cherche vainement à distraire son royal époux; Louis XIV devient de jour en jour plus morose et plus sombre; son caractère, aigri par les malheurs qui semblent poursuivre sa vieillesse, ne peut souffrir ni contradiction ni conseil. Un de ses regards irrités tue l'auteur d'*Athalie*, qui avait osé se faire l'écho respectueux des plaintes populaires.

Sur les ruines de toutes ces splendeurs et de toutes ces gloires, Ninon de Lenclos, seule, reste éternellement belle, éternellement adorée. Cependant l'âge la gagne comme les autres ; mais elle semble réserver son dernier, son plus gracieux sourire pour la mort qui va l'atteindre.

Elle avait quatre-vingt-dix ans, lorsqu'un jour le hasard jeta sur sa route un très-jeune collégien, élève des jésuites, dont le regard vif et la physionomie spirituelle la frappèrent.

Mais cet enfant, qu'elle se plaisait à faire causer, laissait échapper déjà des paroles acerbes, mordantes, incisives, et de sa lèvre pincée, le sarcasme débordait comme du fiel.

Ninon, moins rapprochée de la tombe, eût réussi peut-être à corriger ces amertumes de l'intelligence et du cœur;

mais elle ne put que léguer des livres au collégien, et mourut, prévoyant que bientôt Voltaire, enfermé sous les verrous de la Bastille, y méditerait ses vengeances, et que le cadavre de Louis XIV serait insulté par le peuple sur la route de Saint-Denis.

MÉRY.

AMOURS HISTORIQUES

CONFESSIONS
DE
NINON DE LENCLOS

PREMIÈRE PARTIE

DEUX LETTRES SERVANT DE PROLOGUE

Londres, 26 août 1685.

« Vous m'exhortez à revenir en France, ma chère Ninon : qu'y ferais-je, hélas? J'ai soixante-douze ans, je suis infirme, on m'accuse parfois de manie; je ressemble à tous les vieillards. Vous-même ne me reconnaîtriez plus, et j'aime beaucoup mieux laisser mon souvenir à mes amis que de leur ramener ma personne.

» Ils y gagneront. Moi, je serai loin d'y perdre.

» D'ailleurs, je suis ici avec des gens habitués à la

loupe : pourquoi voulez-vous que j'aille prêter à rire aux Parisiens, en étalant à leurs yeux cette excroissance bizarre que la nature a daigné placer au beau milieu de mon visage, droit sur le nez, et qui a pris avec l'âge des proportions fabuleuses?

» Je porte le monde, comme Atlas ; mais ce n'est pas sur mes épaules.

» Quand vous penserez à moi, représentez-vous le Saint-Évremond d'il y a trente ans, comme je veux à mon tour ne me rappeler que la Ninon d'autrefois.

» Ah! que vous étiez admirable, ma chère! quelle taille pleine de noblesse, de grâce et de volupté! que de charmes divins, que d'attraits vainqueurs réunis dans la même femme! Votre figure manquait un peu de régularité; mais l'observateur savait y découvrir toutes sortes d'agréments et de finesses qui la rendaient préférable aux figures les plus correctes et les plus éblouissantes.

» Vous aviez le teint blanc, la peau fine et satinée, la jambe d'un contour élégant et d'une délicatesse exquise; des cheveux châtain brun d'une richesse et d'une profusion merveilleuses, des sourcils bien séparés, de longues paupières, de grands yeux noirs d'une expression touchante; un nez bien fait, des lèvres vermeilles, un menton à fossettes, une jolie bouche et un doux sourire; de belles dents, de beaux bras, de belles mains; un son de voix qui allait à l'âme, une physionomie à la fois ouverte, fière et tendre; un air de fraîcheur, de propreté, de décence ; beaucoup d'aménité dans le caractère, des grâces dans tous les gestes, et de l'esprit comme un ange.

» Voilà, ma chère, la Ninon que j'ai connue, et l'on

m'assure que je la retrouverais de même aujourd'hui; mais je tremble d'y aller voir.

» Cela me paraît bien miraculeux et hors des limites du possible.

» Ne cherchez donc pas à faire révoquer l'ordonnance qui me frappe. Il est plus sage à moi de rester en exil avec toutes mes belles illusions du passé que de m'exposer à me heurter là-bas à quelque réalité désespérante.

» J'aime beaucoup mieux ne revoir qu'en imagination votre adorable retraite, derrière la place Royale, où nous avons passé des heures si douces, et où la reine de l'esprit et de la beauté tenait chaque soir cour plénière. Après une aussi longue absence, je n'ai pas oublié le moindre détail de ce qui vous concerne : les reproches de votre dernière lettre n'ont donc pu m'atteindre; au lieu de diminuer chez moi la mémoire du cœur, le temps n'a fait que l'accroître.

» Voulez-vous que je vous en donne une preuve?

» Toutes nos relations me sont encore présentes. Je vois d'ici votre demeure de la rue des Tournelles, une petite maison propre et commode, avec deux appartements séparés, l'un donnant sur la rue, l'autre sur le boulevard.

» Dans le premier était un fort beau et fort grand salon, où vous receviez vos visites et qui servait de pièce d'assemblée.

» La compagnie se réunissait à cinq heures et se retirait à neuf.

» Ce salon n'avait point de tapisserie; il était boisé avec des filets d'or. On y voyait les portraits de vos principaux adorateurs, de vos plus chères amies, quelques tableaux des grands peintres du temps, le clavecin et la bibliothèque. Il y avait des fauteuils uniquement destinés aux dames, et les hommes prenaient place sur des sièges à dos de maroquin noir, qui pouvaient se briser pour les voitures et qu'on appelait *perroquets*, probablement parce que beaucoup de ceux qui venaient s'y asseoir ressemblaient à ces oiseaux jaseurs.

» Au fond du deuxième appartement, se trouvait la porte d'une pièce, meublée plus voluptueusement que toutes les autres.

» C'était le boudoir.

» Vous l'aviez décoré de glaces enchâssées dans des panneaux de menuiserie, et sur ces panneaux vous aviez fait peindre les aventures les plus galantes de la Fable. Au plafond se déroulait toute l'histoire de Psyché; Mars et Vénus s'embrassaient à droite; Jupiter enlevait Europe à gauche; et le berger Pâris, examinant au fond les charmes des trois déesses, semblait, convenez-en, depuis qu'il avait vu les vôtres, ne plus savoir à qui donner la pomme.

» Rien, dans ce voluptueux asile, ne représentait les rigueurs de l'amour: vous teniez à les bannir constamment de ce lieu, même en peinture; tout y respirait l'amour heureux.

» Eh bien, qu'en dites-vous, ma chère Ninon? mes souvenirs sont-ils fidèles?

» Lorsque la compagnie se trouvait peu nombreuse et à votre goût, c'était dans le second appartement que vous vous plaisiez à nous réunir.

» Il y avait là des fauteuils pour tout le monde. On causait; vous animiez l'entretien de la verve de votre esprit, de l'éclat de votre imagination brillante. Votre conversation était un véritable feu d'artifice qui nous présentait en un instant cent images plus agréables les unes que les autres.

» Chacune de vos phrases était enivrante et semblait emprunter de la passion à votre nature voluptueuse ; votre voix et jusqu'à votre souffle excitaient le désir.

» Joignez à cela l'enjouement le plus tendre, le badinage le plus léger, les ruses de la coquetterie, les grâces séduisantes que l'envie de plaire peut donner à une jolie femme, et jugez de l'effet que vous deviez produire. Jamais je n'ai soutenu que vous fussiez parfaite; mais vos imperfections mêmes étaient pleines de charme. Ainsi je vous ai vue sans cesse violente et emportée dans vos goûts, vive pour les moindres choses qui vous touchaient; froide, lente et paresseuse, lorsque rien n'affectait votre âme ; légère dans vos engagements, inconstante dans vos amours, rangée dans vos affaires, folle dans vos plaisirs; mais toujours gracieuse, toujours belle, toujours attrayante et toujours aimée.

» Vous aviez l'habitude de jouer du luth, et vous vous en acquittiez si parfaitement à ces petites réunions d'intimes, que cela nous jetait dans l'extase. On peut dire que vous prêtiez à l'instrument tout votre esprit et toute votre âme.

» Dans ces heures-là, ma chère, on ne vous aimait pas, on vous adorait.

» Vous étiez le centre de nos plaisirs ; nous voltigions sans cesse autour de vous comme les papillons autour d'un foyer de lumière. A la cour et à la ville on nous désignait sous le nom d'*oiseaux des Tournelles*, ce qui inspira, si vous vous le rappelez, à M. de Charleval, le charmant couplet que voici :

> Je ne suis plus oiseau des champs,
> Mais de ces oiseaux des Tournelles

> Qui parlent d'amour en tout temps
> Et qui plaignent les tourterelles
> De ne se baiser qu'au printemps.

» Je sais bien que nombre d'esprits moroses vous ont traitée de courtisane : ce sont des niais ou des fous.

» Pour les personnes de sens vous êtes un des flambeaux du siècle; si ce flambeau a été tenu par la main de l'Amour, c'était pour mieux le faire briller à tous les regards.

» Il est avéré maintenant que vous avez eu assez de poids dans la société, assez de considération dans le monde, pour inspirer, non-seulement aux hommes célèbres dans tous les genres, mais encore aux femmes de la plus haute distinction, le désir d'être admis chez vous. Naturellement vous êtes devenue l'amante des premiers et l'amie des secondes.

» Votre boudoir est le centre où la gloire, le génie, la haute naissance, se jouent avec les plaisirs.

» Dans un siècle, à côté d'une cour où rien n'est confondu, où l'étiquette, les classes, les rangs, sont des faits graves, vous proclamez l'égalité par l'intelligence. Vous ne demandez pas à vos hôtes d'être ducs ou marquis, vous leur demandez de plaire et d'être aimables.

» Savez-vous, ma chère Ninon, que vous êtes un véritable chef de secte? Vous prêchez à la fois la religion du goût et la religion du plaisir.

» Ne craignez rien, vos disciples seront nombreux.

» Les éclatantes victoires des premières années du règne de Louis XIV sont déshonorées aujourd'hui par une paix honteuse; le rigorisme et la pédanterie de la veuve Scarron remplacent la cour galante des la Vallière, des Montespan, des Fontanges. Votre salon jadis était l'émule de Versailles : ne perdez rien de la position conquise, redoublez d'esprit et d'habileté pour empêcher Paris de suivre la malheureuse impulsion que lui donne la vieille maîtresse du roi.

» Que la rue des Tournelles lutte contre Saint-Cyr.

» A la teinte sombre, au voile de tristesse et d'austérité des dévots de Versailles, opposez vos grâces riantes et la morale facile d'Épicure. Si nos contemporains ne rendent pas justice à vos efforts, la postérité vous en tiendra compte.

» Seulement, au milieu de toutes ces préoccupations sérieuses, n'oubliez pas votre vieil ami, dont le cœur vous a suivie jusqu'à ce jour, et ne cessera de vous suivre qu'à l'heure où il ne battra plus. Je connais beaucoup de détails de votre vie, vous m'avez fait autrefois bien des confidences ; mais il y avait, j'en suis sûr, un certain nombre de restrictions, que votre âge et le mien rendaient nécessaires et qui seraient inutiles aujourd'hui, si vous consentiez à m'écrire votre histoire.

» Voulez-vous me choisir pour confesseur ? vous résignerez-vous à m'avouer vos douces folies, les torts de votre beauté, les espiègleries de votre œil noir, les ruses gracieuses de votre sourire ?

» C'est un moyen de réunion que je vous propose.

» Puisque je ne vais pas à vous, venez à moi, que votre esprit franchisse l'espace et console l'exilé. Redites-moi ce que je sais déjà, n'oubliez rien de ce que j'ignore. Montrez-vous telle que vous êtes, avec franchise et sans détour. Je gage que cette histoire sera conforme au jugement que j'ai porté sur vous.

» Il y a, comme vous le voyez, ma chère Ninon, passablement d'amour-propre dans la demande que je vous adresse; mais il y a, croyez-le bien, autant de sympathie et d'amitié sincère.

» J'attends ce que vous déciderez, je m'y soumets d'avance, et je vous envoie mille baise-mains.

» SAINT-ÉVREMOND. »

RÉPONSE

Paris, 15 septembre 1685.

« Ainsi vous renoncez à la France, mon pauvre ami : c'est bien dur pour ceux qui vous aiment. Je ne discuterai pas vos raisons, bien qu'elles me paraissent mauvaises. Chacun ici-bas vit pour soi, chacun arrange son bonheur comme il l'entend; l'amitié qui se rend importune par les conseils est une fausse amitié. Vivez donc de souvenirs; retranchez-vous dans le passé, puisque vous avez peur d'affronter le présent.

» Toutefois je dois vous dire que vous ne vous rendez pas justice.

» Qu'importent les ruines du corps, si l'esprit reste debout sur ces ruines et n'a rien perdu de sa vigueur? C'est de la belle et bonne coquetterie que vous faites là. Seulement, vous auriez dû ménager la mienne, et ne pas avoir l'air de mettre en doute les renseignements qui vous sont parvenus.

» Ces renseignements sont exacts, ne vous déplaise : je ne porte pas encore le deuil de ma beauté. Ah! criez à l'impossible, scandalisez-vous, doutez de ma parole, je n'aurai qu'une chose à répondre à cela : passez le détroit et venez vous assurer vous-même de la vérité de l'assertion. Votre *loupe* en main, je vous défie de me trouver une ride.

» Pardon, mon ami, de ce méchant jeu de mots; mais vous avez piqué ma vanité de femme, et je me venge.

» Oui, j'ai toujours des adorateurs; ils pullulent, ils affluent chez moi; les déclarations et les soupirs vont leur train. Je commence à croire qu'il y a quelque diablerie là-dessous, et j'ai le frisson quand je songe à la signature que j'ai donnée jadis à ce maudit homme noir dont je vous ai raconté la singulière visite.

» Il serait bien étrange, n'est-ce pas, que j'eusse signé un pacte avec Lucifer? Enfin, au petit bonheur.

» Je suis très-sensible à vos éloges, mais ils me semblent légèrement empreints d'exagération; je ne crois pas avoir sur mon siècle l'influence que vous m'attribuez.

» Il y a des jours où, descendant au fond de moi-même, je trouve ma conduite folle et coupable. Les raisonnements philosophiques sur lesquels je me suis appuyée pour agir autrement que les autres femmes me paraissent autant de sophismes et de paradoxes : je tremble de m'être trompée de route, et, si l'enfer existe, d'avoir pris tout droit le chemin de l'enfer. J'éprouve quelque chose comme des remords. Lorsque j'envisage d'un œil froid ces plaisirs auxquels j'ai tout sacrifié, je leur trouve un vide affreux, une incroyable amertume.

» Puis toutes les idées sombres s'effacent au premier signal d'un autre plaisir.

» Mes illusions renaissent, la folie m'entraîne de nouveau ; l'amour, qui m'avait paru insipide, me semble l'unique joie de la terre, et je me retrouve épicurienne comme devant.

» Il résulte de tout cela, mon ami, que mon histoire est très-difficile à écrire. J'ai bien envie de repousser votre demande en la qualifiant d'indiscrète. Croyez-vous qu'une femme n'ait pas toujours un petit coin de son cœur qu'elle désire laisser dans l'ombre ?

» Vous voulez ma confession tout entière, c'est grave, et vous n'avez pas tort de penser que, plus jeune, j'aurais usé de réticence.

» Et puis je vous soupçonne de vouloir publier cela quelque jour, si bien que, sur le point de tracer la première ligne, le scrupule m'assiége, et une voix intérieure me crie :

» — Insensée ! que vas-tu faire ? Ne te trouves-tu pas assez coupable ? Jette la plume et garde-toi de ranimer des souvenirs éteints ; laisse dormir tes vieux péchés sous la cendre de ton siècle. Quel enseignement les générations futures recueilleront-elles du récit que tu prépares ? T'imagines-tu que les pages de ta vie renferment un cours de morale propre à édifier la jeunesse et à lui inspirer le goût de la vertu ? Non, certes : tu feras beaucoup mieux de couvrir d'un voile tes égarements et de consacrer le reste de tes jours au repentir.

» Qu'en dites-vous, mon ami ? Le conseil est salutaire ; il me vient d'en haut peut-être.

» Mais le diable, qui, je ne sais pourquoi, m'a toujours paru raisonner fort logiquement, s'approche et me dit tout bas :

» — Prends garde, Ninon, prends garde! Il court de par le monde une foule de *Mémoires* apocryphes où l'on ne te ménage guère. La médisance, passe encore ; mais la calomnie, tu ne dois point la souffrir. On t'a connue faible et voluptueuse, prouve que tu n'a jamais été ni dissolue ni parjure. Enfin, pour lever tout scrupule, glisse sur quelques détails, ne fais qu'ébaucher certains tableaux. Si le fond n'est pas toujours irréprochable, que ta plume soit chaste, et l'on pourra, je t'assure, tirer encore de cette œuvre bon nombre de leçons utiles. En confondant tes ennemis, tu rétabliras, d'ailleurs, sur bien des points, la vérité de l'histoire.

» Ma foi, mon ami, le diable a raison. Je cède à votre désir.

» En même temps que je parlerai de moi, je parlerai de tous et de vous-même ; je vous peindrai comme je vous ai vus. Si le tableau n'est pas fidèle, accusez mes yeux, et non ma conscience.

» Pour ce qui me concerne, je ne suis pas très-sûre non plus de rester constamment dans le vrai. Mon cœur est une sorte de caméléon : souvent on croit le saisir, et l'on n'embrasse qu'une ombre. Vu de différents côtés, il présente des couleurs toutes différentes. Je n'ai jamais eu que le dehors d'une femme, je suis homme par le caractère et l'esprit.

» Donc je réclame d'avance, pour les fautes de la femme, indulgence et pardon. Si l'on veut m'en croire, on acceptera comme un axiome ces deux vers de la Fontaine, ainsi modifiés par moi :

Le bien, nous le faisons; le mal, c'est la *nature;*
On a toujours raison, le destin toujours tort.

» Je vous enverrai le manuscrit chapitre par chapitre. Adieu, mon ami. Lisez, jugez, et ne cessez pas de m'aimer.

» NINON. »

I

Le premier soin d'un auteur qui commence ses *Mémoires* doit être de décliner humblement son nom.

Je m'appelle Anne de Lenclos.

Née à Paris en l'an de grâce 1612, dans une petite maison située aux environs de Notre-Dame, il ne me reste sur mon enfance que de vagues souvenirs.

Mon père, assez bon gentilhomme de Touraine et passionné pour les armes, bataillait sans cesse à droite et à gauche, tantôt dans le Languedoc, tantôt sous les murs de la Rochelle, tantôt en Piémont. Très-remuant de sa nature et se jetant par goût dans mille intrigues, il avait fait partie de ces grandes compagnies franches, toujours prêtes, depuis Mayenne et la Ligue, à se mettre au service de quelque brouillon de cour.

Il était d'une taille au-dessus de la médiocre et d'une figure avenante et cordiale.

Content de lui-même et des autres, il avait un gros rire de soldat si joyeux et si communicatif, qu'il devenait impossible de conserver de la mélancolie en sa présence.

A cette époque, une guerre ne finissait jamais sans qu'une autre recommençât. Retenu dans les camps, M. de Lenclos ne pouvait nous faire que de très-rares et très-courtes visites; mais, toute jeune que j'étais alors, je gardais de ces visites un bon souvenir, et je hâtais de mes vœux le moment où il reviendrait me combler de caresses et de pralines, me faire danser sur ses genoux, rire, chanter, gambader avec moi, et m'appeler sa *petite Ninon*.

Quand il était là, je croyais voir un beau rayon de soleil éclairer tout à coup la sombre et triste existence que je menais avec ma mère.

Madame de Lenclos était une demoiselle de la famille des Abra de Raconis, connue dans l'Orléanais. Mon père l'avait épousée plutôt par convenance que par amour, et c'est en quoi il eut tort, car ces sortes de mariages où le cœur n'entre pour rien finissent toujours par faire de l'un des époux une victime, et c'est à la femme assez ordinairement que ce rôle échoit.

Voyant qu'elle n'était pas aimée de son mari, ma mère se lança dans une dévotion exagérée. Elle assistait chaque jour à trois messes à la cathédrale, récitait au moins huit ou dix fois son rosaire, et m'associait à tous ces exercices de piété, fort louables sans doute, mais qui accablaient d'ennui une enfant de mon âge. Au lieu de faire de moi une fille dévote, elle ne réussit qu'à me donner pour la religion un peu plus que de l'indifférence; je n'ai eu de piété dans la suite que par caprice, et mes caprices n'ont jamais duré longtemps.

J'appris à lire dans le *Traité de l'amour de Dieu* de

saint François de Sales, et mes exemples d'écriture étaient des oraisons jaculatoires en grosse, en bâtarde en en coulée.

Au bout de six mois de leçons, j'écrivis à M. de Lenclos, qui se trouvait alors en garnison à Tours, une lettre ainsi conçue :

« Mon très-honoré père,

» J'ai onze ans, je suis grande et forte ; mais je tomberai sûrement malade, si je continue d'assister à trois messes tous les matins, surtout à celle d'un gros chanoine goutteux qui met au moins douze minutes pour aller de l'épitre à l'évangile, et que les enfants de chœur sont obligés d'aller relever après chaque génuflexion. J'aimerais autant voir à l'autel une des tours de Notre-Dame; elle se remuerait plus vite et ne me ferait pas déjeuner si tard. Cela me réjouit très-peu, je vous assure. Dans l'intérêt de la santé de votre fille unique, il est temps de mettre un terme à cet état de choses. Mais de quelle façon, me demanderez-vous, et comment nous y prendre ? Rien de plus simple. Supposons qu'au lieu de moi le ciel vous eût donné un garçon : je serais élevée par vous, et non par ma mère; déjà vous commenceriez à m'apprendre les armes et à me faire monter à cheval, ce qui me plairait beaucoup plus que de tourner entre mes doigts les grains d'un chapelet, avec force *Ave, Pater* et *Credo*. La présente est donc pour vous aviser que je me décide à ne plus être fille et à devenir garçon.

Veuillez vous arranger en conséquence et m'appeler

auprès de vous, afin de me donner une éducation plus convenable à mon nouveau sexe.

» Je suis avec respect, mon très-honoré père

» Votre petite NINON. »

Cette magnifique missive fut jetée à la poste à l'insu de ma mère. Huit jours après, je vis entrer M. de Lenclos, qui m'embrassa joyeusement et s'écria :

— Vite, prépare ton paquet, chère petite : je t'emmène à Tours !

Ma mère se récria, pleura, se fâcha, sermonna, fit mille observations plus judicieuses les unes que les autres pour démontrer que ma place était auprès d'elle. On n'en tint pas compte. Le même soir, je quittai la pauvre femme, qui éclatait en sanglots. M. de Lenclos prit des chevaux de poste ; notre voyage fut rapide et délicieux.

— Décidément, me disait-il, tu veux donc être un homme ?

— Très-décidément, mon père.

— Et tu crois la chose possible ?

— Oui, si vous y consentez.

— Comment donc, j'y consens de grand cœur. Mais alors il faut quitter la robe...

— Je la quitterai.

— Prendre le haut-de-chausses et le pourpoint.

— C'est ainsi que je l'entends.

— Ah ! petite folle !... s'écria-t-il en éclatant de rire.

— Mais je suis très-sérieuse, mon père.

— Je le vois bien. Cela suffit mademoiselle ; vous serez dorénavant un garçon, je m'y engage sur l'honneur. Si jamais vous redevenez fille, vous aurez affaire à moi.

Il était aux anges, et s'amusait comme un bienheureux.

Dès notre arrivée, il me conduisit chez le premier tailleur de Tours. On mit sept ouvriers à l'œuvre, et, le lendemain à mon réveil, j'avais un costume complet de gentilhomme. Rien n'y manquait, ni le feutre ombragé d'un panache de cygne, ni le haut-de-chausses bouffant, ni le pourpoint de satin, ni le manteau de velours, ni l'épée, qui s'embarrassa d'abord dans mes talons d'une manière assez disgracieuse, mais que je finis par porter noblement et fièrement, après avoir reçu de mon père quelques instructions à cet égard.

Les officiers du régiment de M. de Lenclos m'adressèrent toutes sortes d'éloges sur ma bonne mine. Je me croyais très-sincèrement un homme, et j'agissais en conséquence.

Mon père me conduisait à la parade. J'apprenais l'équitation, je faisais des armes ; je maugréais et je jurais à l'instar de ces messieurs, qui s'en acquittaient, il faut le dire, en vrais soldats. On m'appelait le *petit diable incarné*, tant j'étais vive et pétulante.

J'aurais désiré que cette vie de caserne durât toujours.

Par malheur, les huguenots armaient contre le roi. Ils s'assemblaient à Loudun et à la Rochelle. Bientôt le régiment de mon père eut ordre de se diriger vers le Poitou. M. de Lenclos m'annonça qu'on allait se battre. Il ne pouvait m'emmener avec lui.

— Hélas! lui dis-je en pleurant, il me faut donc redevenir fille et retourner aux messes du chanoine.

— Non, console-toi, me répondit mon père. Demain, je te conduirai aux environs de Loches, auprès d'une de mes sœurs, la baronne de Montaigu, qui possède un château sur le bord de l'Indre. Elle n'a point d'enfants et désire beaucoup te connaître; car, dans l'ordre des choses, c'est à toi qu'elle laissera son héritage. Tu resteras avec elle jusqu'à la fin de la guerre. Nous rosserons ces gueux de huguenots, et je viendrai te rejoindre.

Ce discours sécha mes larmes.

Le lendemain nous reprenions la poste. Vers le soir, nous entrâmes, par une avenue de grands marronniers, dans une propriété charmante, que baignait un bras de l'Indre, et au milieu de laquelle s'élevait un petit château sans prétention, mais où toutes les ressources du bien-être et toutes les commodités de la vie semblaient se donner rendez-vous. Une dame de quarante-cinq ans environ, très-droite, et fort belle encore, vint nous recevoir sous le vestibule. Elle embrassa mon père et m'accabla de caresses. C'était la baronne, ma tante.

J'ai rarement vu plus aimable et plus gracieuse personne. Veuve depuis quinze ans, elle ne semblait pas regretter le mariage. Comme mon père, elle riait toujours.

En moins d'un quart d'heure, je fus très à l'aise avec elle. Instruite de mes prétentions masculines, elle les flatta, m'appela son *joli neveu* d'un air grave et me présenta le jeune prince de Marsillac, que sa mère, madame la duchesse de La Rochefoucauld, grande amie de la baronne, amenait tous les ans passer les vacances au bord de l'Indre.

François de La Rochefoucauld étudiait à La Flèche, au collége des jésuites. Il avait quelques années de plus que moi et portait sur son visage un air de timidité et de douce candeur qui eussent été beaucoup mieux à leur place sur le mien.

J'eus besoin de l'exciter d'abord pour le décider à partager mes jeux.

Enfin je réussis à le faire sortir de son caractère.

Sachant qu'il avait aussi quelques notions d'escrime, je parus douter de sa science. Mon incrédulité le piqua au vif; il courut à l'instant même chercher des fleurets, et nous voilà l'un et l'autre à ferrailler du matin au soir, dans les salons, dans les galeries, partout, sans repos ni trêve : de façon que ma tante et la mère de François, impatientées d'entendre un cliquetis d'épées continuel, furent obligées de mettre à la raison ces deux bretteurs incorrigibles. On nous fit rendre les armes.

Mon père avait rejoint son régiment, le lendemain de mon installation au château de Loches.

Chaque jour la baronne semblait moins émerveillée de la métamorphose à laquelle s'était si gaiement prêté M. de Lenclos. Si je ne me battais plus au fleuret avec le jeune prince j'avais trouvé d'autres amusements aussi étrangers à mon sexe, comme d'aller dénicher des merles tout au faîte des grands arbres du parc, de démarrer le batelet de l'étang, ou de prendre à la sourdine le fusil du garde-chasse pour aller tirer des chevreuils dans les clairières. Tous ces méfaits devaient nécessairement finir par lasser la patience de ma tante.

Un beau jour, on nous signifia que nous étions prisonniers, et l'on nous enferma dans la bibliothèque, malgré nos supplications et nos promesses d'une conduite meilleure.

Il faisait un temps magnifique. Jamais le soleil n'avait été plus radieux, jamais les livres ne devaient nous sembler plus tristes et plus chargés d'ennui. Mon premier soin fut d'ouvrir la fenêtre et de regarder à quelle hauteur notre prison se trouvait du sol. Nous étions au premier étage, avec le jardin au-dessous de nous. Il pouvait bien y avoir un saut de quinze à dix-huit pieds.

Je ne balançai pas une seconde.

Aidant Marsillac à monter sur le rebord de la fenêtre, je lui pris la main pour l'encourager, car il avait peur, et nous nous élançâmes au risque de nous tordre le cou.

La chute fut terrible. Heureusement nous tombâmes sur une plate-bande toute fraîche remuée, qui amortit la violence du choc, sans quoi c'eût été ma dernière escapade. Revenus de notre étourdissement, je dis au prince :

— Eh bien, François, nous ne sommes pas morts... Alerte ! alerte !... ou l'on va nous reprendre.

Ce disant, je commence à courir au travers du parterre, marchant sur les renoncules, écrasant les jacinthes, effeuillant les roses, brisant les tulipes et causant partout sur mon passage le plus affreux dégât. Suivre les sentiers eût été trop long. Marsillac imite ce bel exemple. Nous passons avec la rapidité de deux gazelles devant la loge du jardinier. La grille du parc est ouverte; nous nous précipitons dans la campagne, et, moins de cinq minutes après, nous sommes au milieu d'un bois touffu qui nous dérobe à tous les regards.

— Où allons-nous? dis-je à mon compagnon.

— Où tu voudras, me répondit-il essoufflé.

— Si nous allions à Tours?

— J'y consens; mais qu'y ferons-nous?

— Ma foi, nous nous ferons soldats et nous nous battrons dans les armées du roi.

— Laisse donc, nous sommes trop jeunes.

— Qu'est-ce à dire? tu as treize ans bientôt, moi j'en ai onze; nous savons tirer l'épée, que faut-il de plus?

— Mais il y a neuf bonnes lieues pour arriver à Tours, et j'ai déjà grand mal aux jambes.

— Nous prendrons une voiture au premier hameau.

— Et de l'argent pour la payer? je n'ai qu'un petit écu en poche.

— Moi, j'ai de l'or... Regarde!

A ces mots, je lui mis sous les yeux un double louis, que M. de Lenclos, à son départ, m'avait donné pour mes menus plaisirs. Marsillac ne trouva plus rien à objecter. Un double louis! c'était une somme inépuisable et qui devait, au besoin, nous conduire jusqu'au bout du monde. Un double louis et la liberté, que de joies et d'amusements en perspective! Le prince retrouva des jambes.

Il ne nous vint pas même à l'esprit de songer au chagrin qu'allaient éprouver madame de La Rochefoucauld et la baronne, tant nos folles têtes étaient séduites par cette idée de n'avoir plus d'autres maîtres que nous-mêmes.

Nous nous enfonçâmes à tout hasard dans le cœur de la forêt, sans nous inquiéter des ronces qui déchiraient nos vêtements et nous égratignaient la figure. Jamais nous n'avions fait d'excursions de ce côté du pays, de sorte que nous nous trouvions complétement désorientés; mais l'essentiel était de nous éloigner du château de ma tante et de nous mettre à l'abri des poursuites. La nuit tombait, comme nous sortions du bois.

Aussi loin que nos regards purent s'étendre, nous ne vîmes aucune apparence d'habitation humaine. J'avoue qu'une sorte de frayeur commençait à me saisir.

Marsillac chantait, signe évident qu'il n'était pas très-rassuré lui-même. L'ombre devenait de plus en plus épaisse, et les objets prenaient autour de nous ces proportions extravagantes que leur donnent le crépuscule et la peur. Chacun des ormes du chemin me semblait un géant, dont les grands bras s'allongeaient vers moi. Un quartier de roc, une borne milliaire, une élévation de terrain, se métamorphosaient en autant de bêtes malfaisantes qui nous guettaient au passage, et le jeune prince, interrompant sa chanson, me demandait si, derrière les haies d'aubépine, je n'apercevais pas des bandits, braquant sur nous leurs escopettes.

— Poltron! lui disais-je.

Mais, l'instant d'après, me cramponnant à son bras, j'ajoutais, frémissante:

— N'est-ce pas un loup qui nous barre le sentier?

— Je ne crois pas, murmurait-il, c'est un lion.

Un fou rire s'emparait alors de moi; puis je m'arrêtais soudain, car l'écho de la vallée riait aussi et me rendait mon épouvante.

— Hélas! dit Marsillac, à cet heure, nous serions tranquillement assis au salon dans un moelleux fauteuil, et nous n'aurions souci ni des brigands ni des loups.

— Sans doute ; mais on ne nous laisserait ni causer ni rire.

— Silence donc, enfants ! crierait ta mère ou ma tante : votre bavardage nous fatigue, allez vous coucher.

— Je ne demanderais pas mieux que d'aller me coucher, dit Marsillac avec un soupir.

Au fond je partageais son avis, mais je n'en voulais rien laisser paraître. Tout à coup je poussai un cri d'ivresse, comme le marin qui, après une navigation périlleuse, aperçoit la terre. Dans notre marche incertaine au milieu de l'obscurité, nous nous étions évidemment rapprochés du bois, car nous avions devant nous de grands massifs d'arbres, au travers desquels je découvris une petite lueur tremblotante qui, selon toute probabilité, nous annonçait au moins la cabane de quelque bûcheron.

Marsillac reprit du cœur.

Un rayon de lune, qui, presque au même instant perça les nuages, acheva de nous rassurer, en chassant tous les fantômes que notre imagination créait autour de nous. Le prince ne vit plus ni lion ni bandits. Quant aux géants et aux loups, je les oubliai pour suivre de l'œil cette bienheureuse lumière qui nous promettait un gîte, et surtout un souper. Nos préoccupations ne nous avaient pas permis jusque-là de remarquer que nous mourions de faim. L'appétit nous revenait en même temps que la bravoure.

Cependant la lumière grandissait. Nous pûmes bientôt nous assurer qu'elle partait de la fenêtre d'une maisonnette située sur la lisière du bois, et devant laquelle s'étendait un modeste jardin potager, fermé d'une haie vive. Or cette clôture ne pouvait être pour nous un obstacle. Nous sautâmes lestement par-dessus, imprudence aussitôt punie que commise, car, à peine étions nous de l'autre côté, que des aboiements terribles se firent entendre. Deux énormes bouledogues, gardiens de cette habitation perdue, se précipitèrent sur nous et nous renversèrent.

A nos clameurs de détresse, la porte de la maison s'ouvrit, et un homme cria du seuil :

— Ici, Pataud !... A bas, Mange-tout-cru !... Finirez-vous, brigands de chiens !

Les bouledogues obéirent. Mais Pataud m'avait roulée dans une espèce de mare, et Mange-tout-cru venait d'emporter d'un coup de dent le derrière du haut-de-chausses de Marsillac. Il avait même entamé la peau, sans doute pour continuer à se rendre digne du joli nom que lui donnait son maître.

— Oh ! oh ! que vois-je ? dit l'homme en s'approchant de nous. Pardieu, vous voilà bien arrangés, messieurs les vagabonds ! Où allez-vous ? d'où sortez-vous ? est-ce l'heure de courir les champs ?... Qui m'a bâti des vauriens de cette espèce-là ?

Je lui répondis en me dressant avec fierté :

— Nous ne sommes ni des vauriens ni des vagabonds. Vous voyez en nous deux fils de famille égarés dans les bois, et qui vous payeront largement l'hospitalité qu'ils vous demandent pour la nuit.

— Ah bah ! fit-il en ricanant. Je veux bien vous croire ; mais du diable si vous avez, en ce moment, l'air de ce que vous dites.

Il n'avait pas tort. J'étais couverte de boue, et Marsillac

ne pouvait plus tourner le dos sans manquer aux règles les plus strictes de la décence.

— Eh! Jacqueline! cria l'homme en nous conduisant vers la maison, voici deux jeunes seigneurs qui ont senti le fumet du rôti. Donne-leur à souper, femme, et pousse les verrous. Je vais où tu sais bien.

Nous ne fîmes aucune attention ni à ce discours ni au départ du maître de la maisonnette. Une odeur de rôti très-appétissante nous chatouillait effectivement l'odorat. Il en fallait beaucoup moins pour nous faire oublier notre mésaventure.

— Entrez, petits, entrez, nous dit une femme de quarante ans environ, assez avenante encore, et qui ferma la porte avec un soin extrême, comme si elle eût craint de nous voir fuir. Ces pauvres chers amours, sont-ils fourragés, bon Dieu!... Maudits chiens! ils n'en font jamais d'autres... Approchez-vous du feu, mes chérubins... Là!... Maintenant je vais vous prêter les habits de Jérôme... C'était mon dernier fils, un beau et brave garçon, qui a eu la sottise de se laisser enjoler par des racoleurs. Les Espagnols me l'ont tué, voici bientôt dix-huit mois. Que ceci vous serve d'exemple, si jamais il vous prend fantaisie de quitter vos parents pour aller à la guerre.

— C'est bien, bonne femme, interrompis-je : votre fils est mort avec gloire, et le roi, qui a besoin de soldats, n'approuverait point votre discours. Apportez-nous les hardes de Jérôme, et soupons vite.

Jacqueline ne répliqua rien. Ouvrant aussitôt une armoire, elle en sortit un paquet de vêtements. En un clin d'œil, j'eus quitté mes habits souillés de boue, et Marsillac échangea son haut-de-chausses contre un autre non déchiré, qui lui permit enfin de s'offrir sous toutes les faces. Notre hôtesse nous regarda beaucoup pendant ce changement de costume ; il semblait qu'elle cherchât à pénétrer quelque mystère.

— A table, mignons, à table ! dit-elle en voyant notre toilette terminée.

Elle ôta de la broche un succulent quartier de chevreuil, qu'elle vint placer devant nous, avec une cruche remplie d'un vin de Brenne très-passable.

— Mangez et buvez, reprit-elle. A votre âge, on a bon appétit toujours, et quelquefois mauvaise tête.

— Qu'entendez-vous par ces paroles, dame Jacqueline ? demandai-je en coupant une superbe tranche de chevreuil, que je plaçai sur mon assiette.

— Je me comprends, répondit-elle, cela me suffit. Pensez-vous aller loin de la sorte ?

— Mais non, jusqu'à Tours. Nous y serons demain, si Dieu nous prête vie. Voyons, François, trinquons à notre heureux voyage, continuai-je en approchant mon verre de celui de Marsillac ; et puissions-nous, comme Jérôme, trouver là-bas un honnête racoleur qui nous enrôle au plus vite.

— C'est cela, dit-il : au lieu de nous faire tuer par les Espagnols, nous leur taillerons des croupières.

— Bonne Vierge ! s'écria Jacqueline en joignant les mains, dans quel siècle vivons-nous, que les enfants, pour déraisonner ainsi, n'attendent pas qu'il leur soit venu de la barbe au menton. C'est un vrai scandale ! Par bonheur, on s'occupe d'y mettre ordre.

— Hein? fis-je, redressant la tête.

— Je dis, reprit notre hôtesse, que les gens du roi n'ont pas encore, Dieu merci, perdu le sens : ils ne recrutent point les soldats parmi les nourrissons et les petites filles.

Elle me regardait fixement. Je tressaillis. Mais, reprenant aussitôt mon sang-froid :

— Ceci, dame Jacqueline, répliquai-je, est une impertinence. Vous êtes fort heureuse vous-même de n'avoir pas de barbe au menton, sans quoi je vous apprendrais à mesurer vos paroles.

Mon accent de fermeté la fit sourire.

— Allons, allons, dit-elle, ne vous fâchez pas. La trop grande jeunesse est un défaut dont on se corrige malheureusement tous les jours.

— Fort bien, dame Jacqueline, vous parlez comme un livre, dit Marsillac; mais vous feriez mieux de prendre une aiguille et de raccommoder nos chausses, car celles de Jérôme ne vont ni à notre taille ni à nos projets.

— Oh! vos projets!... murmura-t-elle. Enfin nous allons voir. Achevez de souper, vous vous reposerez ensuite. Mais je n'ai qu'un lit à vous offrir.

— Bon! fit Marsillac, vous en auriez deux, ma chère, que nous ne les accepterions pas.

A ces paroles du prince, Jacqueline jeta sur moi un regard plein de malice. Je sentis le rouge me monter au front. Une foule de pensées vagues et indécises me traversèrent l'esprit; je me trouvais dans un état de gêne incroyable. Sans me rendre compte de mon trouble, je baissai les yeux avec une timidité subite, et, pour la première fois mes prétentions au sexe masculin me parurent ce qu'elles étaient réellement, c'est-à-dire une illusion et un mensonge. Le sentiment de la pudeur s'éveillait dans mon âme. Jamais on n'échappe à la nature.

— N'est-il pas vrai, cher ami, que nous allons coucher ensemble? demanda Marsillac.

— Mais, répondis-je d'une voix altérée, j'aime autant partager le lit de dame Jacqueline, si elle veut bien le permettre.

— Partager mon lit!... Voyez-vous le petit monstre! C'est une proposition directe qu'il ose me faire. Et que dirait mon mari, s'il vous plaît, jeune scélérat?

— L'idée est superbe! ajouta Marsillac en éclatant de rire. Ah! tu veux coucher avec dame Jacqueline, toi?... ah! ah!

— Mon Dieu, dis-je puisqu'elle fait la mijaurée, j'y renonce. Une chambre, vite, et finissons-en.

— Nous n'avons pas d'autre chambre que celle-ci, mes chérubins. Le maître et moi, nous vous céderons notre alcôve, on ne peut rien de mieux. Vous avez soupé; si le besoin de dormir vous prend, déshabillez-vous... et bonsoir!

Dame Jacqueline se mit à desservir la table. Elle parut ne plus s'occuper de nous; mais je vis qu'elle nous guettait du coin de l'œil. La façon d'agir de cette femme et ses discours me donnaient de l'inquiétude. Je dis tout bas à l'oreille de Marsillac :

— Écoute, François, si tu veux m'en croire, nous payerons notre écot et nous demanderons à l'instant même la route de Tours. Il fait un clair de lune magnifique, c'est un vrai plaisir de voyager à cette heure.

Il me regarda d'un air aussi effaré que si je lui eusse proposé d'aller se pendre.

— La route de Tours! murmura-t-il, tu as perdu l'esprit. Je te laisse libre de voyager au clair de lune. Quant à moi, je me couche.

Il le fit comme il le disait. En moins d'une minute il se débarrassa de ses vêtements et sauta dans l'alcôve. Je restais debout auprès de lui, sans faire un mouvement, sans prononcer une parole; je ne savais à quoi me résoudre.

— Eh bien, me demanda Jacqueline, faut-il vous aider à vous déshabiller, mon jeune seigneur?

— Merci, lui dis-je. Décidément je ne me coucherai pas, et j'attendrai le sommeil sur cet escabeau.

— Tu es fou! me cria Marsillac. Viens donc, le matelas est délicieux... nous dormirons comme des rois.

— Sans doute. Pourquoi refuser de vous mettre au lit, mon ange? dit la traîtresse Jacqueline. A ce qu'il paraît vous me gardez rancune; mais je ne dois pas vous laisser passer une mauvaise nuit. Vous aurez besoin de forces demain pour continuer votre voyage. C'est à moi de dormir sur l'escabeau, et vous coucherez avec le maître de la maison. Tenez, justement le voici qui rentre.

En effet, on entendait dans le jardin les aboiements joyeux des dogues.

— Dieu m'en préserve!... non! non! m'écriai-je avec effroi.

Je me déshabillai plus vite que Marsillac, et je me fourrai précipitamment à côté de lui entre les draps. L'hôtesse vint alors écarter les rideaux, nous fit une mine goguenarde et partit d'un éclat de rire.

I.   3.

— Pauvres mignons, dit-elle, comme ils sont gentils ! Quel joli couple ! Ne vous endormez pas encore, mes petits amours ; vous allez avoir une visite sur laquelle vous ne comptez guère. On frappe. C'est mon mari qui vous amène des personnes de connaissance.

A peine eut-elle proféré ces mots, que la porte s'ouvrit.

— Où sont-ils ? où sont-ils ? cria une voix irritée, que je reconnus aussitôt pour celle de ma tante.

— Les voici, madame, dit Jacqueline en la conduisant du côté de l'alcôve.

Marsillac et moi, nous nous étions blottis l'un près de l'autre, éperdus de frayeur. La baronne enleva la couverture et me tira hors du lit en criant :

— Fi la vilaine, qui dort avec un garçon !

II

Je tombai à deux genoux, confuse, atterrée. Derrière ma tante était madame la duchesse de La Rochefoucauld, suivie du mari de Jacqueline et d'une foule de domestiques venus avec leur maîtresse. Cette valetaille trouvait la situation fort plaisante et riait aux larmes.

— Sortez ! cria ma tante à ses gens d'un ton sévère. Vous aussi ! ajouta-t-elle en se tournant vers les maîtres de la maison.

Ils obéirent. Madame de la Rochefoucauld imita la baronne, tira vivement le jeune prince hors du lit et lui signifia par un geste impérieux de reprendre ses vêtements. Je me disposais à me rhabiller moi-même, quand tout à coup ma tante vint m'arracher des mains les chausses de Jérôme.

— A d'autres! fit-elle. Pensez-vous que je souffre plus longtemps cette mascarade, cause de vos folies? Non, ma chère, non. Je vous apporte des habits de votre sexe : vous allez les revêtir, et vous ne les quitterez plus.

Ouvrant, à ces mots, un paquet déposé par les domestiques sur la table, elle en sortit des cotillons et une robe, dont elle m'affubla, sans que j'eusse ni la volonté ni le courage de me défendre. Marsillac me contemplait avec une surprise extrême.

— Est-ce possible? dit-il en s'approchant de moi, tu es une fille?

— Hélas, oui! murmurai-je toute désolée.

— Mais alors, chère amie, pourquoi ne le disais-tu pas?

— Cela m'était passé de la mémoire, murmurai-je au milieu de mes sanglots.

— Voyons, console-toi, reprit-il avec émotion. Maintenant je veux t'aimer mille fois davantage.

— Est-ce bien sûr? lui dis-je en essuyant mes larmes.

— Je t'en fais le serment.

— Les entendez-vous, duchesse? dit à madame de la Rochefoucauld la baronne un peu radoucie. Vraiment, ils sont sans gêne! et je vois avec plaisir que M. votre fils s'arrange de la métamorphose. Habillez-vous donc plus vite, mademoiselle, vous n'en finissez pas.

Ces dernières paroles s'adressaient à moi. Je répondis d'une voix craintive :

— Ma tante, je n'ai plus l'habitude de ce costume.

— Je le crois, petite péronnelle! mais on vous la fera reprendre.

— Si tu veux, me dit Marsillac, je vais t'aider à lacer ta robe.

Il allait se mettre à l'œuvre, quand la baronne l'arrêta brusquement au passage.

— Monsieur François de la Rochefoucauld, prince de Marsillac, dit-elle d'un air grave, il vous plaira, j'espère, de cesser vis-à-vis de ma nièce une familiarité qui ne vous est plus permise et un tutoiement auquel la connaissance que vous avez de son véritable sexe doit mettre un terme dès ce jour. Vous êtes gentilhomme, les règles de la bienséance ne vous sont point inconnues. Holà! cria-t-elle en frappant dans ses mains, qu'on avance le carrosse.

La révolte n'était plus possible ni pour Marsillac ni pour moi. Je me trouvais *encotillonnée* sans remède. Ainsi se termina la période de ma vie de garçon, période trop courte qui m'a toujours laissé le regret d'une illusion perdue.

Sous mon nouveau costume j'avais l'air d'un renard pris au piége. Les domestiques n'osaient plus rire; mais je rencontrais leurs regards moqueurs, et il me prenait envie d'aller souffleter la perfide hôtesse qui venait de se jouer si impudemment de Marsillac et de moi. Nous apprîmes seulement alors que le mari de Jacqueline était garde-chasse de ma tante. Le bois que nous avions traversé, au sortir du château, appartenait à la baronne. On s'était immédiatement aperçu de notre fuite, et ces dames, averties par leurs gens, avaient mis toute la maison sur nos traces. Alors s'organisa une espèce de traque. On cerna le bois en tous sens; un mot d'ordre fut donné aux habitations environnantes et dans les hameaux voisins. Le garde et Jacqueline se trouvaient au nombre des personnes ainsi avisées. Tandis que la femme nous retenait et nous amusait avec son bavardage, le mari courait au château par un chemin beaucoup plus court que celui que nous avions suivi. Rien n'était facile comme de nous prendre à ce trébuchet.

Ma tante nous ordonna de monter dans le carrosse. Elle me fit asseoir auprès d'elle, Marsillac se mit à côté de sa mère, et l'on retourna au château. Les domestiques éclairaient la marche en tenant des torches à droite et à gauche des portières.

Autant l'habit de garçon me donnait de hardiesse, autant le vêtement de fille me rendait humble. Je baissais les yeux et j'osais à peine, de temps à autre, jeter un regard furtif sur mon compagnon d'infortune. Marsillac, au contraire, plus timide que moi d'abord, Marsillac, que j'avais été obligée d'enhardir quelque temps auparavant, prenait un aplomb incroyable. Assis vis-à-vis de moi, ses genoux pressaient les miens, je sentais l'action de son regard ; il n'écoutait pas un mot du long discours moral que nous débitaient alternativement sa mère et la baronne. En descendant de voiture, il trouva l'occasion de me serrer le bras et de me dire à voix basse :

— Oh! oui, je t'aime beaucoup mieux de la sorte, tu es belle comme un ange.

Cela me fit battre singulièrement le cœur.

Rentrée dans ma chambre, je me regardai au miroir pour m'assurer si le prince avait raison : le miroir ne le démentit pas. J'étais coiffée d'un petit chaperon rose à volettes, et j'avais des nœuds de rubans de même couleur aux retroussis de ma robe de soie. La coquetterie me disait son premier mot; je sentais se développer en moi les instincts de la femme, et je me couchai presque heureuse, ne regrettant plus ma vie de garçon, ne songeant plus à me faire soldat. Toute la nuit je rêvai de toilette et de rubans; la nature se vengeait et reprenait son empire.

Le lendemain, comme j'ouvrais ma fenêtre, un énorme bouquet de pensées et de violettes vint tomber à mes pieds. Me penchant sur le balcon, j'aperçus au-dessous de moi Marsillac, qui avait épié mon réveil pour m'offrir ce présent. Il porta la main à ses lèvres, m'envoya un baiser rapide et disparut.

Je regardai le bouquet, un papier sortait d'entre les fleurs.

C'était un billet du prince. L'ouvrant d'une main tremblante, comme si j'eusse commis un crime, j'y lus ces mots :

« Après le déjeuner, madame de Montaigu et ma mère font la sieste au salon : échappe-toi le plus tôt possible, et viens sous les charmilles. »

Je rendrais difficilement l'effet que cette simple phrase écrite produisit sur moi. C'était en même temps du bonheur et de la crainte; je sentais que je faisais mal en acceptant le rendez-vous de Marsillac, et cependant pour tout au monde je n'aurais pas manqué ce rendez-vous.

L'heure du déjeuner me parut bien lente à venir. Enfin la cloche sonna. Je courus à la salle à manger. Déjà madame de la Rochefoucauld s'y trouvait avec son fils et ma tante.

— Bonjour, petite folle, me dit la baronne. Oui, oui, faites la modeste, je vous le conseille!... Sans nous, vous seriez en train d'exécuter de jolis tours. Vous voilà décontenancée de ne plus avoir vos habits de garçon.

— Moi?... pas du tout, ma tante. Je regrette même de les avoir portés assez longtemps pour vous déplaire.

— Comment donc! s'écria-t-elle en m'attirant dans ses bras, mais ceci est une réponse charmante, mon enfant. Je suis étonnée de te voir aussi soumise.

— J'ai compris mes torts, bonne tante, et je vous en demande pardon du fond de mon âme.

— De mieux en mieux!... Tu as remarqué, je le vois, que sous tes nouveaux habits tu es gentille comme les Amours... N'est-il pas vrai, duchesse? ajouta-t-elle en se tournant vers madame de la Rochefoucauld.

Le déjeuner fut une réconciliation complète. À l'insu de moi-même je faisais déjà l'hypocrite, et je sentais la nécessité d'éloigner la défiance, afin d'être plus libre. De son côté, le prince se donnait un air grave et raisonnable. Sans nous être concertés, nous nous entendions à merveille.

Marsillac quitta le premier la table.

Au salon je pris un métier de tapisserie et j'eus l'air très-appliquée au travail; mais de temps à autre je lorgnais ces dames, englouties dans de vastes fauteuils. Le sommeil les gagna bientôt. Je m'échappai doucement par la porte-fenêtre qui donnait sur le jardin. Quelque secondes après, je rejoignis Marsillac sous les charmilles.

Nous étions l'un et l'autre pâles de saisissement; nos paupières devenaient humides, et je sentais trembler celle de ses mains qui avait pris la mienne.

Il y eut un long silence, pendant lequel j'entendais battre nos cœurs.

— Oh! je t'aime! je t'aime! s'écria tout à coup le jeune prince en me pressant dans ses bras avec transport. Comment, tu es une fille !... Laisse-moi te regarder, laisse-moi te reconnaître... Oui, c'est toi, c'est bien toi!... je ne fais pas un rêve.

Il me baisait les bras, le front, les yeux. J'étais toute frissonnante en recevant ses caresses.

— Mon ami, lui dis-je, il faut nous séparer. Je crains que ces dames ne se réveillent. Si l'on nous surprenait, nous ne pourrions plus nous voir.

— Qu'oses-tu dire?... morbleu! qu'ils s'avisent de mettre obstacle à nos rendez-vous, qu'ils s'en avisent!

— Eh! que feras-tu?

— Bon! tu ne devines pas? En plein jour, à leur barbe, et l'épée à la main, je t'enlève.

— Ah! François, tu m'épouvantes...

Il se mit à me dévorer de caresses.

— Voyons, me dit-il, ne tremble pas ainsi. Tu sais bien que la baronne et la duchesse dorment ordinairement plus d'une heure. Mon Dieu, que tu es belle! Comme ce chaperon te sied et te donne bon air! Tu seras ma femme, n'est-ce pas, tu me le jures?

— Hélas! je ne sais ce que j'éprouve, lui dis-je, mais j'ai honte. Il me semble que nous faisons mal.

— Le crois-tu? me demanda-t-il avec trouble.

— Quand on fait bien, François, on ne se cache pas, et nous nous cachons.

— Pourtant, puisque nous devons nous marier...

— Oui, mais quand cela?

— Tout de suite. Allons trouver un prêtre, nous le prierons de nous unir.

— C'est impossible. Nous sommes trop jeunes. L'Église a des lois que ses ministres ne peuvent enfreindre.

— Mais enfin nous n'étions pas trop jeunes pour être soldats.

— Oh! c'était bien différent!

— Comment faire, alors?

— Attendre, être sage, et ne plus m'embrasser. J'ai entendu dire que les baisers n'étaient permis entre homme et femme qu'après le mariage.

— Allons donc! c'est ridicule.

— Non, tu peux me croire.

— Mais par qui as-tu entendu dire cela?

— Par Jeannette, la suivante de la baronne, que Marcel, le jardinier, embrassait l'autre soir comme tu m'embrasses.

— Et Marcel, que répondait-il?

— Pas un mot. Il riait et embrassait toujours.

— Ah! tu vois bien!

— Mais il avait tort. Si tu veux, nous demanderons au chapelain de ma tante.

Le prince leva sur moi des yeux désespérés. Il tomba sur un des bancs dressés sous la charmille, et fondit en larmes.

— Jésus! m'écriai-je, qu'as-tu donc?

— Rien, dit-il, laisse-moi. Je vais remonter dans ma chambre et me passer une épée au travers du corps.

— Ah! malheureux!

— Est-ce ma faute si nous sommes trop jeunes? est-ce ma faute si je t'aime? est-ce ma faute si de garçon tu es devenue fille? Plutôt que de renoncer à t'embrasser, j'aime mieux en finir avec l'existence.

— O mon Dieu! m'écriai-je. Alors, puisqu'il en est ainsi, embrasse-moi donc, embrasse-moi toujours, car je ne veux pas que tu meures!

Il se leva rayonnant de joie. La paix fut signée, et le chagrin ne revint plus.

J'eus une peine infinie à m'arracher des charmilles. Heureusement, à mon retour au salon, la baronne et la duchesse dormaient encore.

Ainsi commença mon premier amour. Je regarde ces instants passés au château de Loches comme les plus doux de ma vie. Marsillac et moi nous avions une entière innocence, et nos caresses étaient pures comme le fond de nos cœurs. Chaque jour nous nous retrouvions ainsi sous le berceau, sans compter les autres occasions qui se présentaient de nous réunir et que nous ne laissions jamais échapper. Le dernier mois des vacances fut un mois de délices.

Mais bientôt les vacances eurent leur terme. On parla de retourner à la Flèche, et les larmes succédèrent à la joie.

— Ninon, ma chère Ninon, disait Marsillac, que vais-je devenir loin de ta présence?

— Et moi, quand je ne te verrai plus, quand je ne t'entendrai plus, la triste vie que je vais mener, mon Dieu!

— Tu m'oublieras, Ninon.

— Jamais, François, jamais!

Il pleurait ; je sanglotais moi-même avec amertume.

— Si du moins, reprit-il, j'avais un souvenir de toi, quelque chose que je pusse presser sur mes lèvres et sur mon cœur... une boucle de tes cheveux, par exemple.

— Coupe-la toi-même, dis-je en lui tendant une paire de ciseaux d'or que la baronne m'avait donnés, la veille, avec un dessin de broderie.

J'ôtai mon chaperon, j'écartai mes dentelles, et il me dégarnit tout un côté des tempes. Il serait difficile de peindre le transport d'ivresse qu'il éprouva lorsqu'il eut serré la bienheureuse mèche sous son pourpoint. On eût dit que je venais de lui donner le plus riche trésor de la terre.

Ceci se passait au salon. Madame de la Rochefoucauld rentra tout à coup avec ma tante, et annonça que son intention était de partir le soir même. Elle voulait aller coucher à Chinon, pour être le surlendemain de bonne heure à la Flèche. C'était le jour de la rentrée; les jésuites ne plaisantaient pas avec leurs élèves.

Nous ne pûmes, le prince et moi, nous ménager un dernier rendez-vous. Mon cœur saignait; Marsillac pleurait à chaudes larmes.

On trouva notre douleur suffisamment justifiée par l'amitié que nous avions l'un pour l'autre, et par l'émotion que devait nous causer ce prompt départ. Au moment de monter en voiture, François me glissa ces mots à l'oreille :

— Courage! espoir! J'ai trouvé un moyen de correspondance. Avant huit jours tu recevras une lettre.

L'heure de la séparation sonnait. Nous fîmes l'un et

l'autre assez bonne contenance. Je suivis des yeux jusqu'au bout de la grande avenue la berline qui emportait Marsillac et sa mère; puis je montai dans ma chambre pour cacher mes pleurs.

Or, le moyen de correspondre entre nous inventé par le prince était fort simple : il avait mis dans nos intérêts Jeannette, la femme de chambre de la baronne. Cela réussit à merveille. Jeannette recevait les lettres de Marsillac sous son couvert, me les apportait aussi mystérieusement que possible et se chargeait de faire parvenir les miennes à la poste la plus voisine.

Restée seule au château de Loches avec ma tante, j'étais menacée d'une existence très-monotone, quand arriva tout à coup un hôte inattendu.

Mon père, assez grièvement blessé dans une bataille contre les huguenots, avait obtenu un congé de ses chefs. Il venait le passer près de nous. Sa surprise fut grande lorsqu'il vit mon changement de costume. Lui-même avait fini par prendre au sérieux les folles idées de mon enfance. Soldat dans toute l'extension du mot, il regrettait ce fils illusoire qui montait si hardiment à cheval et poussait des bottes si franches. Mais que répondre à la narration de mes escapades, narration curieuse, dont la baronne se garda bien d'oublier le moindre détail? Il convint en riant que, si l'on eût poussé la plaisanterie jusqu'à ma dix-huitième année, je serais devenue une virago assez plaisante.

Ne pouvant me conserver les habits de son sexe, il voulut du moins m'en donner la solidité d'esprit et la force de caractère. Pendant près d'un an qu'il fut à guérir de sa blessure, il ne s'occupa de rien autre chose que de mon éducation.

Je passais avec lui des journées entières à la bibliothèque, sans avoir la moindre envie de sauter par la fenêtre. Nous lisions ensemble les *Essais* de Montaigne et le *Traité de la sagesse* de Charron. Je prenais un goût extrême à ces études philosophiques, et surtout aux commentaires de M. de Lenclos, dont la franchise épicurienne, l'entrain joyeux et l'originalité de langage égayaient ce que nos lectures avaient pour moi de trop aride.

— Chère enfant, me disait-il, la vie est courte et le temps a des ailes, ce qui lui permet d'emporter rapidement nos joies et nos plaisirs. La véritable sagesse, puisque nous ne sommes pas sûrs de la durée, consiste donc à ne jamais sacrifier le jour au lendemain, le présent à l'avenir. N'économisons pas le bonheur, dépensons-le toujours le plus vite possible; autrement il s'envole avec les heures fugitives, et nous ignorons ce qui vient derrière lui.

Je trouvais cette morale très-douce et très-facile.

Pendant tout le cours de ma vie, on reconnaîtra la trace de ces préceptes de M. de Lenclos. Si quelquefois j'ai cessé de les mettre en pratique, ce n'a été que pour y revenir avec plus d'ardeur et en faire définitivement ma règle de conduite.

Mon père, excellent musicien, jouait du luth comme les plus grands maîtres. Lorsque nous étions fatigués des études sérieuses, il allait prendre cet instrument et me donnait des leçons dont je profitais avec une surprenante aptitude. Au bout de six mois, et de son propre aveu, j'étais plus forte que lui.

J'appris alors le théorbe, le clavecin, la guitare, et je devins une virtuose consommée.

En écrivant à Marsillac, je me gardais de lui annoncer quels progrès rapides je faisais dans les sciences et dans les arts. C'eût été lui ôter le plaisir de la surprise. Je voulais qu'à son retour il tombât des nues. Les vacances approchaient. Depuis dix mortels mois j'étais séparée de mon jeune ami, et la pensée que j'allais le revoir me rendait toute radieuse.

Hélas! je ne m'attendais guère au désappointement cruel que me réservait le sort.

III

La femme de chambre à l'adresse de laquelle le prince m'envoyait ses lettres avait fini par se marier au jardinier du château.

Marcel, excessivement jaloux de sa nature, était en outre d'une ignorance absolue, et ne savait même pas épeler son nom. Il se figura que sa femme avait une correspondance avec quelque amoureux, saisit un beau jour une missive dans la poche de notre confidente avant que celle-ci eût pu me la donner, et courut la porter à la baronne, qui en prit lecture.

Jugez de l'esclandre.

Ma tante, scandalisée, vint mettre le fatal écrit sous les yeux de M. de Lenclos.

— Voyez, cria-t-elle, voyez le beau résultat de l'éducation que vous donnez à votre fille! En vérité, monsieur, vous devriez rougir. Ninon n'a pas encore douze ans, sa première communion n'est point faite, et, chose inouïe, elle a déjà des amours... Oui, des amours au grand complet!... Lisez plutôt, lisez d'un bout à l'autre. Il y a eu rendez-vous sous les charmilles, baisers, mèche de cheveux donnée à l'amant, que sais-je?... et l'on espère renouveler tout cela. Vous perdez votre enfant, monsieur, vous la perdez, vous dis-je. Si vous ne me laissez pas désormais le soin de diriger Ninon comme il me plaira, je la déshérite... C'est mon dernier mot.

Elle sortit après cette fougueuse mercuriale, déclarant qu'elle allait défendre à madame de la Rochefoucauld de nous amener François.

Quand elle fut dehors, mon père, que la vivacité de l'apostrophe avait un instant troublé, se remit aussi vite et m'attira sur ses genoux.

— Peste! s'écria-t-il, voici du nouveau... La bonne incartade!... Voyons, ne pleure pas, ma pauvre enfant!... Quoi! tu as une histoire de cœur, à ton âge... et tu me le cachais?... Le bon augure, et comme nous serons femme un jour? Encore une fois, sèche tes yeux; je ne te gronde pas, moi, Dieu m'en préserve. C'est avec de pareilles scènes qu'on éclaire l'innocence. Il y a des gens, morbleu! qui entament la chose en vrais étourneaux, comme si ces idées-là n'arrivaient pas d'elles-mêmes, et assez vite. Somme toute, j'aime les natures précoces. Il est donc bien aimable, ton jeune prince?

— O mon père! s'il ne vient plus, j'en mourrai de chagrin

— Là! là!... quelle folie!... mourir!... Tâchez un peu, Ninon, de suivre les sages maximes que je vous ai inculquées, ma chère; c'est la première fois que l'occasion s'en présente; ne faites pas à votre maître de philosophie l'injure de mépriser ses leçons.

— Hélas! ne plus lui écrire, ne plus le revoir...

— C'est triste, j'en conviens; mais le vrai philosophe laisse passer l'orage et attend le soleil. Voyons, raisonne un peu. Impossible d'aller à la Flèche. Madame de la Rochefoucauld serait plus impitoyable encore que la baronne, et tiendrait sous clef monsieur son fils. Je ne puis t'emmener avec moi dans les camps, où l'on me rappelle. D'un autre côté, voudrais-tu retourner à Paris, avec l'espoir de vivre plus heureuse auprès de ta mère qu'auprès de la baronne? Celle-ci, je l'avoue, s'exagère un peu les choses et leur donne une importance absurde; mais ce n'est qu'une lubie d'un jour. Nous ne sommes pas dévote, c'est un grand point; au lieu que ma pauvre femme... Enfin, Dieu lui pardonne toutes les importunités dont elle m'accable! Il y a, du reste, des devoirs religieux qu'il faut accomplir, autant pour soi-même que pour le monde. On a parlé de ta première communion, ma fille; c'est un acte dont on ne s'exempte pas. Achève de te dégager des liens de l'enfance; deviens spirituelle, jolie, et tu n'en retrouveras le prince que plus amoureux un jour.

— Mais quand cela, mon père?

— Bientôt, je m'y engage. Ainsi te voilà tranquille. Une autre chose à considérer, c'est la fortune de ta tante. Celle de madame de Lenclos et la mienne réunies n'approchent pas à beaucoup près des biens de la baronne, et tu es son unique héritière. Conclusion de tout ceci, ma fille, c'est que je te laisse au château de Loches; tu seras encore plus heureuse que partout ailleurs, et je t'invite à attendre patiemment l'époque où tu pourras jouir de ton indépendance.

Mon père réussissait toujours à me convaincre.

J'allai faire mes soumissions à la baronne, et je lui promis de me régler dorénavant d'après ses conseils. Elle parut contente de cette promesse, m'adressa quelques reproches, mais sans colère, et manda son chapelain, qu'elle pria de me disposer, dès le jour même, à faire ma première communion.

M. de Lenclos, entièrement guéri de sa blessure, alla rejoindre son corps dans le Poitou. Je recommençai donc, à peu de chose près, le train de vie mystique et ennuyeux que je menais à Paris avec ma mère.

Le chapelain était un grand homme sec, tout hérissé d'angles aigus. Son visage pâle, ses yeux retirés au fond de leur orbite et entourés d'un cercle noir inspiraient d'abord un sentiment de terreur, que sa parole doucereuse et son ton paterne finissaient par calmer à la longue. Il reçut mes aveux au tribunal de la pénitence et m'apprit que j'avais été beaucoup plus coupable que je ne me le figurais. A l'entendre, une protection toute spéciale du ciel était descendue sur moi pour me retenir au bord de l'abîme.

Je me creusai l'imagination, afin de découvrir quel si grand péché j'avais été sur le point de commettre.

Cela fit passer dans mon esprit de singuliers fantômes. Le trouble s'empara de mes sens. Je retournai à confesse m'accuser comme d'un crime de pensées auxquelles je n'avais pas donné lieu.

Mon directeur, me parlant alors de l'enfer et des supplices qui attendent les voluptueux dans l'autre vie, acheva de me bouleverser le jugement. Le cerveau me tourna. Je passais les jours et une partie des nuits en prières; je me frappais la poitrine, demandant pardon à Dieu des baisers que j'avais laissé prendre à Marsillac, et lui promettant avec larmes d'arracher de mon cœur ce condamnable amour. Au bout de six mois de ce genre de vie, j'étais maigre comme un spectre et pieuse comme un ange.

Une fois que le chapelain me jugea suffisamment purifiée par le repentir, il me fit approcher de la table sainte. Deux jours après, je tombai gravement malade. Une fièvre cérébrale, résultat de mes transports chrétiens et de ma vie de Magdeleine, me réduisit à toute extrémité.

Grâce au ciel, les soins de ma tante m'arrachèrent aux bras de la mort.

Je fus rendue à la santé, mais je ne retrouvai pas la joie. Mon caractère ne se ressemblait plus. Les leçons de philosophie que m'avait données M. de Lenclos me paraissaient le comble de la déraison humaine; le chapelain, d'ailleurs, le déclarait positivement, et je croyais à chacune de ses paroles comme à un article de foi.

La baronne, qui n'avait voulu que corriger mon étourderie, commença très-sérieusement à s'inquiéter de ma nouvelle manière d'être.

Elle écrivit à l'évêque de Tours. Aussitôt après la réception de cette lettre, le digne prélat, faisant droit à la requête de ma tante, s'empressa de donner une cure au grand chapelain sec, et nous envoya, pour le remplacer, un moine de l'ordre de Citeaux gras, ventru, souriant, le teint fleuri, dont toute l'apparence prouvait du premier coup qu'il envisageait la religion à un autre point de vue que son prédécesseur. Il m'eut à peine confessée deux ou trois fois que ma tristesse s'envola. Je ne maigrissais plus, et les roses de mes joues reparurent.

Jamais le brave homme ne me parlait de l'enfer ; il ne m'imposait que des pénitences d'une douceur extrême.

— Dieu, me disait-il, n'a point créé tous les biens d'ici-bas pour que nous les tenions en mépris absolu. Il nous a donné un cœur pour aimer, des sens pour goûter tout ce qui est plaisir honnête, et, vous pouvez le croire, il ne damne pas ses créatures sans y regarder à deux fois. S'il est la suprême justice, il est aussi la bonté suprême. Chassez la mélancolie, ma fille, et prenez tous les plaisirs de votre âge.

Les raisonnements théologiques du moine se rapprochaient beaucoup de la philosophie de mon père.

Ce fut peut-être la raison pour laquelle je me laissai convaincre. Le souvenir de Marsillac ne me parut plus aussi criminel. Je repris mes lectures de Montaigne et j'exerçai mon talent sur le luth.

Ma tante attira, pendant l'été, quelques sociétés aimables de la ville. Sur son invitation, plusieurs de ses amis de Tours accoururent aussi la voir, et, pour rendre ces visites, nous faisions souvent nous-mêmes en carrosse le voyage de la capitale de la province. Rentrée au château, je prenais quelques leçons de latin du moine.

C'était un conseil que mon père m'avait donné avant son départ; il voulait que mon éducation fût entièrement masculine.

Deux ans se passèrent de la sorte. Madame de la Rochefaucauld, pendant cet intervalle, était venue plusieurs fois, mais toujours seule, et rarement elle me parlait de son fils. Je crus comprendre qu'elle estimait sa noblesse bien au-dessus de la nôtre et qu'un mariage entre le prince et moi lui semblerait une mésalliance. Ma fierté s'indigna. Du reste, le temps avait passé sur mes souvenirs; ils étaient beaucoup moins vifs. La religion, d'une part, et la raison, de l'autre, m'avaient donné des idées plus mûres, plus réfléchies. Je sentais que je devenais femme; la réserve naturelle à mon sexe remplaçait les épanchements inconsidérés et les folles imaginations de l'enfance.

Par malheur, il a toujours été dans ma nature de tomber d'un excès dans l'excès contraire.

Je frissonnais de crainte devant le regard d'un homme, je ne me serais pas laissé baiser la main pour tout au monde. Si parfois on tenait en ma présence quelques propos légers, la rougeur me montait au front; s'ils partaient de la bouche d'une femme, je m'en scandalisais au point de quitter la place.

En un mot, je prenais le chemin le plus direct pour devenir une véritable *honesta* (1).

D'où provenait cette nouvelle erreur de mon jugement?

---

(1) On nommait ainsi les prudes, ou plutôt les femmes qui se montraient sans indulgence pour les fautes des autres.

(*Note des Éditeurs.*)

De la triste manie qu'on a dans les cercles de se décrier l'un l'autre. Je prenais le blâme du monde au sérieux et je le croyais toujours honnête, ignorant que la médisance est une tactique, au moyen de laquelle on détourne l'attention de soi-même, en mettant en relief les défauts ou les faiblesses du prochain.

Ce genre de manœuvre est fort usité, surtout chez les femmes.

Que la meilleure de leurs amies fasse une chute, elles sont toujours prêtes à lui jeter la première pierre et à lui arracher son dernier voile, sûres de couvrir par là leurs propres désordres, et plus cruelles que ces femmes de l'ancienne Gaule qui, revenant avec une provision de sel amassé au bord de la mer, précipitaient dans l'abîme celle de leurs compagnes qui avait le malheur de tomber sur le chemin glissant de la falaise.

Du moins les Gauloises pouvaient-elles employer la superstition pour excuse, tandis que les autres ont pour mobile un égoïsme aussi vil qu'infâme.

Si quelques-unes n'ont pas de reproches réels à s'adresser, je soutiens alors que la passion de médire est chez elles l'effet certain d'une cause non moins honteuse, la jalousie. Elles ne pardonnent pas à celles qui savent se faire aimer; elles se vengent des plaisirs qu'on leur refuse, elles déblatèrent contre les péchés qu'elles n'ont pu commettre.

C'est la pire espèce de toutes.

J'ai connu sept ans plus tard, au moment où 'achetai ma maison de Picpus, une petite brune quasi mulâtresse, femme d'un tabellion de Vincennes ou de Nogent-sur-

Marne, qui était bien la créature de ce genre la plus indigne qui se puisse voir.

Elle s'appelait Rosalie, nom que j'ai eu, depuis cette époque en aversion profonde, et que je ne donnerais même pas à une levrette.

Une femme véritablement vertueuse est tout indulgence et bonté. Plaignant les natures faibles qui succombent, elle regarde comme un devoir de sauver les réputations compromises, au lieu d'achever de les flétrir. De toutes les personnes de mon sexe qui s'adonnent à la médisance, on peut donc affirmer sans crainte ou qu'elles sont elles-mêmes coupables ou qu'elles enragent de ne pas l'être.

Voilà ce que je ne savais pas encore, au point où j'en suis de mon histoire de jeune fille.

J'étais trop franche pour comprendre la trahison, trop naïve pour deviner l'intrigue, trop timide pour arracher les masques. Entendant partout autour de moi critiquer et blâmer, je blâmais et je critiquais. Il me restait, en outre, de la direction absurde de mon grand chapelain sec une sorte d'âcreté religieuse, un certain fiel de dévote qui se répandait dans tous mes discours et les mettait au niveau de ceux des plus mauvaises langues.

Je reçus bientôt une leçon qui me corrigea pour la vie.

C'était un soir, à Tours. Nous y étions venues, ma tante et moi, pour rendre nos visites, et nous apprîmes qu'il y avait dans la ville un grand scandale. Une jeune veuve, la comtesse de Montbreuil, trahie, comme toujours, par une de ses amies intimes, venait d'être surprise, le matin même, dans un tête-à-tête avec un des officiers de la garnison.

Juste au moment où l'on racontait son aventure, qu'elle ne croyait pas aussi publique, la pauvre femme parut dans le cercle où j'étais avec ma tante.

Aussitôt les conversations à voix basse de s'établir. On désignait presque la comtesse; on chuchotait, on riait, on échangeait des regards perfides, des demi-mots sanglants. L'occasion était belle pour me montrer. J'allai tout de suite beaucoup plus loin que les autres, et je dis avec ce petit accent aigre-doux qui me caractérisait :

— N'y a-t-il pas, mesdames, dans votre bonne ville de Tours, un couvent de Carmélites dont la règle est très-austère?

— Oui, répondit-on ; mais pourquoi?

— Mon Dieu, c'est assez délicat à faire entendre. Pourtant il me semble qu'il est des circonstances où il serait plus décent de chercher asile dans le cloître et d'imiter la mortification de ces saintes filles que de hanter les cercles et d'afficher le scandale.

Chacun tourna les yeux vers madame de Montbreuil, qui devint écarlate.

Je me levai de mon siége après ce beau coup de langue, et je quittai le salon, comme pour protester contre la présence de la malheureuse femme que je venais d'humilier d'une façon si cruelle. J'allai me promener au jardin, très-satisfaite de moi-même et du succès que j'avais obtenu. A peine eus-je fait quelques tours sous une allée de tilleuls, que je sentis un bras s'appuyer sur mon épaule.

Me retournant aussitôt, je me vis en face de la comtesse.

Un frisson me courut dans les veines ; mes genoux se

dérobèrent sous moi. Madame de Montbreuil me prit la main et me dit sans colère :

— Je ne viens pas vous reprocher, mademoiselle, le discours que vous avez tenu. Si je désire vous parler sans témoins, c'est pour vous donner des avis, dont vous sentirez un jour toute la solidité.

— Des avis? répliquai-je, un peu revenue de ma stupeur et prenant une mine hautaine : je n'ai que faire de vos avis, madame... Laissez-moi partir.

Elle garda ma main dans la sienne. Je dus rester et l'écouter.

— Ah! vous avez été bien sévère pour moi, reprit-elle. C'est tout simple... vous croyez avoir de la vertu.

— Oui, certes.

— Et vous croyez que cette vertu ne vous abandonnera jamais?

— Je l'espère.

— Hélas! mon enfant, ce sont de pures illusions de votre amour-propre.

— Par exemple !

— Ce début vous étonne? Prêtez-moi votre attention : vous conviendrez bientôt de la vérité de ce que je vous dis.

Sa parole grave et douce tout à la fois m'imposait beaucoup. Je me laissai conduire vers un banc de l'avenue. Madame de Montbreuil me fit asseoir, prit place à mes côtés et ajouta :

— Personne jusqu'ici ne vous a parlé d'amour; un miroir seul vous a dit que vous étiez jolie. Votre cœur ne s'est point encore développé, ou plutôt le cri de la nature ne s'est pas fait entendre. Si vous restez dans cette situation, si l'on vous garde toujours à vue, je réponds de vous; mais que votre âme s'éveille, que ces yeux, déjà si beaux par eux-mêmes, reçoivent du sentiment l'expression et la vie, qu'ils apprennent le langage de l'amour, qu'une inquiétude secrète vous tourmente, que vous ayez à combattre à la fois votre sensibilité et vos désirs, alors les fautes des autres vous paraîtront excusables. Reconnaissant votre faiblesse, il ne vous sera plus permis de considérer votre vertu comme infaillible. Je vais plus loin : le peu de secours que vous en tirerez contre un penchant trop impétueux vous fera douter si vous en avez jamais eu.

— Ah! madame!...

— Peut-on certifier, dites-moi, qu'un homme soit brave, tant qu'il n'a pas fait ses preuves dans un duel ou dans une bataille?

— Non, j'en conviens.

— Il en est de même de nous, ma chère enfant : les attaques qu'on nous livre donnent seules l'être à notre vertu, comme le danger le donne à la valeur.

J'étais rouge et tremblante. Une voix extérieure me criait que la comtesse n'avait pas tort. Si Marsillac, plus hardi ou moins innocent, eût dirigé contre moi des attaques sérieuses, quelles ressources aurais-je trouvées dans ma vertu? Cependant je n'avouai pas mon trouble, et je dis en essayant de le dissimuler.

— A ce compte-là, madame, il n'y aurait pas une seule femme vertueuse?

— Peut-être, me répondit-elle. Sommes-nous maîtresses de nous donner une constitution vive ou tranquille? Sommes-nous libres d'arranger toutes les circonstances de notre vie de façon à ne jamais nous trouver avec un objet aimé, exposées à une attaque ou à une défaite? Dépend-il de nous que la voix, les prières, les hardiesses d'un homme ne produisent de l'effet sur nos sens? Autant vaudrait dire que le fer est maître de ne pas céder à l'aimant.

Je regardai la comtesse, et je lui dis d'une voix émue :

— Vous avez raison.

— Oui, croyez-le, la vertu des femmes n'est pas leur ouvrage : elle est un don du ciel comme la beauté ou l'esprit. Ne maltraitez donc plus celles qui ont eu le malheur de recevoir avec la vie un penchant indomptable à l'amour, celles qu'une passion violente a surprises, ou qui se trouvent dans ces tristes circonstances d'où vous ne seriez pas sortie avec plus de gloire.

Ces dernières paroles m'arrachèrent des larmes. Le remords me déchirait le cœur, et je tombai aux genoux de madame de Montbreuil.

— Pardonnez-moi! m'écriai-je, oh! je vous en conjure, pardonnez-moi!

— Relevez-vous, mon enfant, dit-elle, votre tête a été plus coupable que votre cœur.

— Vous m'avez convaincue, madame, et mes torts n'ont pas d'excuse. Je demande à rentrer au salon avec vous pour les réparer.

— Pauvre petite!... je n'ai garde de vous causer une telle humiliation. La méchanceté, d'ailleurs, trouverait encore moyen de tourner tout cela contre moi. Consolez-vous : je n'entends pas vous enlever le mérite de votre vertu pour vous empêcher d'y rester attachée. En vous prouvant que vous êtes fragile, je veux seulement obtenir de vous un peu d'indulgence pour celles qui ont eu le malheur de tomber.

— Oh! madame, croyez à mes regrets, à mon repentir...

— Adieu, me dit-elle, je vous pardonne.

Elle se pencha vers moi, m'embrassa sur le front et me laissa toute sanglotante.

Je me trouvais véritablement odieuse. S'il n'eût fallu que mon sang pour réparer le chagrin que j'avais dû causer à madame de Montbreuil, j'aurais sur l'heure donné tout mon sang. Dès ce jour, je pris en haine les médisantes et les prudes, et je leur ai fait toute ma vie une guerre impitoyable : c'était bien le moins, puisqu'elles avaient failli m'enroler dans leur infernale cohorte.

Je me disposais à rejoindre ma tante, lorsque je la vis accourir, une lettre à la main. Cette lettre nous annonçait l'arrivée de M. de Lenclos au château de Loches.

Fatigué d'un long voyage et ne pouvant venir lui-même, il nous expédiait un courrier, dans la crainte que notre absence ne se prolongeât.

La baronne fit atteler ses chevaux, et nous partîmes au plus vite. J'étais heureuse en songeant que j'allais embrasser mon père. Depuis trois grandes années je ne l'avais pas vu.

Quelquefois, je l'avoue, l'existence peu variée que je menais chez ma tante me donnait le désir de revoir Paris, ma ville natale; Paris, l'immense, la populeuse, la bruyante cité; Paris, le cœur de la France, le centre de tous les plaisirs. Je n'étais plus une enfant à conduire à la férule, et ma mère sans doute me permettrait d'autres récréations que celles du rosaire ou des messes du chanoine. On eût dit qu'une fée bienveillante avait deviné cette pensée secrète de mon cœur.

Les premières paroles de M. de Lenclos, lorsqu'il m'eut embrassée, furent celles-ci :

— Ta mère, ma bonne Ninon, sans être précisément en danger, se trouve assez souffrante pour réclamer tes soins. Elle n'a pas d'autre compagnie que sa vieille nourrice, qui radote, et que je soupçonne d'être adonnée aux liqueurs fortes. Mon régiment est de retour à Paris ; mais les exigences du service ne me laissent pas libre de procurer beaucoup de distractions à la malade. Prépare-toi donc à me suivre, je te remmène.

La baronne eut beaucoup de chagrin de cette résolution. Elle s'était habituée à moi, et me regardait comme son bâton de vieillesse.

— Mon frère, dit-elle à l'heure des adieux, vous m'avez amené, il y a quatre ans, un petit démon tapageur, fantasque et plein de caprices : je vous rends une jeune fille douce, raisonnable, modeste, qui a fait auprès de moi provision de qualités et de vertus. Vous pouvez compter dorénavant sur la sagesse de Ninon.

Pauvre femme, comme elle se trompait !

IV

M. de Lenclos avait l'habitude de voyager en poste. Il détestait les coches, ces lourdes machines ambulantes, véritables tortues de grand chemin, qui passaient huit jours à faire trente lieues, et grâce auxquelles les bonnes gens de province, se figurant que Paris était au bout du monde, ne manquaient jamais, avant d'entreprendre un voyage d'aussi long cours, d'appeler le notaire de l'endroit et de lui dicter leur testament.

— Eh bien, Ninon, tu ne me parles pas de tes amours? me dit mon père.

— Quelles amours? balbutiai-je en rougissant.

— Voilà qui est fort! s'écria-t-il. Tu as donc oublié ton jeune prince?

— Marsillac... Hélas! il ne songe plus à moi!

— Ce n'est pas tout à fait ce que je te demande, répliqua M. de Lenclos : point de détours.

— Vous voulez savoir si mon cœur a été plus fidèle que le sien. Je mentirais en vous affirmant que je n'ai pas conservé son souvenir.

— A merveille. Mais à quel propos le soupçonnes-tu d'inconstance?

— Le prince entre dans sa dix-septième année : c'est un homme. On n'est plus tellement sous la tutelle à cet âge, qu'il soit impossible de donner signe de vie à ceux qu'on aime. Il adopte sans doute les idées de sa mère et ne juge pas notre blason digne de s'élever par un mariage à la hauteur du sien.

— Un mariage, fi donc !... tu songes à un mariage ? s'écria mon père en haussant les épaules (1).

Et, comme je le regardais avec stupeur, il ajouta :

— J'ai la prétention, ma fille, de te parler au nom de la sagesse. Tu n'es encore qu'au matin de la vie, et l'expérience, comme l'étoile polaire, ne guide l'homme que le soir. Je suis déjà vieux, donc c'est à moi de te prémunir contre les dangers qui t'attendent. Sérieusement, je te supplie de repousser l'idée du mariage, comme tu repousserais l'idée du malheur.

— Si je ne me trompe, mon père, ceci revient à dire qu'il ne faut jamais aimer.

— Non, ce n'est point là mon système.

— Je ne vous comprends plus alors.

— En effet, j'ai contre moi les préjugés du monde ; mais le monde est rempli de fous et de niais qui donnent toujours tête baissée dans le même piége et se brisent au même écueil. M'expliqueras-tu pourquoi l'homme cherche constamment le bonheur, et comment la société, faite par lui et pour lui, n'organise que l'infortune? On dirait qu'un méchant démon pousse à plaisir cette pauvre huma-

---

(1) La sincérité de l'histoire nous oblige à reproduire, tout en les désapprouvant, les dangereux paradoxes de M. de Lenclos. Il est certain que la fausse philosophie du père a été la cause de la perte de la fille. *(Note des Éditeurs.)*

nité sur la route pleine de fondrières des contradictions et dans le cercle de l'absurde.

— Le mariage, selon vous, est donc un état malheureux?

— Oui, surtout pour la femme, tyrannisée sans cesse et lâchement par le sexe fort. Les chaînes sont pour elle seule, avec les ennuis, les dégoûts, les souffrances physiques et morales, les privations de toutes sortes et les déboires les plus amers.

— Ah! miséricorde! quelle peinture!

— L'homme, dans ce contrat frauduleux qu'il vous fait signer, promet et ne tient pas. Jamais il n'engage sa liberté d'une façon sérieuse; le devoir n'est rien pour lui. Qu'il manque à ses promesses, on en plaisante, on l'excuse; au lieu que le parjure vous déshonore.

— C'est vrai. Je suis bien jeune, et pourtant j'ai pu voir autour de moi les preuves de ce que vous me dites là, mon père.

— Est-ce de la justice, Ninon, je te le demande? est-ce de la loyauté?

— Non, certes.

— Alors ne comprends-tu pas qu'une femme de sens et de haute raison se révolte contre un tel état de choses?

— Mais, en se révoltant, elle se perd aux yeux du monde.

— Ce n'est pas mon avis, me répondit-il.

— Pourtant, insistai-je, à moins qu'elle ne renonce à l'amour, elle ne peut plus compter sur l'estime et la considération publique.

— Écoute, Ninon, je me plais à te reconnaître beaucoup de jugement et de droiture. Ces précieuses qualités, tu ne les as point sans doute perdues sous la tutelle de ma sœur, et tu ne me soupçonnes pas de vouloir te faire ici un cours d'immoralité.

— Oh! monsieur, que dites-vous? rien dans mes paroles a-t-il pu vous laisser croire...

— Cette pensée t'indigne... j'y comptais... merci, mon enfant. Une pareille infamie ne peut découler ni de mes principes philosophiques ni de mes sentiments de père. Quand le ciel, au lieu d'un fils que je lui demandais, t'a donnée à moi, j'ai pris, dès le jour même de ta naissance, la ferme résolution de t'épargner les chagrins qu'une société mal faite impose à ton sexe. Femme par le corps, j'ai décidé que tu serais homme par l'esprit; c'était l'unique moyen d'atteindre mon but, et tu dois me rendre cette justice que je n'ai manqué aucune occasion d'affermir ton âme par de solides maximes. Je suis sûr que jamais la saine raison ne se révèle à toi sans que tu la reconnaisses aussi vite et que tu lui fasses accueil.

— En effet, lui dis-je; pas plus loin qu'hier cela m'est arrivé.

Je lui rapportai fidèlement mon entretien avec madame de Montbreuil.

— Tu le vois, continua M. de Lenclos, mes leçons portent leurs fruits. Résumons donc en deux mots notre système : « Ne prendre de la vie que la fleur; cueillir la rose et laisser l'épine. » Ainsi doit se conduire le sage. Eh! bon Dieu, nous ne voulons pas réformer le monde. Si la société repose sur des abus, qu'elle y reste; nous n'attaquons rien, nous ne renversons rien : ce serait, en vérité, prendre trop de peine, et nous ne voulons que du plaisir.

— Mais la religion, que pense-t-elle de tout cela ?

— La religion! la religion!... peut-elle nous astreindre à une chose qui nous damne infailliblement? C'est trop de deux enfers : le mariage en est un, préservons-nous toujours de celui-là, sauf à nous garer de l'autre ensuite.

Ce dernier raisonnement ne me parut pas victorieux.

— Après tout, reprit M. de Lenclos, le but de ce discours, je le répète, ma chère, est de te mettre en garde contre le malheur. Mes réflexions ne sont point des ordres ; je n'ai pas l'orgueil de me croire la raison souveraine. Il me semble qu'une femme d'esprit peut s'affranchir de bien des entraves et s'élever assez haut pour que le blâme ne puisse l'atteindre. La décence dans le plaisir équivaut à la pudeur, et le respect de soi-même entraîne le respect des autres. Épicure, comme philosophe, n'était pas un sot, je te le déclare.

— Ah! mon père, le Christ était un aussi grand philosophe qu'Épicure, et leur doctrine, avouez-le, ne se ressemble guère.

— Si telles sont tes idées, ma fille, entre dans un cloître ; sois plutôt l'épouse du Christ que l'épouse d'un homme.

— J'y réfléchirai, lui dis-je en riant; mais rien ne presse.

Ce dialogue bizarre sur le mariage en resta là. Dire qu'il ne fit aucune impression sur moi serait manquer de franchise. A partir de ce jour, les principes de M. de Lenclos devinrent graduellement les miens. Eut-il raison de me les suggérer? eut-il tort! voilà ce qu'auront à décider mes lecteurs.

Le surlendemain de notre départ du château de la baronne, nous entrâmes à Paris, et j'embrassai ma mère, dont je reçus un accueil plein de tendresse.

M. de Lenclos, avant de retourner à la caserne des Haudriettes (1), où logeait sa compagnie, courut avec moi la ville et me procura une quantité de distractions, que je regrettai tout naturellement lorsqu'il fallut ensuite rester sédentaire et soigner la malade.

Je m'ennuyais à périr dans une vaste chambre à coucher, sombre et silencieuse, dont le grand lit à baldaquin ressemblait à une tombe. De lourds rideaux de damas de Gênes, retombant sur les fenêtres à treillis, empêchaient d'arriver jusqu'à moi le moindre rayon de soleil, et les portraits de famille, graves, majestueux, renfrognés, ne cessaient de me poursuivre de leurs yeux éternellement ouverts.

Pour conquérir un peu de liberté, je feignis d'être chagrine de ne pouvoir plus aller, comme autrefois, à la cathédrale accomplir mes devoirs de chrétienne.

C'était jouer un rôle d'hypocrisie bien coupable.

Ma mère donna dans le piége. Elle loua beaucoup ma ferveur et me promit d'arranger les choses pour le mieux, quand elle aurait consulté le directeur de sa conscience.

— Il viendra ce soir, me dit-elle, et tu verras, ma fille, le prêtre le plus digne de vénération qui soit au monde, le modèle le plus parfait de charité évangélique. Depuis vingt ans, il consacre sa vie à secourir les infortunes, à soulager les misères, à sécher les pleurs. La mission sacrée

(1) Ainsi appelée, parce qu'elle touchait au couvent des Haudriettes, du côté de l'Arsenal.

qu'il s'impose ne s'étend pas seulement à Paris ; il parcourt en apôtre toute la France, visitant les malades, les prisonniers, et jusqu'aux criminels condamnés à ramer sur les vaisseaux du roi.

— Mais c'est le portrait d'un saint que vous me faites là, ma mère.

— Aussi pourrait-on le canoniser de son vivant, répondit madame de Lenclos. Un jour, au bagne de Marseille, touché des plaintes d'un malheureux qui regrettait sa femme et ses enfants, il lui proposa de prendre sa place. Le galérien accepta, et l'apôtre resta dans les chaînes.

— Est-ce possible ?

— Tout Paris peut te l'affirmer, car tout Paris connaît ses vertus, tout Paris se prosterne quand il passe.

— Qui donc l'a fait sortir du bagne ?

— Le roi, ma fille ; cela devait être. Touché de son zèle et de son dévouement, Louis XIII le nomma aumônier général des galères. Depuis, Vincent de Paul, c'est le nom du saint prêtre, est revenu parmi nous. J'ai le bonheur de recevoir ses exhortations chrétiennes, et je les partage avec une foule de tristes malades qu'il visite et console sur leur lit de douleur. Mais, je ne me trompe pas, ajouta tout à coup madame de Lenclos, c'est lui.., j'entends sa voix.

Effectivement, comme elle achevait ces mots, la porte s'ouvrit. Vincent de Paul parut.

C'était un homme de cinquante ans environ, vêtu de l'habit ecclésiastique dans toute sa simplicité, portant une barbe blanche peu fournie, pâle de visage, mais ayant les traits empreints d'une douceur extrême. Son front chauve avait un calme si pur, une sérénité si parfaite, qu'on ne croyait pas voir un homme, mais un ange. Tout dans son extérieur reflétait sa belle âme; il semblait apporter avec lui la paix du cœur, le repos de la conscience.

— Mon père, dit madame de Lenclos, qui voulut, quoique très-faible, se lever de son fauteuil et faire un pas à la rencontre de Vincent de Paul, voici ma fille qui m'est rendue. Daignez, je vous en supplie, la bénir.

Je tombai involontairement à genoux, saisie tout à la fois de confusion et de respect. Ma poitrine était oppressée; je tremblais, une sueur froide inondait mes tempes. Il me semblait que l'apôtre allait lire au fond de mon âme et démasquer mon hypocrisie.

— Relevez-vous, mademoiselle, relevez-vous, me dit-il avec bonté. On doit seulement s'agenouiller devant Dieu... Je ne suis qu'un de ses plus humbles et de ses plus indignes serviteurs.

Il posa la main sur mon front, porta ses regards vers le ciel et murmura d'une voix pénétrée :

— Seigneur, donnez à la fille toutes les vertus et l'angélique piété de la mère ! préservez-la des doctrines du mensonge, éloignez de son âme les funestes séductions d'un monde corrupteur, le souffle des vains plaisirs. Qu'elle soit fidèle croyante, chrétienne sincère ; que toutes vos grâces, ô mon Dieu, lui viennent en aide !

Des larmes coulaient le long de mes joues, et j'entendais en moi un cri de remords.

— Je suis contente de Ninon, mon père, dit madame de Lenclos; mes craintes heureusement ne se sont point justifiées. Elle est pieuse, elle tient à remplir ses devoirs. Sa plus grande privation est de ne plus entendre la messe chaque jour. Du reste, il n'est pas sain, je le crois, qu'une jeune fille de cet âge demeure continuellement dans la chambre d'une malade. Pendant qu'elle irait à la cathédrale assister aux offices, ne pourriez-vous m'envoyer quelqu'une des personnes attachées à cette confrérie que vous avez fondée, mon père, et dont moi-même je suis membre.

— Rien de plus facile, répondit Vincent de Paul. Vos sœurs en charité viendront ici tour à tour. Aujourd'hui même, elles seront averties, comptez sur ma promesse. Mademoiselle pourra suivre les inspirations de sa piété.

Hélas! j'eus le courage d'abuser jusqu'au bout le vénérable prêtre et ma mère.

Si je n'eusse pas cédé à une mauvaise honte en retenant les aveux qui se pressaient sur mes lèvres, le ciel aurait exaucé sans doute la prière de l'apôtre, au lieu que mon silence me rendit indigne des bénédictions qu'il avait appelées sur moi. Satan me retint; il ne me laissa pas aller à Dieu.

J'ai rencontré deux fois Vincent de Paul depuis cette époque; la première à l'inauguration de l'établissement des *Enfants-Trouvés*, et la seconde à l'installation de quatre-vingts pauvres vieillards à l'hospice du nom de Jésus. Il était alors environné de toute la cour. Mais son auréole de charité effaçait l'éclat des pompes terrestres. On le trouvait plus grand que le plus grand roi du monde. La foule brillante allait à lui, le bénissait, le comblait d'éloges; chacun voulait toucher sa robe et entendre sa voix. Je n'eus jamais le courage de m'approcher avec les autres et

5.

de lui montrer ce qu'était devenue la jeune fille pour laquelle il avait prié Dieu.

Le lendemain de la visite du saint homme, toutes les impressions causées par sa présence avaient disparu. Je ne songeais qu'à reprendre le train de vie dissipé dont mon père, quelques semaines auparavant, me donnait un avant-goût.

Pour me servir de chaperon et m'accompagner, chaque jour, à la cathédrale, madame de Lenclos fit choix de sa vieille nourrice, bonne femme de plus de soixante et dix ans, très-ridée, presque aveugle, que j'étais en quelque sorte obligée de conduire, et qui devait en conséquence ne pas voir très-clair à mes manœuvres.

Elle se nommait Madeleine.

J'assistai le premier jour à la messe de mon éternel chanoine, que je retrouvai encore plus goutteux et faisant des génuflexions de plus en plus pénibles.

Les jours suivants, ce fut autre chose. D'abord j'eus l'air d'avoir un désir très-vif de connaître les paroisses de Paris. Madeleine trouva ce désir tout naturel : prier dans une église, prier dans une autre, cela revenait absolument au même. Elle ne voyait à l'exécution de mon projet d'autre obstacle que ses jambes et la longueur des courses; mais je sus résoudre cette difficulté en faisant avancer une chaise à bras, mode de transport d'invention récente, et qui avait par toute la ville un succès prodigieux.

La nourrice trouva charmant d'être ainsi balancé sur les épaules de deux gaillards solides, et nous allâmes en premier lieu à Saint-Germain-l'Auxerrois.

Je ne manquais pas de bonnes raisons pour commencer

par cette église. En Touraine, j'avais entendu dire que c'était la paroisse de madame de La Rochefoucauld. Là, je trouverais selon toute évidence, quelqu'un qui m'indiquerait son hôtel. Rien ne me serait plus facile alors que de faire parvenir une lettre à Marsillac; ma rancune contre le prince n'allait pas jusqu'à renoncer à le voir. Il se pouvait, du reste, qu'il eût à m'alléguer des excuses propres à le disculper à mes yeux et à permettre le pardon. D'ailleurs, l'idée d'avoir un jeune cavalier à mon bras, au lieu de le donner moi-même à une vieille femme et d'être réduite au métier d'Antigone, me radoucissait beaucoup et me disposait à l'indulgence.

La nourrice n'était pas seulement à moitié aveugle, elle était aussi abominablement sourde. Il fallait crier à tue-tête pour qu'elle entendît.

Une fois à l'église, j'eus soin de faire signe au premier bedeau qui passa, de lui glisser en main une pièce de monnaie, et de lui dire :

— Madame la duchesse de La Rochefoucault, s'il vous plaît? vous devez la connaître.

— Oui, mademoiselle. Je lui offre tous les dimanches le coussin de velours. Elle a une stalle auprès du chœur.

— Son hôtel est dans le voisinage?

— A deux pas. Voulez-vous que je vous y conduise?

— Inutile, indiquez-le-moi.

— Rue Champfleury, derrière le Louvre.

— Fort bien.

Comme je ne pouvais pas crier dans l'église, je fis comprendre par gestes à la nourrice qu'elle eût à m'attendre, et que j'allais revenir. Sortant aussitôt, sans lui permettre d'entamer la moindre observation sur ce départ, je descendis la nef, je franchis le portail, je traversai la place qui sépare l'église du Louvre, et je fus, moins de deux minutes après, en face de l'hôtel La Rochefoucauld.

Le cœur me battait avec violence. Au moment de soulever le marteau de bronze et de le laisser retomber sur la porte cochère, je me sentis presque défaillir.

Si j'allais rencontrer le prince ou la duchesse? Que penseront-ils de moi? N'est-il pas de la dernière inconvenance qu'une fille de quatorze ans coure ainsi les rues et vienne aux informations sur un jeune homme? Je me disposais à reprendre le chemin de l'église, lorsque tout à coup le suisse, qui m'avait aperçue au travers d'un guichet grillé, me cria d'une voix de Stentor :

— Endrez-fous, bar la sampleu! ou n'endrez-fous bas?

— Je n'entre pas, lui dis-je toute tremblante. Seulement je voudrais savoir si madame la duchesse et le prince Marsillac sont en ce moment à Paris.

— La tuchesse douchours à Baris; mais le brince, chamais.

— Où donc est-il?

— A la querre... Il se pat gomme un peau tiaple.

— Ciel! est-ce possible?... Mais ou cela, en Poitou?

— Non, blus loin..., te l'autre gôté.

— Dans la Valteline, en Italie?

— Chuste! fous avre mis le nez tessus. Ponchour et bortez-fous pien.

Il referma le guichet.

J'étais atterrée. Cette nouvelle renversait mes plans et remettait à une époque indéfinie tout rapprochement entre Marsillac et moi. Mais comment avait-il eu le courage de partir, de s'éloigner de France et d'aller faire ses premières armes dans une guerre dangereuse, sans trouver moyen de m'envoyer une consolation, un souvenir?

Je retournai sur mes pas, le cœur fort triste et les yeux pleins de larmes.

Au moment où je repassais entre le Louvre et l'Oratoire, je m'aperçus que j'étais suivie par un jeune homme d'un extérieur assez élégant, mais dont le regard effronté me fit aussitôt presser la marche, de façon que je mis plus de hâte à rejoindre la nourrice que je n'en avais eue à la quitter. Madeleine ne soupçonna rien. La chaise qui nous avait amenées nous remporta; mais quelle ne fut pas ma surprise, en descendant à la porte de notre maison, d'y trouver le même jeune homme que j'avais rencontré près du Louvre. Il me salua d'un air de triomphe et m'envoya un audacieux baiser.

Par bonheur Madeleine n'y voyait pas.

Dans la matinée du lendemain je n'osai point sortir et je prétextai un peu de souffrance; mais le temps me parut si long et ma pauvre mère me fit réciter avec elle un si grand nombre de patenôtres, que je résolus de continuer mes excursions au dehors, sauf à rencontrer mon persécuteur. Je dis à Madeleine que le malaise dont j'avais été prise, la veille, durait encore. Elle fut la première à me proposer une promenade.

Décidément elle adorait les chaises à bras.

Nos porteurs nous firent monter rue Saint-Jacques et nous déposèrent à la grille du Luxembourg qui s'ouvre du côté des Chartreux. Il y avait là de beaux ombrages et plus de solitude que dans les autres parties du jardin.

Tout à coup Madeleine, que j'avais crue jusqu'ici beaucoup trop aveugle pour rien distinguer sur sa route, avisa, sous l'avenue que nous suivions alors, une marchande de liquide, dont l'étalage était surmonté d'une inscription qu'elle indiqua du doigt.

— Voyez un peu, ma fille, dit-elle, ce qu'il y a d'écrit là-dessus?

Je m'approchai pour la satisfaire, et je lus ce quatrain burlesque :

> Si vous ressentez la pépie,
> Mal de cœur, de tête ou de dents,
> Prenez contre les accidents
> Un double de mon eau-de-vie.

— Ah! fort bien, dit la vieille, j'essaierai quelque jour de ce remède.

Je me souvins alors que M. de Lenclos soupçonnait Madeleine d'avoir un goût prononcé pour les liqueurs fortes, et je répondis en riant :

— Allez, ma bonne, allez. Ce qui sert de remède peut aussi, croyez-le-bien, servir de préservatif. D'ailleurs, la marchande vous appelle; je vois que vous êtes d'anciennes connaissances.

Ravie de me trouver indulgente, Madeleine s'approcha de l'étalage.

A peine eut-elle fait deux pas, que je me sentis prendre par la robe, et quelqu'un me dit à voix basse :

— Pour Dieu, débarrassez-vous de cette duègne importune. J'ai épié votre départ du logis, et depuis lors je vous accompagne. Il faut que vous m'accordiez un entretien, ou je commettrai quelque sottise. Je vous attends sous les marronniers.

Inutile de dire que j'avais affaire à mon jeune homme de l'avant-veille.

Je me retournai pour lui répondre et lui donner une verte leçon, mais il était déjà loin. La nourrice renouvelait connaissance avec la marchande et ses liquides. Espérant qu'elle n'aurait pas fini de sitôt, je fis un demi-tour derrière l'étalage et je me dirigeai seule vers l'avenue de marronniers, qui était prochaine. Mon persécuteur m'attendait. Il vint me saluer avec un aplomb superbe.

— Ah! s'écria-t-il, vous êtes adorable!... Bénie soit l'heureuse étoile qui m'a jeté sur votre route! Mais, avant tout, mademoiselle, je dois vous dire mon nom...

— C'est fort inutile, monsieur.

— Pardonnez-moi. Je m'appelle Saint-Étienne; je suis fils d'un gros traitant de Lyon qui me donne trois mille écus par an pour vivre à Paris, sans compter l'héritage de ma mère, que j'ai depuis deux ans en toute jouissance.

— Eh! que me fait à moi l'héritage de votre mère?

— Attendez!... J'habite une petite maison délicieuse à la Porte-Montmartre; j'ai des valets, des chevaux, un carrosse... Tout cela est à vos ordres; tout cela vous appartient avec ma fortune et mon cœur, si vous daignez accepter l'une et l'autre.

— Fort bien, monsieur. J'arrivais à vous très-en colère, avec l'intention de vous sommer de mettre un terme à vos poursuites; mais votre langage et vos offres ont quelque chose de si bizarre et de si extravagant, que je ne puis m'empêcher d'en rire. Adieu, monsieur. Chevaux, carrosse, cœur, fortune, je refuse tout... Votre humble servante !

Et, lui faisant une révérence profonde, je lui tournai le dos. Mais il courut après moi, et me dit avec un accent de supplication fort tendre :

— Ah! mademoiselle, aurez-vous le courage de me désespérer, quand je meurs d'amour?

— Je n'y puis rien, monsieur, je n'y puis vraiment rien.

— Du moins ne partez pas sans m'avoir appris votre nom.

— Quelle nécessité?

— Je vous en conjure, dites-le moi, afin que je le répète nuit et jour, afin que je puisse parler à votre douce image, qui ne me quitte plus.

Cette phrase était beaucoup trop prétentieuse et ne lui partait point du cœur. Du reste, je lui gardais rancune de son outrecuidance. Il se croyait donc bien conquérant pour espérer l'emporter ainsi du premier coup? Je ne lui avais certes pas donné le droit de s'imaginer que j'étais femme à me laisser éblouir par des propositions de la nature de celles que je venais d'entendre. Je lui répondis en prenant mon plus grand air et en donnant à mes paroles un ton d'ironie mordante :

— Monsieur, je me nomme Ninon de Lenclos ; mon père est un noble capitaine, et j'habite avec ma mère une maison fort décente auprès du cloître Notre-Dame. Nous pourrions avoir des valets, des chevaux et un carrosse; mais nos goûts sont modestes, et notre fortune est assez ronde pour nous permettre de n'envier celle de personne.

Il me regarda, se frappa le front et s'écria :

— Parbleu, mademoiselle, je ne suis qu'un sot!

— Je n'ai point dit cela, monsieur.

— Non, mais vous me le faites sentir avec beaucoup d'esprit. Je me souviendrai de la leçon.

— Me le promettez-vous?

— Assurément. J'aurais dû comprendre que ce n'est pas à une jeune fille qu'on doit ainsi parler, mais à son père.

— Pourquoi cela, monsieur?

— J'irai trouver le vôtre et je lui demanderai votre main.

— Autre sottise.

— Expliquez-vous de grâce.

— Deux mots suffiront : je ne veux pas me marier.

Il tressaillit et me jeta un regard de stupeur.

— Ainsi, balbutia-t-il, vous ne me laissez aucune espérance...

— De mariage, non certes.

— Vous me défendez de vous revoir?

— Mon Dieu, lui dis-je, si vous vous promenez tous les jours sous ces marronniers, vous m'y rencontrerez peut-être quelquefois.

Je ne lui laissai pas le temps de me répondre, et j'allai bien vite retrouver ma surveillante, qui, très-assidue auprès de la marchande et de ses liqueurs, n'avait pas même remarqué mon absence.

On devine qu'à partir de ce même jour nous fîmes de cet endroit notre promenade quotidienne. La nourrice avait tantôt la pépie, tantôt un mal de tête, aujourd'hui des maux de cœur et demain des maux de dents; les promesses de l'affiche ne manquaient jamais de produire leur effet; le remède était là : comment laisser la pauvre femme souffrir? Je lui mettais ma bourse entre les mains, et j'allais faire un tour sous les marronniers.

Ayant formellement interdit à Saint-Étienne de me parler d'amour, il ne s'en avisa plus, et devint même très-respectueux. Je n'avais à lui reprocher aucune inconvenance ni dans ses actes ni dans ses discours. Auprès de lui, mon cœur n'était pas en péril; Marsillac l'avait encore tout entier. J'attendais le retour du prince, ses excuses, et je ne voyais aucun inconvénient à cultiver, d'ici là, une simple connaissance.

Je raisonnais comme une folle, et je devais bientôt m'en repentir.

Saint-Étienne était un garçon médiocrement beau; sous le costume de gentilhomme, il trahissait des manières communes et bourgeoises (on devinait facilement qu'il n'avait pas une goutte de sang noble dans les veines). A l'imitation des jeunes seigneurs de la cour, il portait les cheveux frisés et flottants sur les épaules : on appelait cela se coiffer à la *comète*. Il singeait en outre les petits-maîtres prétentieux de la place Royale, tenait constamment un peigne à la main et le passait mille fois par heure dans sa moustache blonde ou sur le petit flocon de poil qu'il se laissait pousser sous le menton.

Du reste, ses habits ne manquaient pas d'élégance : justaucorps à manches pendantes, culotte large, bottes évasées, collet de point d'Espagne coupé carrément d'une épaule à l'autre, chapeau à grands bords et à triple plumet, relevé des deux côtés par un bouton précieux, toute cette toilette ne lui allait pas trop mal, et permettait de lui donner le bras sans être précisément montrée au doigt.

Il faut dire aussi qu'il ne manquait pas d'un certain esprit railleur qui rendait sa conversation piquante et originale. Petit à petit je cédai à la tentation de faire avec lui quelques courses rapides hors du jardin.

Ces courses devinrent ensuite plus longues; mais comme j'avais toujours soin d'emporter un livre, Madeleine se figurait que je passais le temps à lire sous les marronniers. Elle-même s'occupait très-activement auprès de la marchande, en attendant qu'il me plût de revenir. Cela durait quelquefois deux ou trois heures. La bonne femme avait ma bourse et prenait patience.

En rentrant, je disais à madame de Lenclos que nous avions entendu cinq messes.

Un jour de carême, je lui exprimai le désir d'assister à trois sermons de prédicateurs célèbres, qui étaient annoncés à diverses paroisses et à des heures différentes. Elle y consentit. Cette permission impliquait celle de ne rentrer que fort tard.

Saint-Étienne était prévenu.

Je déposai la nourrice au Luxembourg. Elle avait justement, ce jour-là, les quatre maladies de l'affiche, et je résolus de lui laisser le loisir de se traiter convenablement. Le carrosse de Saint-Étienne nous attendait de l'autre côté du jardin, à quelque distance de l'Abbaye-aux-Bois; mais, comme j'aimais beaucoup mieux aller à pied dans un quartier que je ne connaissais pas encore, nous donnâmes au cocher l'ordre de suivre par derrière.

Ce matin-là, je m'étais habillée plus soigneusement que de coutume.

J'avais une robe à corset, garnie de basques, avec une

jupe de dessus ouverte par devant. Chez les femmes de distinction, la grande mode alors était d'avoir deux collets, l'un relevé, l'autre rabattu : j'avais suivi la mode. Mes cheveux, réunis en boucles rondes autour de mon front et de mes tempes, laissaient flotter les dentelles entrelacées dans ma coiffure. Mon tour de gorge était en frisette de Malines, et je portais des manchettes à triple rang.

Mon compagnon semblait très-orgueilleux de ma bonne mine. Il toisait les passants d'un air triomphateur, ce qui attirait sur moi les regards et me déplaisait fort.

A cette époque, on commençait à bâtir dans le grand Pré-aux-Clercs. Les rues de Verneuil, de l'Université et la rue Jacob, en voie d'achèvement, étaient déjà fort populeuses. Me voyant au milieu de la foule, je pris un loup dans ma poche et je me l'appliquai, pour échapper à l'indiscrétion des curieux. Ceci ne fut plus du goût de Saint-Étienne.

— Quoi ! me dit-il, vous vous masquez ? A mon bras cependant vous n'avez rien à craindre.

— J'en suis convaincue, répondis-je ; mais on n'a jamais trop de prudence. D'ailleurs, il me sera permis ainsi de voir et d'écouter bien des choses que je n'aurais pu ni regarder ni entendre à visage découvert.

Il se résigna.

Tout ce côté de Paris était nouveau pour moi. M. de Lenclos m'avait seulement conduite au jardin des Plantes, à l'Estrapade et à la place Royale.

Déjà nous avions dépassé l'abbaye Saint-Germain des Prés, entourée de fossés et de bastions comme une citadelle. Un peu plus loin, sur la gauche, mon guide me fit voir l'ancien palais de la reine Marguerite, où le meilleur et le moins rancunier des rois allait visiter jadis, presque tous les jours, l'infidèle épouse du prince de Béarn. Immédiatement après le divorce, Henri IV vécut en parfait accord avec son ancienne femme et fournit à toutes ses dépenses : exemple curieux que je signale en passant aux apologistes du mariage.

A mesure que nous approchions de la Seine, les rues devenaient plus bruyantes ; la foule se pressait autour de nous plus affairée et plus compacte. Les cris des marchands, le galop des chevaux ; le fracas des voitures, tout cela m'émerveillait à la fois et me causait une sorte de terreur.

Saint-Étienne profitait de mon émotion pour me serrer le bras outre mesure ; mais ce n'était pas le moment de lui chercher querelle et de me priver de son appui.

— Jésus ! disais-je, est-ce que Paris est toujours aussi tumultueux ?

— Toujours. Si vous ne connaissez pas le sonnet de mon ami, le poëte Scarron, voici le cas de vous le citer, mademoiselle :

> Un amas confus de maisons,
> Des crottes dans toutes les rues,
> Ponts, églises, palais, prisons,
> Boutiques bien ou mal pourvues ;
>
> Force gens noirs, blancs, roux, grisons,
> Des prudes, des filles perdues,
> Des meurtres et des trahisons,
> Des gens de plume aux mains crochues ;
>
> Maint poudré qui n'a pas d'argent,
> Maint homme qui craint le sergent,
> Maint fanfaron qui toujours tremble ;

> Pages, laquais, voleurs de nuit,
> Carosses, chevaux et grand bruit,
> Voilà Paris : que vous en semble ?

— Il me semble que votre poëte n'a point flatté le portrait. Mais voyez donc, monsieur, la bigarrure de cette foule. Croirait-on que ces gens-là sont du même pays et appartiennent à la même nation ?

— Ah! me répondit Saint-Étienne, dans un royaume bien policé le costume de chacun doit indiquer à peu près sur quel degré de l'échelle sociale il se trouve. Bourgeois, marchands, financiers, il faut que tout cela se distingue. Désirez-vous que je vous apprenne à les reconnaître ?

— Volontiers, monsieur.

— D'abord, laissons de côté le bourgeois ; entre lui et le gentilhomme il y a peu de différence.

— Croyez-vous ?

— Sans doute.

— Pour le costume ?

— Et pour tout le reste. Regardez-moi, puis regardez un noble : vous y serez prise le mieux du monde, ma chère.

Sa chère ! Il s'émancipait. J'eus bien envie de le corriger de sa double présomption. Mais, en ce moment j'étais son élève, il ne m'appartenait point de trancher du pédagogue.

— Pour le marchand, reprit-il, c'est une autre affaire. Il est vêtu d'un sayon de drap qui ne passe pas la brayette. Son bonnet de peau de mouton à la cocarde, sa gibecière pendante et sa ceinture de grosse laine ne permettent pas de le confondre avec le bourgeois... Mais, de grâce, tournez la tête, et voyez cette commère !

— Où donc ?

— Là, tout près de nous. C'est une marchande. Avouez qu'il est impossible de la prendre pour une bourgeoise. Elle a le chaperon détroussé par derrière jusqu'à la ceinture, une robe de drap du sceau bordée d'un petit liseré de velours, une cotte de laine cramoisie, un collet qui lui couvre la gorge et des souliers sans cuir, si ce n'est au bout du pied. Elle a toujours un demi-*cint* et trente-deux clefs pendantes. Sa bourse contient du pain béni de la messe de minuit, trois tournois brisés, une aiguille avec son fil, deux dents d'elle ou de ses aïeux, la moitié d'une muscade, trois clous de girofle et un billet de charlatan.

Ces détails m'amusaient beaucoup.

— Et le financier, demandai-je en riant, à quoi le reconnait-on ?

— Calotte à deux oreilles, chausses étroites, manteau à manches, clef de son coffre à sa ceinture, trébuchet à sa pochette avec des deniers et des liards. En voilà un qui passe.

— Merci de ces renseignements, vous êtes un homme précieux. Mais où sommes-nous ?

— Dans le seul coin qui reste du Pré-aux-Clercs. Encore les maisons menacent-elles de l'envahir et d'arriver jusqu'à la Seine. Je ne vois pas où se réfugieront messieurs les avocats.

— Oh! oh! m'écriai-je, en voici une fourmilière. Bonté divine! que de gens en robe!

— Et en bonnet carré, dit Saint-Étienne. Chaque matin, à onze heures précises, le personnel entier du palais de justice se donne ici rendez-vous, et le pré devient tout noir. Le client court après le conseiller, l'huissier prépare

sa contrainte, l'avocat exerce ses poumons, fait l'essai de
ses moyens oratoires et répète en plein vent le plaidoyer
dont tantôt il assommera les juges. Mais ceci n'a rien que
de ridicule. Si vous m'en croyez, nous déjeunerons, en
attendant que d'autres promeneurs nous donnent un plus
curieux spectacle.

J'acceptai le déjeuner.

Saint-Étienne me conduisit devant le cabaret le plus
achalandé de l'endroit. Cet établissement portait pour enseigne un raisin aussi énorme que ceux de la terre promise,
avec ces mots dont la triomphante couleur dorée méritait
une orthographe moins suspecte :

A la groce grape.

Des tables étaient dressées à l'extérieur; nous prîmes
place à l'une d'elles, afin de ne rien perdre du coup d'œil.

Vers midi arrivèrent les équipages. C'était l'heure de la
promenade du beau monde et des gens de cour. Les avocats avaient disparu; on n'apercevait de tout côté que velours, satin, plumes et dentelles. Jamais l'idée d'un luxe
aussi extraordinaire ne m'était venue à l'esprit. De magnifiques carrosses, à quatre et à six chevaux, ornés d'armoiries, couverts de dorure, arpentaient le pré dans toute
sa longueur, revenaient au triple galop de leur orgueilleux
attelage, et s'arrêtaient ensuite pour laisser descendre
leurs maîtres.

Bientôt de brillants officiers se mêlèrent à la foule.

Mon compagnon me montra les gardes du corps, habillés

de bleu, galonnés, brodés, rayonnant d'argent. Puis nous vîmes paraître des mousquetaires, soldats de création nouvelle, admirés à la ville, comblés d'éloges à la cour, et vraiment dignes de leur gloire. Sur le champ de bataille, ils étaient, dit-on, d'une gaieté charmante, montaient à la brèche comme ils allaient au festin le plus joyeux, et prenaient les batteries avec des chansons. La taille cambrée, le poing sur la hanche et la moustache au vent, ces militaires papillonnaient autour des promeneuses.

On les accueillait à merveille, on écoutait leurs fleurettes; chaque propos galant faisait naître un sourire provocateur.

Nous nous étions levés de table pour nous joindre à ce tourbillon doré. Ma tête s'égarait, j'avais des éblouissements. Autour de moi les œillades se croisaient comme des éclairs. J'entendais des chuchotements étranges sortir des bouches les plus roses et les plus fraîches; je surprenais des regards significatifs, des mouvements de lèvres audacieux. Et puis c'étaient des éclats de rire, des manœuvres d'éventails, des gestes incroyables. On se donnait des rendez-vous, on abordait ses rivaux, on échangeait des cartels, le tout de la façon la plus tranquille, de l'air le plus poli, au milieu d'une courtoisie rare, simplement et de la meilleure grâce du monde. Je ne croyais pas mes yeux, il me semblait rêver.

— Allons-nous-en, me dit Saint-Étienne; nous avons autre chose à voir. Près d'ici vous trouverez une foule bien différente et des mœurs encore plus étranges.

— Où cela? demandai-je.

— Au pont Neuf. Qui n'a pas vu le pont Neuf n'a rien vu.

Et, tout en m'entraînant, il se mit à déclamer avec emphase :

> Pont Neuf, ordinaire théâtre
> Des vendeurs d'onguent et d'emplâtre,
> Séjour des arracheurs de dents,
> De fripons, libraires, pédants,
> De chanteurs de chansons nouvelles,
> D'entreteneurs de demoiselles,
> De coupe-bourses, d'argotiers,
> De maîtres de sales métiers,
> D'opérateurs et de chimiques,
> De fins joueurs de gobelets,
> De ceux qui rendent les poules,
> Et de grimauds aux airs comiques...

Je l'interrompis, car il m'en eût débité à n'en plus finir.

— Vraiment, lui dis-je, vous avez la mémoire ornée de fort jolies choses, monsieur.

— Je l'avoue, me répondit-il modestement. Ce n'est pas de la poésie de premier ordre ; mais elle est historique. Vous allez reconnaître tous ceux que je viens de nommer.

V

Saint-Étienne avait raison : jamais spectacle plus singulier ne pouvait s'offrir aux regards. Je vis une réunion d'hommes tapageuse, affairée, grotesque, un tohu-bohu indescriptible. C'étaient des cris, des hurlements, des sifflements à me rendre sourde.

Les voitures allaient grand train, soit du côté de la rue Dauphine, soit du côté du Louvre, et culbutaient les passants, qui leur envoyaient des imprécations et des blasphèmes. Puis survenaient, au milieu de ce tumulte, des troupes de soldats armées de longues piques, de casques et de cuirasses; ils refoulaient la multitude sur les bas-côtés, et l'on entendait un redoublement de clameurs. Ceux-ci criaient au feu, ceux-là criaient au meurtre. On voulait fuir une presse, on tombait dans une cohue.

Sur le terre-plein, de chaque côté de la statue de Henri IV, deux charlatans, montés sur des tréteaux, agaçaient la foule, vantaient leurs drogues, péroraient et s'égosillaient à l'envi l'un de l'autre.

Vous pouviez aller à droite, à gauche, par devant, par derrière, c'était le même encombrement, le même vacarme. Les marchands de chiens de chasse faisaient aboyer leur marchandise à vos trousses; les fabricants de filets de pêche vous accrochaient; tous les boutiquiers vous arrêtaient à leur exemple, et d'autres charlatans vous rançonnaient au passage. Plus loin, de grands escogriffes à la longue rapière et au manteau court, venaient vous regarder effrontément sous le visage, en frisant leurs moustaches. C'était ce qu'on appelait les *raffinés d'honneur*. Ils semblaient toujours prêts à dégainer.

J'en vis deux se battre à l'entrée de la place Dauphine.

On faisait cercle alentour, on jugeait les coups. Une escouade de guet survint, mais trop tard : un des combattants avait reçu l'épée de l'autre au travers du corps.

— Poursuivons notre route, ma chère, me dit Saint-Étienne, effrayé de ma pâleur. Vous auriez du temps de reste à vous apitoyer sur le sort de ces messieurs-là. Ne trouvent-ils pas ce qu'ils cherchent ? Ils peuvent en recevoir dix pouces dans le ventre sans mourir ; affaire d'habitude.

Avant de quitter le pont Neuf, nous assistâmes à d'autres épisodes, qui achevèrent de me donner une idée médiocre de la moralité de mon siècle. D'effrontés filous arrachaient violemment les manteaux de l'épaule des hommes et tranchaient d'un seul coup de ciseaux les cordons de l'aumônière que les femmes s'obstinaient, malgré ces vols continuels, à porter attachée à leur ceinture.

— Ce sont les *coupe-bourses* et les *tire-laine*, dit mon compagnon. Vous le voyez, ils ne se gênent pas pour exercer en plein jour leur honorable industrie.

A peine achevait-il ces mots que nous entendîmes du côté du Louvre un grand bruit de fanfares.

— Désirez-vous connaître le roi ? me dit Saint-Étienne.

— Le roi !... vous allez me montrer le roi ?

— Sans doute. Pressons le pas. C'est son jour de chasse à Saint-Germain ; nous pourrons nous poster sur son passage.

L'instant d'après, nous étions au milieu d'un rassemblement de curieux, qui se tenaient sur deux lignes aux environs du port Saint-Nicolas. Bientôt nous vîmes déboucher le cortége royal par la rue des Orties-Saint-Honoré du Louvre (1).

Une cavalcade assez nombreuse parut d'abord : c'étaient

---

(1) Cette rue s'étendait parallèlement à la Seine à la place où sont aujourd'hui les jardins. (*Note des Éditeurs.*)

les fauconniers en titre. L'oiseau chaperonné qu'ils tenaient sur le poing battait des ailes au son des trompes de chasse et poussait des cris aigus. Cette troupe fut suivie des valets de chiens, marchant à pied et tenant les lévriers en laisse. Sa Majesté voulait qu'on logeât ses meutes au Louvre, afin de pouvoir les surveiller lui-même.

— Attention ! fit Saint-Étienne.

Une trentaine de cavaliers, couverts de magnifiques costumes et tout chamarrés de broderies d'or, débouchèrent en faisant caracoler des chevaux fringants. Au milieu d'eux, je vis un homme complétement vêtu de noir, pâle et sombre, avec un long feutre rabattu sur les yeux.

C'était Louis XIII.

Il n'avait alors que vingt-cinq ans ; mais, à son air morose, à sa face taciturne, on lui eût donné beaucoup plus que cet âge. Entendant les acclamations de la foule, il ne se dérida pas et se contenta d'y répondre par un froid et cérémonieux salut.

Venaient ensuite cinq ou six lourdes voitures de cour, aux panneaux chargés d'écussons et peints d'azur et d'or. Dans celle qui marchait en tête, mon compagnon me montra la jeune reine. Sur le passage d'Anne d'Autriche, on poussait également des vivats ; mais elle accueillait d'une tout autre façon que le roi son époux ces témoignages de sympathie. Elle avançait sa jolie tête à la portière du carrosse, et envoyait au peuple, avec ses plus gracieux sourires, un salut de sa blanche main.

— Qu'elle est belle ! dis-je à mon guide, et comme elle est heureuse !

— Ah! pour ceci, j'en doute, me répondit Saint-Étienne, ou son bonheur ne lui vient pas du roi.

— Que voulez-vous dire? est-ce qu'il ne l'aime pas!

— Il n'aime personne.

— Par exemple!

— C'est comme je vous l'affirme. Bien plus, il pousse la bizarrerie jusqu'à se haïr lui-même. L'ange d'amour et de beauté que vous venez de voir n'a jamais pu réussir à chasser l'ennui de son front et le mécontentement de son cœur. Ils font un ménage détestable.

— Hélas! à quoi sert d'être reine?

— Oui, à quoi cela sert-il? En vérité, c'est un triste sire que nous avons-là. Je crois qu'il y a sur lui quelque fâcheuse influence, et le nombre *treize* lui est fatal.

— Bon! quelle folie!

— Je parle sérieusement. Ce dernier chiffre l'a toujours persécuté. Ne s'appelle-t-il pas Louis XIII? Son nom de Loys de Bourbon contient treize lettres; il avait treize ans lorsque son mariage fut résolu, et il est le treizième roi de France du nom de Louis.

— En effet, voilà qui est bizarre.

— Ce n'est pas tout. Anne d'Autriche a aussi treize lettres en son nom; à l'époque de ses fiançailles avec le roi, elle était également dans sa treizième année, et la maison d'Espagne compte treize infantes appelées Anne. Comment voulez-vous que Louis XIII ne soit pas *treize* fois malheureux?

— Vous avez raison, je le trouve à plaindre. Pourtant on le dit aimé du peuple, et il a reçu le surnom de Juste.

— Bah! fit Saint-Étienne, juste à tirer l'arquebuse. En

disant qu'il n'aimait rien, je me trompais : il aime la chasse. Tout son temps est employé à polir des fusils et à faire l'exercice. La seule qualité royale que je lui reconnaisse est d'être le premier tireur de l'époque : il ne manque jamais un oiseau au vol, sans compter les loups qu'il tue à Saint-Germain. Savez-vous, Ninon, que cet homme si juste est sur le point d'abandonner son favori le plus cher à la vengeance d'un ennemi mortel? Chalais est menacé de l'échafaud... Chalais, un infortuné jeune homme, coupable tout au plus d'une étourderie d'amour.

— Bonté du ciel! ce que vous dites là est impossible.

— Vous verrez, vous verrez! Il y a là-bas au Louvre un personnage sinistre qui s'occupe, non de la chasse aux loups, mais de la chasse aux hommes; un génie sombre, une nature implacable, un autre Machiavel, qui marquera sa route politique par des traînées de sang.

— Oh! taisez-vous! cela fait horreur.

— Vous verrez, ma chère, vous verrez! me répéta-t-il.

— Et le nom de cet effrayant personnage! demandai-je.

— Richelieu.

Nous fûmes interrompus, en ce moment, par des exclamations qui nous firent tourner la tête.

— Ah çà, qui parle ici de Richelieu?

— Devant une femme; c'est trop fort.

— Quoi! Saint-Étienne, tu oublies à ce point la règle des bienséances.

— Le respect qu'on doit au beau sexe.

— Je ne te reconnais plus.

— Avec l'hirondelle on ne s'entretient pas du hibou.

— Tu perds l'esprit.

— Tu deviens absurde.

Ceux qui nous abordaient de la sorte étaient de très-jeunes gens, vêtus du costume d'abbés. Ils semblaient être au mieux avec le fils du traitant de Lyon et lui serraient affectueusement la main.

— Gondi! Scarron! s'écria Saint-Étienne. Ah! ma foi, je suis ravi de la rencontre. Justement je parlais de toi tout à l'heure, mon cher poëte.

Se retournant ensuite vers moi :

— Mademoiselle, continua-t-il, je vous présente mes plus joyeux amis, deux vauriens incorrigibles, qui sont beaucoup plus diables encore qu'ils ne sont noirs. Mais, n'importe, je vous saurai gré de les accueillir.

— Jolie présentation!

— Es-tu fou?

— Pourquoi nous perdre d'avance dans l'esprit d'une dame?

— C'est un trait perfide.

— Nous saurons te faire mentir.

— Après tout, un ange comme mademoiselle ne déteste peut-être pas les diables?

— Quand ils sont bons...

— Et nous le sommes.

Tout en débitant ce flux de paroles, ils s'inclinaient profondément devant moi. Je leur rendais force révérences, mais sans mot dire. Ils me semblaient avoir beaucoup trop d'esprit pour que je me permisse de hasarder une seule phrase dans l'entretien. Ils se retournèrent du côté de mon compagnon, et je les entendis murmurer à demi-voix :

— Tudieu! mon cher, quelle taille ravissante!

— Quelle main fine et rose!

— Et quel joli pied mignon!

— Mais la figure?

— Adorable! répondit Saint-Étienne.

— Oh! oh!... Dis-lui de se démasquer; il faut voir ce charmant minois.

— Après tout, ce n'est pas une duchesse peut-être?

— Bon! quelque petite bourgeoise de la rue Quincampoix ou de la rue aux Ours.

— Erreur, dit Saint-Étienne, elle est de famille.

— De famille?

— Peste!

— Et où as-tu déterré cette perle?

— Heureux coquin!

— Chut!... silence donc!... Vous allez l'effaroucher, c'est une vertu.

— Ah! ah! la bonne plaisanterie!

— Une vertu qui accepte ton bras?

— Qui court les rues avec toi?

— Tu déraisonnes, mon cher, ou tu nous trompes.

Il en fallait beaucoup moins pour me faire comprendre que je venais de tomber en assez mauvaise compagnie. Mais, Saint-Étienne présent, que pouvais-je craindre? Je lui croyais trop de loyauté pour abuser de ma confiance et trop d'honneur pour me laisser offenser. Je m'abusais étrangement, comme on va le voir.

Celui des abbés qui portait le nom de Gondi était court, trapu, et fort noir de peau. Agé de dix-sept ans à peine, il déployait l'aplomb d'un homme de trente. Sa figure manquait de régularité; je puis même dire, sans trop me risquer, qu'elle approchait beaucoup de la laideur, et il ne rachetait nullement cela par la distinction de ses manières. Descendant de la puissante famille de Retz et neveu de l'archevêque de Paris, on le poussait aux ordres, afin de l'amener un jour à succéder à son oncle; mais l'état clérical était loin de lui être sympathique. Ainsi qu'il le disait lui-même, il faisait les cent coups pour déchirer sa soutane, et jurait d'y réussir.

Quant à l'abbé Scarron, peut-être avait-il une physionomie moins effrontée, plus ouverte; mais, en revanche, il était plus franchement laid. Son nez, gros comme une pomme, lui envahissait la moitié du visage, et ses yeux à fleur de tête donnaient à son regard une sorte d'ébahissement comique, dont on était fort tenté de rire. Au désordre de sa chevelure on aurait juré qu'il ne se peignait pas une fois la semaine. Fils d'un conseiller au parlement remarié en secondes noces, on le destinait à la prêtrise pour favoriser les enfants de l'autre lit. C'est assez dire qu'il n'avait pas plus de vocation que l'abbé de Retz, et je dois leur rendre cette justice qu'ils étaient aussi mauvais sujets l'un que l'autre.

Lorsqu'ils eurent bien chuchoté à l'oreille de Saint-Étienne, je les vis tout à coup faire de grands gestes et appeler quelqu'un qui passait non loin de là.

— Hé! crièrent-ils, seigneur de Souscarrière?

— Illustre marquis, où allez-vous donc?

— Ne parlez pas à cet homme, dit Saint-Étienne; c'est un voleur : il m'a dupé hier de trois cents louis au lansquenet.

— Raison de plus, nous allons te venger.

Puis ils se mirent à crier de nouveau :

— Holà ! seigneur marquis !

— Un mot, que diable !

— Arrivez.

— On ne vous mangera pas.

— Messieurs, je suis désolé, dit en s'approchant celui qu'ils apostrophaient de la sorte ; mais je n'ai pas une minute à perdre.

— Allons donc ! ce n'est point encore l'heure du jeu : les tripots ne s'ouvrent qu'à la nuit.

— Excepté à l'hôtel de Bourgogne. Y allez-vous par hasard ?

— Non, messieurs, je n'y vais pas.

— Mademoiselle, me dit Scarron, souffrez que je vous présente Pierre de Bellegarde, marquis de Montbrun, seigneur de Souscarrière et d'une foule d'autres lieux.

— Un aimable homme, dit Gondi.

— Et fort honnête, ajouta Saint-Étienne, se décidant à faire chorus avec eux et toisant le nouveau venu d'un air railleur.

— Comment donc, excessivement honnête ! cria Scarron.

— Mais je m'en flatte, messieurs, répondit Souscarrière.

— Il s'en flatte !

— Soyez plus modeste, marquis.

— Et n'essayez pas de vous tromper vous-même.

Ce trait sanglant, décoché par Retz, excita chez les deux autres une vive hilarité. Je frémis en voyant Souscarrière aller droit à l'auteur de l'injure et lui dire avec une voix qui tremblait de rage :

— Vous demandez un duel? soit, je suis votre homme.

— Très-bien!... va pour le duel!... enchanté de l'occasion! s'écria Gondi. Mais vous avez deux pitoyables habitudes, Montbrun ; la première est de ne jamais vous battre, même quand la provocation vient de vous; la seconde est d'interrompre les gens lorsqu'ils sont en train de faire connaître vos précieuses qualités. Mademoiselle ignore votre mérite, il faut bien l'en instruire.

— Parbleu! fit Scarron.

— Imaginez-vous, ma chère, me dit Saint-Étienne, que ce bon marquis devrait, à l'heure où je vous parle, confectionner d'excellents gâteaux, des croquettes à la vanille et des petits pâtés superfins.

— Je l'avoue, répondit Souscarrière, qui avait définitivement pris le parti de l'impudence, voyant qu'il n'aurait le dessus en aucun cas. Mais, si j'ai changé de profession, c'est au grand avantage de ma bourse, je tiens à vous l'apprendre.

— Et au plus grand désavantage de celle des autres, monsieur le beau joueur, riposta Saint-Étienne; je le sais par expérience.

— On prétend que le marquis et le hasard se connaissent beaucoup, fit Gondi au milieu d'une pirouette; ils se rendent, dit-on, mutuellement service.

— C'est très-exact, répondit Scarron. Le hasard aide quelquefois Montbrun.

— Et Montbrun aide toujours le hasard, s'empressa d'ajouter Saint-Étienne.

— Il est le plus généreux! crièrent les deux autres en redoublant leurs éclats de rire.

— A propos, et vos chaises à bras, marquis, vous rapportent-elles le même bénéfice que les brelans?

— Oui, à peu de chose près, c'est une assez bonne affaire, dit l'escroc, qui les narguait alors de la façon la plus visible. Elles me rendent, l'une dans l'autre, cinq livres par semaine, tous frais en dehors, et j'en ai huit cents sur le pavé de Paris. Je vais de ce pas déposer vingt mille livres en lettres de change chez le trésorier de l'argenterie du roi. Voilà sa maison tout près de nous sur le quai de l'École. Émery m'attend. Je suis votre serviteur.

— Et notre duel, eh, monsieur l'honnête homme, notre duel? cria Gondi.

Souscarrière fit le sourd et disparut.

— Quel chenapan! dit Scarron.

— Mais, balbutiai-je, encore sous l'influence de la surprise que m'avait causée cet incroyable entretien, ne prétendez-vous pas qu'il est le fils de M. de Bellegarde?

— Ah! oui, s'écria Retz, une curieuse histoire! et, si je ne craignais, mademoiselle, d'offusquer votre pudeur...

— Laisse-moi raconter cela, dit Scarron, je m'en charge.

— Toi? allons donc! tu ferais rougir un mousquetaire. D'ailleurs, j'ai lancé le lièvre; il n'est pas juste que tu profites de mes battues. Figurez-vous, mademoiselle, que Roger de Bellegarde, grand écuyer de France, eut un jour besoin d'argent, ce qui peut arriver au plus galant homme du monde...

— Ce qui t'arrive toujours, interrompit Scarron.

— Je l'avoue, Saint-Étienne eût été beaucoup plus sage de me prêter l'or jeté sottement dans l'escarcelle de Montbrun.

— Parbleu, oui! perdu pour perdu...

— Silence, bavard? cria Retz. Tu me fatigues avec tes interruptions. Je vous disais donc, mademoiselle, que Bellegarde avait besoin d'argent, lorsqu'un vieux péché de sa jeunesse lui en amena de la façon la plus bizarre et la plus inattendue. Jadis, le grand écuyer allait tous les jours, plutôt deux fois qu'une, manger des petits pâtés chez le fameux des Carreaux, et il eut quelques distractions dans l'arrière-boutique avec la pâtissière. Moins d'une année après, celle-ci mit au monde l'aimable garçon que vous venez de voir. Grâce aux nouvelles et nombreuses distractions causées aux pratiques par les attraits de la dame, l'éducation de sa progéniture fut un peu négligée. Le marmot grandit, hanta les brelans, devint joueur de premier ordre et filou au superlatif. Il gagna des sommes folles à ce consciencieux métier. Mais la bassesse de sa naissance ne lui permettait pas d'exploiter les salons et la cour. Alors un projet lui vient en tête. Il s'agite, intrigue, charge un homme adroit de ses arrangements : bref, au dernier jubilé, la pâtissière se confesse et fait dire à Bellegarde qu'elle ne peut, en bonne conscience, souffrir que le jeune escroc dont il s'agit recueille un jour l'héritage de des Carreaux, qui est le père de ses petits pâtés, mais voilà tout. Le grand écuyer fait la grimace; on intervient, et cinquante mille écus arrangent la chose. Voilà comment, mademoiselle, on vous a présenté tout à l'heure Pierre de Bellegarde, marquis de Montbrun et seigneur de Souscarrière, propriété magnifique, située au-dessous de Montmartre, et qu'il a escroquée au jeu comme les trois cents louis de Saint-Étienne. J'ai dit.

L'anecdote était légèrement scabreuse ; mais Retz en avait assez bien voilé la crudité.

— Ah ! c'est un indigne gredin que celui dont nous vous contons l'histoire, dit l'autre abbé. Toutefois, chez lui, comme chez les plus grands scélérats, il y a du bon.

— Chez Montbrun ? cria Gondi. Donnes-en la preuve, et je me pends.

— Va donc préparer la corde, car je soutiens que ce cher marquis, par son invention des chaises à porteurs, vient de rendre un service immense aux femmes honnêtes et aux chevaliers de votre espèce, messieurs.

— Comment cela ?

— Vous savez que le roi, dont les principes de continence et de réserve se fortifient de plus en plus chaque jour, s'est révolté d'apprendre que bon nombre de ses sujettes se promenaient, le soir, le long des ruisseaux, d'une façon provocante, ou s'embusquaient sous les porches afin de prendre le passant à la glu perfide de leurs charmes. Une ordonnance a forcé toutes ces pécheresses à quitter Paris...

— Moyen très-sûr de moraliser la province, fit Saint-Étienne.

— J'en conviens ; mais l'édit royal eut un autre inconvénient très-grave. Beaucoup de gens s'élevèrent contre la prescription, et, comme il ne leur plaisait pas de changer du jour au lendemain leurs habitudes après le départ des exilées, il en résulta que ces pauvres bourgeoises, qui n'ont pas comme les nobles dames la sauvegarde du carrosse, n'osèrent plus sortir. Alors Montbrun imagina la chaise pour les empêcher de se condamner à une prison perpétuelle.

— Très-joli! s'écria Retz.

— Louis XIII autorisa par brevet l'inventeur, ce qui fait que nous voyons aujourd'hui les rues sillonnées d'un bout à l'autre par ces machines ambulantes, scrupuleusement fermées avec des stores, et où de mauvaises langues prétendent qu'il se passe certaines choses que la délicatesse royale n'avait pas prévues (1).

— Sans doute. Voilà pourquoi l'invention a réussi, parbleu! dit Saint-Étienne.

— Ah! que le roi s'entend bien à la morale! ajouta Gondi.

— Montbrun vous a donc rendu service, messieurs. Pardonnez-lui ses autres crimes en faveur de celui-là.

— Soit, à tout péché miséricorde.

— Que ses chaises passent à nos descendants...

— Et à nos descendantes.

— Que son nom soit béni...

— Et que les cartes lui soient propices!

Ils riaient comme des fous. Ce dévergondage d'idées me surprenait sans me paraître déplaisant. Ma nature légère se révélait et ne me permettait pas d'apprécier toute l'inconvenance dont je me rendais coupable en écoutant de pareils propos. C'était encourager ces messieurs et leur donner le droit de passer de la hardiesse des discours à celle des actions, ce qui ne tarda pas à avoir lieu.

— Mais que faisons-nous là? dit Gondi. Pourquoi ne pas conduire mademoiselle à l'hôtel de Bourgogne? Voici

(1) Il y avait des chaises appelées *tête-à-tête*, à quatre porteurs, et qui contenaient deux personnes.   (*Note des Éditeurs.*)

l'heure du spectacle, et ce serait pour elle une distraction plus agréable que de nous entendre débiter des sornettes en plein vent.

— Répondez, ma chère : la proposition vous convient-elle? me demanda mon guide.

— Je ne serais pas éloignée d'accepter, je vous l'avoue, répondis-je. Par malheur, il se fait tard.

— Bah! vous direz qu'après le sermon vous êtes restée aux vêpres des chanoines.

— Et qu'après vêpres il y a eu salut! s'écrièrent à la fois les deux abbés.

Il s'agissait de voir jouer la comédie au premier théâtre d'alors. La tentation devenait forte. J'hésitai un instant, puis je finis par répondre :

— Vous me suggérez, messieurs, une excuse assez bonne. J'accepte.

— Bravo! Partons! firent-ils en chœur.

VI

La voiture de Saint-Étienne était derrière nous; elle nous avait suivis pas à pas tout le long de la route. Le maître de l'équipage m'offrit la main pour franchir le marchepied Gondi prit sans façon place à côté de moi; les deux autres s'assirent en face, et le carrosse partit au galop du côté de Saint-Eustache, d'où il gagna la rue Mauconseil.

— Nous arrivons, me dit mon voisin.

J'aperçus devant nous un assez vaste édifice dans le goût de la Renaissance, mais qui perdait beaucoup de sa grâce, resserré qu'il était au milieu d'une masse confuse de maisons noires et infectes, habitées par des marchands de cuir ou des tanneurs.

Scarron s'élança le premier hors du carrosse. Il m'aida galamment à en descendre.

— Retz et Saint-Étienne, dit-il, sont deux ignorants : leurs connaissances historiques, je le gage, n'iront pas jusqu'à vous expliquer l'origine de cet hôtel.

— Non, pardieu! fit Gondi; je me récuse.

— Et moi, dit Saint-Étienne, je jette ma langue aux chiens.

— Voyez-vous? j'en étais sûr. Apprenez donc, mademoiselle, qu'ici même, à cette place, s'élevait l'ancienne habitation de Jean-sans-Peur, forteresse menaçante, où il méditait et accomplissait ses crimes. Pour cet usage, il avait fait construire une tour et une chambre sans fenêtres, où nul autre que lui ne pénétrait et dont il gardait la clef sur sa personne. Ce noir séjour, témoin de tant de scélératesses, fut démoli en partie par François Ier. Sur les ruines on éleva une espèce de théâtre où l'on représentait la *Passion* et les *Mystères*. La basoche s'y établit ensuite. A quelque temps de là, l'hôtel s'agrandit encore, et il est devenu ce que vous le voyez maintenant!

— Peste! quelle effrayante érudition!

— Combien prends-tu pour enseigner ta science?

— Je la donne pour rien, dit Scarron.

— C'est juste ce que ça vaut! s'écria Retz.

Nous entrâmes à l'hôtel par une porte en imitation de rocaille, dont l'ogive était surmontée d'une Renommée gigantesque, tenant d'une main sa trompette et de l'autre des couronnes. Il y avait foule sous la voûte. Nous fûmes assaillis d'abord par une nuée de pauvres et de pauvresses, qui s'accrochaient à nos vêtements et nous harcelaient de mille façons en murmurant des patenôtres. Quand on ne leur donnait rien, ils interrompaient leurs oraisons et juraient comme des damnés.

Les personnes qui entraient faisaient volontiers l'aumône, mais non celles qui sortaient. J'en témoignai ma surprise.

— Il n'y a rien là d'étonnant, dit Gondi : on entre ici la poche pleine et on en sort la poche vide.

Je ne comprenais pas; mais bientôt l'énigme me fut expliquée. Ces messieurs venaient de m'introduire dans une salle immense, où plus de deux cents individus de tout sexe et de toute condition se trouvaient réunis pêle-mêle. Au premier coup d'œil, il était facile de reconnaître qu'on entrait dans un véritable foyer de débauche. Çà et là, sans ordre, dans tous les coins de la salle, et sur la simple demande des habitués, on dressait des tables à deux compartiments. Sur le premier les domestiques de l'endroit plaçaient des coupes et des bouteilles; sur le second ils étalaient un tapis vert, de façon qu'on pouvait tout à la fois jouer et boire.

Aussi ne s'en privait-on pas. Les flacons se succédaient; les cartes, les tarots, les dés, allaient leur train.

Des femmes à la mine suspecte et aux allures plus que douteuses agaçaient les joueurs. On entendait des murmures étranges, des risées scandaleuses, des propos qui faisaient monter la rougeur au front. Je laissai échapper un geste de dégoût et je voulus sortir, d'autant plus que messieurs les abbés, probablement pour se mettre à l'unisson des gens qui se trouvaient là, commençaient à me tenir des discours fort entachés d'impertinence.

— Là! là! ma chère, me dit Saint-Étienne, vous avez l'esprit trop bien fait pour ne pas comprendre qu'on hurle avec les loups. Du reste, ainsi que vous le disiez vous-même, ne peut-on pas, à l'abri d'un masque, tout écouter et tout voir?

Il m'entraîna presque de force jusqu'au fond de la salle, où il me montra une large estrade, sur les premiers gradins de laquelle tombait un grand rideau rouge.

C'était le théâtre. On m'affirma que la représentation allait commencer. La curiosité me fit prendre patience. Je m'assis avec mes compagnons à une table, où je les entendis bientôt chuchoter entre eux de manière à exciter chez moi de vives inquiétudes. J'ai l'oreille fine. Tout en feignant d'être distraite et de m'occuper de ce qui se passait dans la salle, je devins au contraire très-attentive.

— Ainsi tu prétends qu'elle est sage? murmurait Scarron.

— J'en suis certain, répondit Saint-Étienne : elle ne m'a pas accordé la plus simple faveur.

— Pas même un baiser?

— Non, je le jure.

— Imbécile! dit Gondi, c'est qu'elle garde ses bonnes grâces pour d'autres.

— Tu crois?

— Parbleu! elle te prend pour un niais.

— Ah! si j'en étais sûr...

— Je te le certifie.

— En tout cas, ajouta Scarron, tu n'es pas assez maladroit, j'imagine, pour t'amuser à filer le parfait amour pendant un siècle?

— Vous n'avez pas tort. Il faut en finir.

— Je t'y engage, dit Retz. Le lieu est propice, et tu sais que là-haut...

— Chut!... nous verrons. Taisez-vous, et ne lui donnez pas l'éveil.

Je sentais mon cœur battre avec violence, moitié d'indignation, moitié de crainte. Quel pouvait être leur dessein? de quel péril étais-je menacée? Je comprenais alors mon étourderie, et je remerciais Dieu, qui venait de permettre que je les entendisse. A partir de ce moment, je fus sur mes gardes.

Ils commandèrent une collation et firent apporter du vin d'Espagne. Saint-Étienne remplit mon verre jusqu'au bord; ils m'exhorta à le vider, mais je ne fis qu'y tremper les lèvres.

Au bout de quelques minutes, le son d'une clochette retentit derrière l'estrade. Vingt domestiques se mirent alors à parcourir la salle en criant: Silence! Le jeu cessa, les tarots et les dés disparurent. On jeta les querelleurs à la porte et ceux qui se plaignaient d'avoir été volés; puis, l'ordre rétabli ou à peu près, la clochette se fit entendre une seconde fois, et le rideau s'écarta pour nous montrer la scène et les acteurs.

Je n'avais assisté de ma vie à aucune représentation théâtrale. La nouveauté du coup d'œil me fit un peu oublier mes inquiétudes.

Gauthier Garguille, Gros Guillaume et Turlupin luttaient de verve et de saillies; mais leur verve me parut de mauvais aloi, leurs saillies d'une abominable indécence. La pièce qu'on représenta la première avait pour titre le *Mariage impromptu*, et je me scandalisai de voir sur la scène un autel chargé de croix et d'ornements ecclésiastiques. On mêlait à ces faces malhonnêtes des prêtres en étole et en surplis; on y citait des textes de l'Évangile pour les tourner en dérision et leur prêter un sens impudique.

Après la scène religieuse, ou plutôt irréligieuse, les acteurs représentèrent une scène païenne. On donna *Jupiter et Amphitryon*, autre sotie pleine de quolibets malsonnants et stupides. Jupiter descendit à la fin sur un nuage et se glissa dans la chambre d'Alcmène, au milieu des applaudissements et des éclats de rire des spectateurs; ensuite de quoi le rideau se referma.

Je croyais la pièce terminée, quand tout à coup la toile s'écartant de nouveau, donna passage à l'acteur Jodelet, qui venait de jouer le rôle d'Amphytrion.

Il s'avança d'un air furieux, et vint dire au public:

— Riez! riez!... cela vous sied bien, sur ma parole. Ne dirait-on pas que semblable mésaventure n'arrive jamais à aucun de vous? Si toutes les fois qu'on s'occupe de faire un *sot* à Paris on se livrait à autant de vacarme, du premier de l'an au jour de la Saint-Sylvestre on n'entendrait pas Dieu tonner!

Le rideau se referma définitivement sur cette agréable plaisanterie.

Pendant le spectacle mes compagnons avait continué de boire du vin d'Espagne et de se parler à voix basse. Je re-regardai Saint-Étienne; il avait le visage animé, l'œil étincelant. On devinait qu'au milieu de leurs fréquentes rasades les deux scélérats d'abbés lui avaient donné d'odieux conseils. Il essaya de m'attirer à lui et de m'embrasser.

Me dégageant aussitôt de ses bras, je me levai, rouge de dépit, et je lui reprochai en termes fort durs l'inconvenance de sa conduite. Par malheur, dans ce brusque mouvement pour quitter la table, mon loup se détacha.

Ce furent alors des acclamations à n'en plus finir. Les abbés battaient des mains, et attiraient sur moi tous les regards.

— Elle est délicieuse!

— Les beaux yeux!

— Quelle bouche pleine de charme et de volupté!

— Mais voyez donc ces éclatantes couleurs?

— Les roses n'en ont pas d'aussi fraîches.

— Elle l'emporte sur les trois Grâces réunies...

— Vénus en serait jalouse.

Je replaçai vivement mon masque, et dis à Saint-Étienne:

— Vous me laissez insulter, monsieur! je vous croyais pourtant un homme d'honneur. Reconduisez-moi sur-le-champ, je le veux... je vous en supplie!

Des larmes de colère inondaient mon visage. Il parut touché de mes reproches, et m'offrit la main. Je quittai Gondi et Scarron sans leur dire adieu.

— Courage! crièrent-ils.

— Songe qu'il y va de ta renommée.

— Oui, morbleu! si tu manques une aussi admirable occasion, tu ne la retrouveras plus.

Saint-Étienne m'entraîna sans leur répondre. Je m'aperçus bientôt qu'au lieu de me conduire hors de l'hôtel, il me perdait dans une foule de corridors sombres. Quittant aussitôt son bras, j'essayai de prendre la fuite. Mais il me retint malgré mes cris de détresse, me fit monter rapidement une rampe tortueuse et me poussa de force dans une chambre, dont il ferma la porte au verrou.

Peu s'en fallut que je ne m'évanouisse d'épouvante.

L'imminence du péril se révélait à moi tout entière. Ce fut précisément ce qui me sauva. Je sentis la nécessité de reprendre du calme. Marchant droit à Saint-Étienne et le regardant bien en face, je lui dis:

— Vous vous conduisez comme un malhonnête homme et comme un lâche.

— Oh! oh! des injures? balbutia-t-il en s'approchant pour me prendre la taille.

Je me jetai en arrière par un mouvement rapide.

— Laissez-moi, criai-je, et ouvrez cette porte. Je vous l'ordonne.

— Vous me l'ordonnez, chère belle, c'est possible; mais je refuse d'obéir. Tout à l'heure, convenez-en, vous n'avez pas été sans vous apercevoir que mes amis me prennent pour un novice... Corbleu! c'est une renommée fort déplaisante, savez-vous? Je ne la mériterai pas plus longtemps, non, sur mon âme!

— Ainsi vous me ferez violence ?

— Oui, certes, mon amour... si vous m'y contraignez toutefois, ce dont je doute fort ; car vous êtes trop spirituelle pour ne pas comprendre la situation, et trop sage pour faire un scandale, qui dans tous les cas rejaillirait sur vous.

— Trêve de raisonnements et de discours. Une dernière fois ouvrez cette porte, lui dis-je avec un accent de résolution qui parut l'intimider.

— Non, mille fois non ! s'écria-t-il. J'ai juré de remporter la victoire, et, par l'enfer, il ne sera pas dit qu'une petite fille aura couru Paris avec moi d'un bout à l'autre, sans payer, comme cela se doit, ma complaisance. Retz et Scarron n'en finiraient plus avec leurs gorges chaudes ; je serais perdu d'honneur auprès du beau sexe. Allons, ma mie, soyons raisonnable, et plus de querelle.

Il voulut de nouveau me saisir.

Je m'élançai d'un bond jusqu'à la fenêtre, dont je brisai les vitres de ma main fermée.

La chambre où nous étions donnait sur la rue. Un homme passait. Je criai au secours de toutes mes forces, et je vis cet homme entrer vivement à l'hôtel. En moins d'une minute, il fut à notre porte, contre laquelle il se mit à heurter avec violence.

— De grâce, calmez-vous ! à quoi bon tout cet esclandre ? me disait Saint-Étienne, déconcerté de mon action. Je plaisantais, vous ne courez avec moi aucun risque. Mon Dieu, ne peut-on pas rire un instant ? Quelle folie d'appeler des témoins à cette scène.

Mais je ne l'écoutais pas.

L'indignation me prêta une force surnaturelle. Voyant qu'il se plaçait devant moi pour m'empêcher d'ouvrir à celui qui venait prendre ma défense, je le poussai si violemment, qu'il pirouetta cinq ou six fois sur lui-même et alla tomber à l'autre extrémité de la chambre. Je courus aussitôt vers la porte et je tirai le verrou.

Un seigneur très-élégant se présenta. Son premier soin fut de mettre l'épée à la main.

— Mademoiselle, dit-il, vous m'avez appelé à votre aide. Veuillez accepter mon bras. Si la personne qui vous outrage exige une satisfaction, qu'elle vienne à l'hôtel de Nevers demander le chevalier de Baray, enseigne au régiment de Picardie, je serai prêt à lui répondre.

Cela dit, il m'emmena, sans que Saint-Étienne, encore abasourdi de sa chute et probablement honteux de son indigne tentative, eût trouvé un mot à répliquer. Une fois hors de l'hôtel de Bourgogne, je regardai timidement mon libérateur, et je lui dis:

— Ah! monsieur, vous devez avoir une triste opinion de moi!

— Pourquoi donc, mademoiselle? Tous les jours la plus honnête des femmes peut être attirée dans un guet-apens, et je suis ravi que le hasard m'ait envoyé là si à propos.

— Le hasard... dites la Providence!

— Ou mon heureuse étoile, interrompit le chevalier, car avoir pu vous rendre service est un véritable bonheur.

C'était un homme charmant et d'une distinction véritable. La grâce de ses manières, la politesse de ses discours, me prévinrent pour lui tout d'abord. Il fit avancer une voiture, et nous allâmes reprendre Madeleine au Luxembourg.

Arrivée là, je remerciai M. le chevalier de Barjy, qui me supplia d'ôter mon masque, afin qu'il pût du moins conserver mes traits dans son souvenir.

Il était difficile de lui refuser cette faveur.

— Ne vous reverrai-je plus? me demanda-t-il d'une voix douce et timide.

— Monsieur, lui répondis-je, tous les jours, à neuf heures, je traverse le parvis Notre-Dame; vous êtes libre, si bon vous semble, de vous trouver sur mon chemin.

Ses yeux brillèrent de reconnaissance.

Il porta respectueusement ma main à ses lèvres et me quitta. Je rentrai au logis, en proie à mille émotions diverses. Autant la conduite de Saint-Étienne me semblait odieuse, autant celle du chevalier me parut noble et digne de louanges. La leçon que je venais de recevoir était terrible; je jurai de ne plus m'exposer à de semblables périls et de renoncer à mes courses vagabondes.

Cette dernière partie du serment était de trop.

Mon absence de ce jour avait été si longue, que madame de Lenclos conçut des soupçons. Elle questionna Madeleine, qui perdit la tête et se coupa dans ses réponses. On m'interdit les messes à la cathédrale jusqu'à nouvel ordre, et il me fut enjoint de ne sortir sous aucun prétexte. Mais, clouée sur son fauteuil, ma mère ne pouvait elle-même surveiller mes démarches. Le lendemain, je descendis à la sourdine pour ne pas laisser ce pauvre chevalier se morfondre trop longtemps au parvis. Je le trouvai le bras en écharpe.

Il s'était battu, le matin même, contre Saint-Étienne, et avait reçu un coup d'épée.

Ce généreux dévouement m'arracha des larmes.

— Voyez, monsieur, lui dis-je, voyez comme je suis coupable! Ma folle conduite pouvait coûter la vie à un homme d'honneur.

— Oh! mademoiselle, ne vous faites pas de reproches! Mon sang vous appartient; je suis prêt à vous le donner s'il le faut, jusqu'à la dernière goutte.

J'étais profondément émue, et je sentis qu'à partir de ce jour le souvenir de Marsillac ne serait plus pour moi qu'une faible égide. Il fallut bien instruire le chevalier des soupçons de ma mère, car nos entrevues ne pouvaient se prolonger. Lui montrant, à quelque distance, le porche de notre maison, je lui promis de descendre chaque jour à la même heure et de lui consacrer le plus de temps possible. Je tins parole; mais c'était une grande imprudence. Nous ne pouvions jamais être tranquilles, tous les voisins nous espionnaient. Je mourais de peur qu'on ne vînt faire des rapports à madame de Lenclos. Aujourd'hui, c'était une chose qui nous dérangeait; demain c'était un autre.

Ainsi je me rappelle qu'un vieux mendiant s'obstina un matin, à rester près de nous, bourdonnant à nos oreilles, et ne s'inquiétant en aucune façon de nos gestes d'impatience. Il récita d'une voix monotone plus de vingt *Pater* et autant d'*Ave*, ce qui formait une harmonie peu en rapport avec nos propos d'amour.

Le chevalier avait oublié sa bourse et se désespérait.

Je n'avais pas un sou moi-même. Enfin, impatientée, je

pris mon mouchoir de dentelles, et je le donnai au vieux pauvre en lui disant :

— Tiens, prends ceci... mais, pour Dieu, laisse-nous en paix !

Le mendiant s'en allait, très-heureux du cadeau, quand le chevalier, surpris d'abord de cette nouvelle manière de faire l'aumône, le rappela vivement, et lui dit :

— Attends-moi, brave homme... je te promets deux pièces d'or pour ce que tu as là.

L'heure de nous séparer était venue. M. de Baray se fit suivre par le vieillard jusqu'à son logement et racheta le mouchoir, qu'il plaça dès lors constamment sur son cœur. Hélas! ce n'était pas lui qui devait me le rendre un jour!

Quelque temps après cette aventure, il m'arriva tout chagrin.

— Ninon, me dit-il, ma chère Ninon, notre compagnie va partir pour La Rochelle. Une balle de huguenot peut m'atteindre. Qui sait si nous devons nous revoir?

— Oh! mon ami, chassez ce lugubre pressentiment.

— Enfin, Ninon, vous savez que mon cœur est à vous sans réserve. Me laisserez-vous quitter Paris sans m'accorder une de ces preuves d'amour qui aident à supporter les tourments de l'absence?

Il était pressant; je voyais des larmes poindre dans ses yeux. Je promis de faire en sorte de lui donner deux heures dans la matinée du lendemain et de nous rencontrer à un endroit plus commode, dussé-je ensuite porter la peine de cette désobéissance aux ordres que j'avais reçus. Mais je ne m'attendais pas au cruel événement que me réservait le sort. Madame de Lenclos, depuis si longtemps souffrante, eut, le soir même, une attaque très-sérieuse. On courut chercher mon père au château de la Bastille, dont sa compagnie gardait les tours. A son arrivée la malade était au plus mal. Impossible d'aller au rendez-vous du chevalier; je n'y songeai même pas, et le malheureux jeune homme partit pour la Rochelle. Me voyant à genoux sangloter auprès de son lit de douleur, ma mère appuya sur ma tête ses deux mains tremblantes et me donna sa bénidiction suprême.

— Adieu, me dit-elle, adieu, ma pauvre enfant! Je vais quitter ce monde; le Seigneur me rappelle à lui. Tu ne m'auras plus près de toi pour te mettre en garde contre les périls auxquels se trouve exposée ta vertu. Puisse le mauvais ange ne pas égarer ton cœur! La sagesse seule nous rend heureux; il n'y a d'autres bien ici-bas que le contentement de soi-même et le repos de la conscience. N'abandonne jamais Dieu, ma fille, et Dieu ne t'abandonnera pas!

Elle retomba sur son lit, pâle et sans souffle. Avec ces derniers mots venait de s'envoler son âme Ma sainte et digne mère n'était plus.

VII

Ce fut un jour lugubre et de profond désespoir.

M. de Lenclos mêla ses larmes aux miennes. Je me reprochai amèrement les chagrins que j'avais causés à ma mère. En songeant aux rares témoignages d'affection qu'elle avait reçus de moi, je me trouvais odieuse et coupable. Hélas ! ni mes cris déchirants ni mes sanglots ne purent rappeler à la vie ce corps inanimé, que j'étreignais et que je baignais de mes pleurs !

Le lendemain, je vis la tombe se refermer sur celle qui m'avait donné le jour. Ma douleur était inconsolable ; je déclarai à M. de Lenclos que je voulais me retirer dans un monastère. Il ne jugea pas le moment propice pour combattre cette résolution. J'allai m'enfermer à l'abbaye des Ursulines, en haut du faubourg Saint-Jacques. Peu à peu néanmoins mon chagrin eut le sort de tous les chagrins sur la terre : il s'affaiblit avec le temps et finit par disparaître. Alors, comme on peut le croire, ma cellule me parut mortellement ennuyeuse ; je regrettai de m'être faite si à la hâte pensionnaire aux Ursulines. M. de Lenclos avait prévu ce revirement.

Un matin, je le vis entrer chez moi. Il ne restait sur son visage aucune trace de tristesse.

— Chère enfant, me dit-il, c'est fort bien de pleurer les

morts : toutefois les larmes ne peuvent être éternelles. Tu es jeune, tu es jolie, ton existence doit être vouée à la joie, et non au chagrin. Gardons précieusement le souvenir de celle qui n'est plus. Si nos regrets avaient le pouvoir de l'arracher à la tombe, passe encore ; ils sont impuissants, consolons-nous. J'étais disposée à lui donner raison. Aussi reconnut-il que de plus longs discours étaient superflus pour me décider à quitter ma retraite. Il alla droit au fait.

— Ninon, reprit-il, la société te réclame, et je suis émerveillé de te voir déjà célèbre. Dans ce Paris, une jolie fille est un diamant dont l'éclat ne peut rester dans l'ombre. Croirais-tu que je viens de lire des rimes où l'on s'occupe de toi ?

— Vraiment, mon père ?

— Tiens, regarde plutôt, l'œuvre est du poète Scarron.

Je tressaillis en entendant nommer l'un des vauriens qui, peu de mois auparavant, donnaient à Saint-Étienne des conseils d'une perversité si remarquable.

M. de Lenclos ne prit pas garde à mon trouble.

Il tira de sa poche une brochure, l'ouvrit, et me désigna le passage suivant :

. . . .

Parlons un peu du bel et saint exemple
Que la Ninon donne à tous les mondains.
Combien de pleurs la pauvre jouvencelle
A répandus quand sa mère sans elle,
Cierges brûlant et portant écussons,
Prêtres chantant leurs lugubres chansons,
Voulut aller, de linge enveloppée,
Servir aux vers d'une franche lippée !...

. . . .

Je fermai la brochure, et je la jetai loin de moi avec dégoût.

— Ces gens-là, dis-je, ne respectent même pas la douleur.

— Que veux-tu, ma fille? Ainsi fait le monde. Il oublie ceux qui s'en vont, et n'aime pas qu'on abandonne les vivants pour s'occuper des morts. En somme, chacun de nous aura son tour. Usons des rapides instants de la vie, et prenons ici-bas la plus grande dose possible de jouissance. Tu sais que tu as le droit de disposer de la fortune de ta mère?

— Je vous en conjure, ne parlons pas de cela, monsieur...

— Au contraire, parlons-en. Tu auras une aisance honorable et tu seras au-dessus du besoin. Être belle, ne pas manquer de naissance et posséder quelque fortune, y a-t-il rien à désirer de mieux? Viens, nous allons chez le notaire arranger tout cela. J'entends que tu jouisses, dès aujourd'hui, de la plus complète liberté.

Mon père avait le talent de me convaincre. Son langage, il faut l'avouer, était irrésistible; et puis ce mot de liberté produisait sur moi un effet magnifique.

Nous payâmes les Ursulines, et je dis adieu au couvent.

Une voiture nous attendait à la porte. Moins d'une demi-heure après, nous entrions chez le notaire. C'était un vieux bonhomme, très-probe et très-consciencieux, qui prenait à cœur les intérêts de ses clients, et surtout ceux de notre famille, dont il était l'ami.

— Raisonnons un peu, ma poulette, me dit-il. Vous avez deux mille écus de rente; c'est un joli denier! mais vous êtes jeune, vous aimez la parure; les robes de velours et de satin coûtent les yeux de la tête. Six mille livres ne vont pas loin. Si vous voulez m'en croire, vous placerez votre capital en viager, de sorte que vous serez presque riche. Une occasion favorable se présente. Nous signerons le marché ce soir, si bon vous semble.

J'y consentis; l'affaire était excellente. Un traitant prit mes fonds, et mon revenu fut presque doublé.

Dès ce moment, je retrouvai mon humeur joyeuse avec ma légèreté de caractère et mes goûts de dissipation. M. de Lenclos et moi nous courûmes le quartier le plus à la mode pour louer un logement convenable. Après avoir visité quinze ou vingt rues d'un bout à l'autre, je me décidai enfin pour une charmante petite maison située rue des Tournelles, près de la place Royale. Je m'y installai en moins d'une semaine, et j'eus bientôt une cour très-pétulante et très-assidue.

Mon père me présenta les plus jeunes officiers de son régiment.

Ceux-ci m'en amenèrent d'autres, et mon salon se remplit d'adorateurs. C'étaient des soupirs incessants, une déclaration continue, un concert d'éloges à n'en plus finir sur ma beauté. Bon nombre de ces messieurs me firent l'honneur de me demander en mariage; mais je refusai net. J'avais pris à cet égard une résolution inébranlable, et le système de M. de Lenclos prévalait définitivement. On sait, en outre, que mon cœur n'était plus libre. Mes tendres aspirations se partageaient entre Marsillac et le chevalier de Baray.

Parfois je me demandais auquel des deux j'accorderais

la préférence, et je sentais au fond de moi-même que ce serait à celui qui me reviendrait le premier.

Comme il était difficile d'accepter les soins de mes prétendants sans leur donner de l'espoir, et que, du reste, la vie de recluse n'avait aucun attrait pour moi, je repris mes anciennes habitudes de Touraine, et je commandai au tailleur le plus en renom de la galerie du Palais un très-élégant costume d'homme, sous lequel je visitai toutes les promenades.

Quand M. de Lenclos, retenu par son service à la Bastille, ne pouvait m'accompagner, je ne me privais pas pour cela de mes courses favorites. Seulement alors je me faisais suivre d'un valet à distance.

Il me semblait beaucoup plus convenable d'agir ainsi que d'accepter le bras de MM. les officiers, fort entreprenants de leur nature, et qui m'auraient jeté peut-être dans quelque embûche aussi perfide que celle dont je m'étais sauvée à l'hôtel de Bourgogne. Naturellement généreuse, j'eusse consenti peut-être à donner; mais je ne voulais pas laisser prendre. C'est pourquoi je fis venir un maître d'armes, afin de perfectionner mes premières études dans l'art de tuer régulièrement les hommes, bien résolue à châtier ceux qui, devinant mon sexe, me manqueraient de respect sous le costume que j'avais choisi.

Tous les soirs, j'allais au cours le Prince ou à la place Royale.

J'acquérais plus d'audace à chaque promenade, et, voyant quelques jolies personnes me lancer en-dessous des œillades significatives, j'osai, Dieu me pardonne, diriger contre elles des attaques, presque aussitôt suivies de la victoire. J'allumais des incendies que je ne pouvais éteindre, et cela m'inspirait des gaietés folles.

Il me prit ensuite envie de voir la cour. M. de Lenclos y avait d'assez belles connaissances. Nous allâmes nous pavaner dans les antichambres du Louvre; mais l'aspect des courtisans ne me prévint pas en leur faveur. Ils me semblèrent niais et ridicules sous leurs broderies et leurs dorures. Faux, dissimulés, menteurs, ils exagéraient tous les sentiments. Je crus assister à une véritable école d'hypocrisie.

Tels je les ai vus autrefois, tels on les retrouve au moment où je trace ces lignes.

Deux de ces messieurs s'abordent. Ils se connaissent à peine, qu'importe? Vous les voyez se donner l'accolade avec une vivacité burlesque; ils s'embrassent jusqu'à s'étouffer, se livrent vis-à-vis l'un de l'autre aux protestations du plus chaud dévouement et se baisent réciproquement les mains. Les *baise-mains* font fureur. On en exécute l'action à chaque rencontre, et le mot entre dans toutes les formules de compliment. Ces formules elles-mêmes sont toujours ornées d'éloges absurdes par leur exagération.

Ainsi, par exemple, s'agit-il des *grands*, on les enivre d'hommages, on leur brûle sous le nez tout l'encens de l'Arabie.

On compare les *guerriers* aux héros de la Grèce et de Rome, aux dieux de l'Olympe. Les *magistrats* sont des Solon, des Lycurgue; ils surpassent en sagesse les plus grands législateurs de l'antiquité. Les *femmes cruelles* causent un supplice semblable à celui de l'enfer. Des feux, des flammes, des brasiers, dévorent leurs victimes, les dessèchent, les font périr de langueur. Quant aux *femmes tendres*, leurs yeux sont des astres étincelants, des soleils, dont les rayons embrasent la nature entière.

Inventées par les courtisans, ces fadaises passèrent ensuite dans la bourgeoisie.

Le luxe, au début du règne de Louis XIII, avait pris un développement très-pernicieux à la morale. Pour obtenir quelque considération, il fallait avoir de nombreux et brillants équipages; on ne donnait les dignités, les honneurs, qu'aux apparences de la fortune ou du pouvoir. Une multitude d'ambitieux de toutes sortes étaient constamment à la chasse des bénéfices, des emplois et des pensions.

Comme cela ne manque jamais d'arriver, la ville avait été gâtée par la cour.

Hôteliers, traiteurs, baigneurs-étuvistes, ouvraient à l'envi des repaires à l'ivrognerie et à la luxure. Les églises servaient de lieux de rendez-vous, on y concluait des marchés de débauche. Il arrivait à chaque instant qu'un gentilhomme sans sou ni maille enlevait de son logis une veuve ou une fille riche, l'amenait avec violence dans quelque maison où se trouvait un prêtre, et faisait célébrer le mariage sans l'aveu de la famille. Les spadassins tenaient le haut du pavé ; on mesurait l'estime dont un homme était digne à la longueur de sa rapière.

En un mot, on applaudissait à tout ce qui était vice, désordre et violence.

Il faisait beau voir dans les galeries du Louvre tous les nobles de l'époque et les examiner en détail. Je ne pouvais les aborder sans qu'il me prît envie de leur éclater de rire au visage. La tête ombragée d'un volumineux panache, portant avec orgueil le manteau de velours, les bottes de chamois garnies d'éperons et la flamberge traînante, on les trouvait occupés sans cesse à effiler leur barbe, qu'ils avaient fort pointue, ou à relever les crocs de leurs moustaches, tantôt avec deux doigts, tantôt avec une baguette qu'ils tenaient à la main. Sortis des salons du roi, ils allaient faire le tapage dans les tavernes, les brelans et les lieux de débauche. Ils n'ouvraient la bouche que pour blasphémer, pour vanter leur naissance, leurs prétendus exploits, ou se faire gloire des actions basses et criminelles qu'ils avaient commises.

Ainsi rien n'était alors plus commun que de voir des gentilshommes se jeter dans les foules, afin d'y couper des bourses et d'y voler des manteaux. Ceux qui le faisaient par amusement s'en prévalaient comme d'un acte méritoire, et ceux qui le faisaient par besoin ne s'en cachaient pas.

Payer ses dettes, à leur sens, était un déshonneur.

Véritables piliers de tripots, ils ne cherchaient qu'à susciter des querelles et faisaient ouvertement profession d'assassiner pour leur propre compte ou pour celui des autres. Un clin d'œil, un salut douteux, une froideur, un manteau qui touchait leur manteau, suffisaient pour qu'ils vous appelassent au combat. Le duel était passé dans les mœurs. M. de Lenclos lui-même se battait presque tous les jours, et j'avais fini par lui entendre parler de ses rencontres sans trop de frayeur. Je prenais tous les matins ma leçon d'escrime, et je devenais d'une force assez remarquable.

J'eus la fantaisie d'assister à un combat sérieux. Un jour, avant le lever du soleil, mon père entra dans ma chambre, me fit habiller lestement et me conduisit derrière l'Arsenal.

Quelle fut ma surprise de rencontrer là Gondi et Scarron, ces scélérats d'abbés dont la connaissance m'avait laissé de si désagréables souvenirs! Il y avait sur le terrain deux hommes avec eux. C'était Retz qui allait se battre; son ami lui servait de second. Ma vue les déconcerta d'abord. Ils s'approchèrent avec une mine ébahie et des gestes irrésolus, qui m'eussent amusée en toute autre circonstance. Je portais le pourpoint et l'épée avec beaucoup de noblesse; ils se trompaient à mon déguisement.

— Pardieu! capitaine, dit Gondi à mon père, je savais que vous aviez une fille charmante; mais je ne vous connaissais pas un fils aussi accompli.

— Effectivement, voilà qui est bizarre, murmurait de son côté Scarron : je n'ai jamais vu de ressemblance plus parfaite, et ce jeune homme est tout le portrait de sa sœur.

— Où avez-vous connu ma fille, messieurs? demanda le capitaine étonné.

— Chut! murmurai-je à l'oreille de Scarron; ne me trahissez pas.

Je perdais complétement la tête, ce qui doit sembler fort ridicule, car enfin j'étais sortie à mon honneur du guet-apens de l'hôtel de Bourgogne, et l'odieux de l'aventure retombait sur ces messieurs. D'ailleurs, mon père n'était pas homme à déployer en ces sortes de choses une sévérité fort grande.

Scarron bondit de surprise. Il se retourna vers Retz et lui dit :

— Corbleu ! c'est elle, c'est elle-même !

Le vilain petit abbé accourut vers moi.

— Ah ! s'écria-t-il, le bon tour que vous avez joué à Saint-Etienne !

— Silence, donc, monsieur ! n'allez-vous pas raconter cette absurde histoire ?

— C'est juste !... Diable !... N'importe, si c'eût été moi...

— De grâce, interrompis-je, arrêtez-vous à des idées plus sérieuses, car vous avez un duel, et peut-être...

— L'épée de mon adversaire va me percer le flanc ? C'est là, si je ne me trompe, ce que vous voulez dire. Alors que Belzébuth daigne avoir mon âme ! Je sais à quoi je m'expose. Mais, si je ne suis pas tué, ma belle, gare à vous !

— Oui, certes, dit Scarron ; nous nous sommes faits grands amis de votre père, afin de vous attaquer plus sûrement et de pénétrer dans la place tout à notre aise.

— Je vous sais gré, messieurs, de m'instruire de vos manœuvres, il me sera plus facile de les déjouer.

— C'est ce qu'il faudra voir... En garde ! cria Gondi. J'imagine qu'après cette affaire je serai libre enfin de jeter le froc au nez de mon oncle l'archevêque.

M. de Lenclos, pendant ces discours, avait pris les dispositions voulues pour le combat. Tous les préparatifs étaient terminés. On croisa le fer. L'abbé se battait contre un gros baron prussien, du nom de Weimar, insulté par lui la veille, au jeu, et qu'il avait voulu contraindre à lui adresser des excuses. Je m'approchai, curieuse de connaître au juste la force des estimables amis de Saint-Étienne.

Sur l'honneur, j'étais décidée à tirer l'épée contre eux à la première inconvenance dont ils se rendraient coupables.

A peine eut-on fait quelques passes qu'un homme tomba. C'était le second de l'Allemand. Scarron lui avait donné de l'épée en pleine poitrine. La vue du sang me fit jeter un cri ; je fus sur le point de m'évanouir. M. de Lenclos accourut et me soutint.

— Ferme, donc !... ou tu vas trahir ton sexe ! murmura-t-il à voix basse.

Je n'avais plus d'inquiétude à cet égard, puisque les abbés venaient de me reconnaître ; mais je tenais essentiellement à ne pas manquer devant eux de courage, et je fis sur moi-même un effort inouï pour continuer de regarder le combat. Moins d'une minute après, l'abbé de Retz était vainqueur à son tour. Décidément, j'avais encore besoin de quelques leçons d'escrime pour lutter à force égale contre ces chenapans. Je résolus de ne pas renvoyer de sitôt mon maître d'armes.

On emporta les blessés sur une litière jusqu'aux plus prochaines maisons du faubourg Saint-Antoine, et M. de Lenclos invita les deux abbés à déjeuner avec nous.

Cela ne me fit pas un plaisir extrême, d'autant plus que leurs plaisanteries et les demi-mots qu'ils me glissaient à l'oreille attiraient l'attention de mon père, auquel je me décidai à dire une partie de la vérité. Il écouta mon histoire d'un air fort calme, et me recommanda de ménager Retz, dont la famille était puissante.

Une fois à la maison, je repris mes habits de femme pour faire les honneurs à nos convives.

Obligés de s'astreindre aux bienséances, Gondi et Scarron furent l'un et l'autre très-spirituels, de façon que je me réconciliai presque avec eux. Après le déjeuner, nous allâmes faire un tour dans mon jardin. M. de Lenclos avait pris le bras de Gondi; j'étais par derrière, à quelque distance, avec Scarron.

— Vous ne savez pas, chère belle, me dit-il en riant, ce que Retz et moi nous venons de résoudre?

— Non, monsieur, parlez.

— C'est une gageure très-sérieuse, je vous en préviens.

— Une gageure, et à quel propos?

— A propos de vos bonnes grâces.

— Vraiment?

— Celui qui les obtiendra le premier gagnera le pari.

— Bon! vous ne les obtiendrez ni l'un ni l'autre.

— Ah! permettez...

— C'est comme je vous l'affirme. Ainsi, messieurs, retournez à votre théologie.

— Non! non! cria-t-il, je gagnerai malgré vos dents.

— Vous gagnerez?

— Oui, dussé-je bouleverser le monde.

— Eh bien, lui dis-je, piquée de son audace, je vous mets au défi de réussir.

— Alors, vous me permettez les attaques?

— Je vous les permets.

— Vous ne me défendez pas votre porte?

— Je ne vous la défends pas.

— Fort bien, vous êtes prise.

Il devenait amusant. Mais l'occasion de me livrer bataille ne se présenta pas alors, et mon cœur eut bientôt à s'occuper de choses assez graves pour me faire oublier le pari de ces deux fous.

Un côté de mon jardin n'était fermé que d'une haie vive. J'avais causé plusieurs fois, par-dessus cette clôture, avec une dame qui habitait un riche hôtel voisin de ma maison. C'était une personne fort aimable, mariée depuis trois ou quatre ans à Henri de Senneterre, duc de la Ferté, le même qui par la suite devait acquérir dans les armes une réputation si grande. Comme tous les militaires de l'époque, il se battait sous les murs de la Rochelle, ce boulevard du calvinisme dont on se préparait à former le siége. On disait même que le cardinal devait s'y rendre, afin d'activer l'élan des troupes et de les encourager par sa présence.

La duchesse s'ennuyait beaucoup. Elle me pria d'aller la voir, et bientôt nous devînmes grandes amies. Je sortais avec elle en carrosse.

Un soir, elle me conduisit à l'hôtel Rambouillet, dont les salons étaient alors plus fréquentés et plus en vogue que ceux du Louvre, parce qu'on y trouvait société choisie et charmant accueil. La marquise de Rambouillet, l'une des femmes les plus distinguées du siècle, faisait les honneurs de sa maison avec la grâce et la majesté d'une reine. Son cercle donnait à la ville le ton et l'exemple pour le goût, l'esprit, les bienséances et les bonnes manières.

A peine étions-nous au milieu de cette assemblée, composée de tout ce que Paris avait de plus illustre et de plus brillant, qu'un nom, prononcé derrière moi, me fit tressaillir. Presque au même instant, un jeune seigneur passa et frôla ma robe de son épée.

— Sainte Vierge! qu'avez-vous? me demanda madame de Senneterre avec inquiétude; comme vous êtes pâle!

Je venais de reconnaître Marsillac.

La duchesse me fit asseoir sur un fauteuil et me tendit un flacon de parfums. Mais c'était de la joie que je ressentais. Presque aussitôt je fus remise, et je ne balançai pas à faire ma confidence à madame de Senneterre, en attendant que le prince, qui ne m'avait point regardée encore, vînt à jeter les yeux sur moi. Au bout de quelques minutes, il se retrouva près de nous.

Mon cœur battait avec force. Je réussis à attirer son attention, et nos regards se rencontrèrent; mais le sien resta calme, et ne laissa paraître qu'une légère surprise, dégagée de toute espèce de trouble.

— Voyez un peu la délicieuse personne! dit-il en se penchant vers un seigneur qui marchait à côté de lui : ne pourriez-vous m'apprendre comment elle se nomme?

— Non, vraiment, répondit l'autre. Elle vient ici pour la première fois.

J'étais confondue, et des larmes soulevaient ma paupière. Marsillac ne me reconnaissait pas.

— Eh! ma bonne amie, me dit la duchesse, je ne vois rien là qui doive vous désespérer... Comment donc, au contraire! N'avez-vous point entendu ce qu'il vient de dire?

— C'est un ingrat, madame, un perfide, et je l'abhorre.

— Mais ce n'est pas sa faute si vous êtes embellie au point de dérouter sa mémoire.

— Je le reconnais bien, moi.

— Belle raison! Les hommes ne changent pas, ils sont toujours aussi laids. Quant à nous, c'est autre chose. De onze à seize ans, nous subissons une métamorphose complète, où tous nos charmes se développent de telle sorte, qu'en vérité nous ne nous ressemblons plus. Allons, courage! le voilà qui repasse. Agacez-le, ma chère, lancez-lui quelques œillades.

— Par exemple!... Oh! non, je suis trop chagrine pour lui pardonner.

— Deux mots, je vous prie, monsieur de Marsillac, fit tout à coup la duchesse, interpellant le prince au passage.

— Oh! ne me nommez pas! ne me nommez pas! murmurai-je d'une voix suppliante, en pressant la main de madame de Senneterre.

— Soyez tranquille, répondit-elle.

Puis, se tournant vers Marsillac, qui s'approchait et s'inclinait devant nous, elle lui dit :

— Comment se fait-il, monsieur, que vous ne soyez point à la guerre, quand nos maris s'y trouvent? Avez-vous une dispense de bravoure?

— Ah! duchesse, vous me faites injure! répondit le prince. On accorde peut-être des dispenses de ce genre; mais ce que je puis vous affirmer, c'est que personne en France ne les sollicite. Je suis revenu de la Valteline avec une blessure assez dangereuse, qui n'est pas encore guérie. Voilà, je vous le promets, la seule raison...

— Quoi! vous avez été blessé, monsieur? m'écriai-je étourdiment.

— Oui, mademoiselle, j'ai reçu une balle dans le côté gauche. Mais d'où ai-je pu mériter l'intérêt si plein de bienveillance que vous paraissez prendre à ma personne?

— Vous tirez une conclusion bien prompte d'une parole échappée au hasard. Ainsi, monsieur, cette balle vous a frappé du côté du cœur?

— Précisément, du côté du cœur...

— Ne vous l'aurait-elle point enlevé en tout ou en partie?

— Ah! vous me voyez prêt à vous prouver le contraire! s'écria-t-il avec feu.

— Chut!... fit la duchesse.

Elle se leva de son fauteuil et reprit :

— Monsieur de Marsillac, cette jeune personne est ma parente; on m'a chargée de veiller sur elle. Toutefois, je suis obligée de vous la confier un instant, car j'ai deux mots à dire à la marquise. Je pense qu'elle est avec ses poëtes dans la *chambre bleue*. Cinq minutes, et je reviens!

Le prince m'offrit le bras avec empressement. Nous parcourûmes les salons. Pendant cette promenade, il me dit mille choses gracieuses, me complimenta sur ma beauté, sur mon esprit, et ne tarda pas à en venir à la déclaration la plus nette et la plus précise. Il me faisait pourtant une belle et bonne infidélité; mais, comme il me la faisait avec moi-même, le jeu me plut. Je lui donnai beaucoup d'espoir. Lorsque madame de Senneterre nous rejoignit, le prince était aux anges. Nous lui accordâmes la permission de venir nous prendre, le lendemain, pour nous amener à l'hôtel.

— Eh bien? me dit la duchesse, quand Marsillac nous eut quittées.

— Eh bien, ma bonne amie, c'est à votre parente qu'on fait la cour ; Ninon de Lenclos reste dans l'oubli.

— Que vous êtes heureuse ! me dit-elle. A votre place, j'attendrais pour lui décliner mon nom qu'il m'aimât comme un fou.

— C'est à quoi j'ai déjà songé.

— Ah ! coquette !

— Oui, tout bien considéré, son défaut de mémoire ne me chagrine plus. Je tiens en réserve de quoi doubler son amour.

Le lendemain, Marsillac n'eut garde de manquer à sa parole. Je le vis arriver chez madame de Senneterre, où j'étais à l'attendre dans ma toilette la plus éblouissante. Il fut incendié complétement. Si j'avais eu plus de calme et la duchesse plus d'expérience, nous nous serions défiées de cette nature inflammable.

Ce qui s'allume vite s'éteint plus vite encore.

Depuis six ans, j'étais fort changée sans doute ; mais, quoi qu'on dise, il y avait possibilité de me reconnaître, et le cœur aide les yeux en pareille circonstance. Le nombre des adorations successives auxquelles le prince avait dû se livrer une fois parti de Touraine, était évidemment le seul voile qui se plaçait entre lui et mon souvenir. Je ne tardai pas à avoir la preuve de son caractère volage.

Pendant toute une semaine, il fut très-assidu. C'était notre ombre. Je voyais avec plaisir qu'il avait beaucoup gagné comme esprit et comme manières aimables.

Avec lui, je jouais un peu le rôle de prude, afin de rendre la transition plus saisissante, le jour où je me jetterais à son cou en lui disant : « Mais reconnais-moi donc !

Je suis Ninon, ta petite Ninon du château de Loches! » Je jouissais d'avance de son enivrement, et j'allais me décider à parler, lorsque tout à coup il me parut embarrassé dans ses visites, froid dans son langage, et presque boudeur. J'attribuai ce changement à mon excès de réserve.

Mais j'eus beau me montrer plus affectueuse, sa passion continua de suivre une marche décroissante.

Cette conduite m'affligea cruellement. Je devins furieuse, en le voyant, un soir, à l'hôtel Rambouillet, courtiser sous mes yeux et sans vergogne une femme qui m'était inconnue.

Prenant aussitôt des informations sur ma rivale, je sus que c'était une personne fort légère, dont les actions prêtaient beaucoup à la médisance. Elle se nommait Marion Delorme. La duchesse de Chevreuse, qui ne jouissait pas elle-même d'un renom très-intact, l'avait présentée à la marquise. Mademoiselle Delorme était l'héroïne de nombreuses aventures; ses histoires faisaient scandale. Recueillie par la comtesse de Saint-Évremond, sa marraine, elle n'avait rien trouvé de plus simple, pour reconnaître les bontés de sa bienfaitrice, que d'essayer d'entrer de force dans sa famille en épousant son fils, très-jeune encore, mais assez rusé déjà pour prendre la demoiselle dans son propre piége. Ami de M. de Bassompierre, colonel des Suisses, le petit Saint-Évremond pria celui-ci de passer un costume de franciscain et de bénir son union avec la filleule de sa mère, qui se trouva ainsi mariée en contrebande (1). Mademoiselle Delorme, après cette belle équipée,

(1) Voir les *Confessions de Marion Delorme*.
(*Note des Éditeurs.*)

fut enfermée dans un cloître, d'où elle s'échappa le plus vite possible pour aller vagabonder, je ne sais où, avec l'avocat Desbarreaux. Revenue à Paris depuis quelques semaines, on la disait au mieux avec le cardinal, dont les cadeaux l'aidaient à mener un train fort raisonnable.

Je dois convenir, pour être franche, que c'était une femme admirablement belle, mais d'une coquetterie au delà des bornes. A peine fut-elle introduite dans le cercle de la marquise, qu'elle se mit à jouer de la paupière et à jeter son dévolu sur tous les cœurs.

Marsillac, trouvant là des facilités que je ne lui offrais point, se laissa prendre comme beaucoup d'autres aux œillades de la demoiselle, qui s'empressa de l'attacher à son char et lui ordonna sans doute de rompre avec moi, car il fit mine de ne plus me connaître, et n'essaya même pas de déguiser cet abandon sous le manteau de la politesse la plus vulgaire.

On comprendra facilement la blessure faite à mon amour-propre. Je jurai de punir la coquette qui me causait une pareille humiliation.

Le hasard me vint en aide. Vincent Voiture, l'un des poètes les plus connus de l'hôtel Rambouillet, piqué lui-même de voir mademoiselle Delorme lui préférer Marsillac, unit sa vengeance à la mienne. Il m'apprit que ma rivale habitait la même rue que moi. Tous mes domestiques, transformés aussitôt en espions, me rendirent compte de chacune des démarches du prince, et je sus qu'il faisait à sa nouvelle conquête des visites aussi longues que fréquentes. Ma résolution fut arrêtée sur l'heure. Je priai Voiture de me donner le bras, et j'allai résolûment frapper à la porte de mademoiselle Delorme, que je trouvai dans un chaleureux tête-à-tête avec mon infidèle.

Ce fut un vrai coup de théâtre.

Ma visite audacieuse déconcerta le prince. Il perdit la tête, et Marion me demanda fièrement ce que je voulais.

— Oh! lui dis-je en désignant de l'éventail Marsillac confondu, ce n'est pas pour vous que je viens, mademoiselle, c'est pour monsieur!

— Pour moi? balbutia-t-il... En vérité, je ne comprends pas...

— Taisez-vous! m'écriai-je; vous êtes bien osé de m'interrompre.

Puis, me retournant vers la demoiselle :

— Je gage qu'il vous a fait une déclaration d'amour, ajoutai-je brusquement.

— En effet, répondit Marion sans se déconcerter; mais que vous importe?

— Ah! permettez, il m'importe beaucoup. Sans doute il vous a donné comme à moi des bouquets de pensées et de violettes? Il a menacé de se tuer si vous ne l'embrassiez pas? Il vous a demandé peut-être une mèche de vos cheveux... toujours comme à moi.

Le prince me regardait avec une stupéfaction profonde.

Je le voyais agité d'un tressaillement intérieur. Un éclair passa dans ses yeux : je venais de le mettre sur la trace du souvenir.

— Voilà qui est fort! s'écria Marion, rouge de colère : m'expliquerez-vous, mademoiselle, à quoi tendent ces discours?... On n'a jamais vu pareille inconvenance.

— Ne parlons pas d'inconvenance, répliquai-je: la première de toutes serait de garder un cœur qui ne vous appartient pas.

— Qui ne m'appartient pas?

— J'en prends à témoin le prince lui-même.

— Ah çà, dit-elle à Marsillac, m'expliquerez-vous cette belle énigme? Ne m'avez-vous pas affirmé que vous connaissiez seulement depuis peu la parente de madame de Senneterre?

— Il n'a pas menti, je vous le jure, interrompis-je; seulement, comme la cousine de la duchesse et une certaine demoiselle de Lenclos ne sont qu'une seule et même personne...

— Grand Dieu! dit Marsillac, est-ce possible?... Ninon! ma chère Ninon! c'est toi?

— Oui, monsieur, lui répondis-je... Et tu ne m'as pas reconnue?... C'est bien mal.

— Pardonne-moi! s'écria-t-il en se précipitant à mes pieds... Tu es devenue si belle!... Oh! va, je t'aime toujours!

Il quitta mes genoux pour mieux me presser contre son cœur. Marion venait de tomber éperdue sur son siége. Quant à Voiture, il riait aux larmes et jetait de temps à autre au milieu de cette scène des exclamations ironiques à l'adresse de celle qui l'avait dédaigné. La colère un instant contenue de mademoiselle Delorme éclata tout à coup d'une manière effrayante. Elle se redressa comme une lionne, me sépara de Marsillac et dit, en m'indiquant la porte avec un geste furieux :

— Sortez, insolente!... sortez! ou je ne réponds plus de moi.

— Très-volontiers, répondis-je en souriant; mais j'ai grand'peur, mademoiselle, de ne pas sortir seule... Allons, qui m'aime me suive!

Je tendis la main à Marsillac, il s'en empara vivement. Nous fîmes une profonde révérence à la maîtresse du logis, et j'emmenai le prince au milieu des éclats de rire de Voiture.

Il était impossible d'avoir un plus beau triomphe.

Un instant après, François était dans ma chambre, à mes genoux, se justifiant de tous les reproches que je commençai par lui faire. Lui-même m'accusait d'indifférence, ignorant l'histoire de la première lettre surprise. Il avait continué de m'écrire de la Flèche, de Paris, de la Valteline, de chaque lieu enfin où il s'était arrêté depuis notre séparation. Ma tante gardait sans doute les lettres, ne jugeant pas à propos de me les faire parvenir. Je crus Marsillac, j'avais besoin de le croire.

Nos bras étaient enlacés, nous versions des larmes de bonheur.

O douces émotions de l'amour, sainte fusion des âmes, joies ineffables qui nous descendent du ciel! pourquoi faut-il que vous soyez unies au trouble des sens, et qu'au fond de cette coupe de délices nous trouvions le remords!

Le prince me quitta fort tard. A peine fut-il parti que l'enivrement cessa. Je me couchai, dans l'espoir d'échapper par le sommeil à la honte que j'avais de ma conduite. Longtemps il me fut impossible de fermer les yeux, et, quand je m'endormis de lassitude, je vis en rêve deux figures éplorées qui gémissait sur mon sort. C'étaient Vincent de Paul et ma mère.

VIII

Toutes les fois que j'ai voulu me peindre moi-même, je me suis trouvée dans un grand embarras. Rarement je me suis bien comprise. Je ne m'explique la bizarrerie de mes pensées et de mes sentiments que par une distraction de la nature, qui m'a donné le corps d'une femme et l'âme d'un homme. Les velléités de repentir qui avaient suivi ma faute s'effacèrent presque aussitôt, et je ne manquai pas d'excellentes raisons pour me justifier à mes propres yeux. Je suis peut-être la première qui ait allié deux choses communément jugées incompatibles, la philosophie et l'amour.

Marsillac était fort aimable. Je m'abandonnai bientôt sans scrupule à tout le charme d'une liaison qui me rappelait mes plus heureux jours d'enfance, et nous passâmes deux mois dans un tête-à-tête presque continuel, occupés à nous aimer, à nous le dire, à nous le redire sans cesse.

Je lui sacrifiais alors de nombreux courtisans.

Les plus empressés à me faire la cour étaient Marguerite de Saint-Évremond, le même que le franciscain Bassompierre avait si bien marié à mademoiselle Delorme, et Michel Particelli, sieur d'Émery, créé depuis peu surintendant des finances, gros bouffi de sottise et de présomption, qui se faisait aimer au poids de l'or et payait ses maîtresses avec les deniers de l'État. M. le surintendant fut repoussé avec perte. J'adorais Marsillac, et, d'ailleurs, je ne voulais pas avoir sur la conscience la ruine du royaume.

Cependant je ne tardai pas à voir combien l'abus du tête-à-tête est dangereux. Je sentis mon amour se refroidir, et celui du prince se mit à décroître dans la même proportion.

Marsillac se livrait à de fréquentes absences; il restait même plusieurs jours sans me voir. On m'avertit qu'il donnait à mademoiselle Delorme les instants qu'il me dérobait. Je le crus incapable de me faire un tel affront, et j'imposai silence à ses accusateurs; mais il n'en restait pas moins coupable de négligence à mon égard. Tout naturellement, j'accueillais avec plus d'amabilité ses rivaux, surtout Saint-Évremont, jeune homme d'une gaieté charmante et d'un caractère on ne peut plus original.

Seulement son esprit, goûté de chacun, n'était pas assez ignoré de lui-même. Il en faisait parade à tout propos, le mettait en vers, le mettait en prose, et l'eût volontiers mis en bouteille (1).

De temps à autre, entre le prince et moi, quelques retours de tendresse avaient lieu; mais nous envisagions sans désespoir la possibilité d'une rupture, et la moindre occasion pouvait la faire naître.

Un matin, il entra dans ma chambre, botté, éperonné, comme un homme qui se dispose à un long voyage.

— Où allez-vous? lui demandai-je.

— A Nantes, me répondit-il, d'où je ne compte pas être de retour avant un mois.

---

(1) Saint-Évremont ne détestait pas le vin; c'est à ce défaut sans doute que Ninon veut faire allusion. (*Note des Éditeurs.*)

Ma première impression, à cette annonce de départ, ne fut point le chagrin. L'image de Saint-Évremond passa devant mes yeux; il me sembla que je me débarrassais d'une chaîne. Presque aussitôt néanmoins la honte me saisit; je m'empressai de combattre cette nature inconstante et frivole qui se révélait si nettement, et dont je ne pouvais suivre la pente sans voir se révolter d'abord tout ce que j'avais d'honnêteté dans le cœur. Je dis à Marsillac :

— Quoi ! mon ami, vous partez, et vous ne m'emmenez pas ?

— J'hésitais à te le proposer, ma chère, me répondit-il, car il faudrait me suivre en costume d'homme.

— Ceci n'est point un obstacle. Mais qu'irons-nous faire à Nantes ?

— Nous irons, comme toute la cour, voir les noces de Gaston de France avec l'héritière de Montpensier, et peut-être, ajouta-t-il en baissant la voix, sauverons-nous un malheureux que le plus grand péril menace.

— Miséricorde ! qui donc ?

— Henri de Talleyrand, comte de Chalais.

— Le favori du roi ! m'écriai-je, ayant encore présents à la mémoire les pronostics de Saint-Étienne.

— Ceux que Louis XIII paraît aimer sont ceux qu'il abandonne le plus vite dans l'occasion, répondit Marsillac. Depuis ce matin, la cour est sur la route de Bretagne, à l'exception de Richelieu, qui doit partir cette nuit. Chalais accompagne le roi, et Chalais a tort. S'il va jusqu'à Nantes, je doute qu'il en revienne. Quelqu'un m'a chargé de le rejoindre et de lui annoncer le péril; mais impossible de trouver une voiture, elles sont toutes prises depuis hier. Donc il faut voir si tu es assez résolue pour m'accompagner à cheval.

— Oui, certes, puisqu'il s'agit d'une bonne action.

Tous nos préparatifs furent terminés à la minute, et me voilà chevauchant avec Marsillac sur les boulevards d'abord, puis le long du faubourg du Roule. Nous devions aller coucher à Versailles. Chemin faisant, il me parla de la conjuration dont Chalais avait été le principal ressort, et sur laquelle je n'avais eu jusqu'à ce jour que de vagues renseignements.

— Dans tout ceci, me dit-il, l'essentiel est de savoir au juste à qui donner raison. Si les torts sont du côté de Chalais, il est inutile de continuer ce voyage.

— Pourquoi?

— Parce que sauver un traître serait trahir à notre tour. Mais le comte n'est coupable que d'avoir trop aimé madame de Chevreuse; ce qui lui est arrivé pouvait arriver également à tous nos jeunes seigneurs et à moi-même. On ne tue pas un homme sous prétexte qu'il est fou d'amour.

— Enfin, lui dis-je, où est le nœud de cette intrigue?

— Louis XIII, tu n'as pas été sans entendre quelques propos là-dessus, me répondit Marsillac, est un fort triste personnage. Il a une femme adorable; mais il la délaisse... et pour cause.

— Vraiment? j'avais cru jusqu'ici qu'on l'avait calomnié.

— Hélas! le fait paraît trop certain. Outre ce qu'il y a de fâcheux pour Anne d'Autriche de perdre ainsi dans l'isolement les plus belles années de sa vie, elle a le désespoir d'être sans cesse tyrannisée par Richelieu, qui prend à tâche de l'éloigner de toutes les affaires. Il la confine avec ses femmes dans le coin le plus reculé du Louvre.

— Pauvre reine !

— Oui, je la trouve excusable de chercher à sortir d'une situation aussi affligeante. Par malheur, les grands sont entourés d'ambitieux ou d'amis trop chauds qui vont toujours au delà du but et gâtent les meilleures entreprises. Gaston, frère du roi, est amoureux, dit-on, de sa belle-sœur : je le crois plutôt amoureux du trône. Si madame de Chevreuse travaillait par dévouement et par amitié pour la reine, lui travaillait par égoïsme. Autant que je puisse lire dans cette ténébreuse intrigue, on voulait raser Louis XIII, le jeter dans un cloître et marier Anne d'Autriche à Gaston.

— Bonté divine !

— Or, avant d'entamer ce coup hardi, les conjurés avaient un mur d'airain à franchir, un obstacle effrayant à vaincre, un colosse à briser : c'était le cardinal-ministre. Inhabile aux affaires comme au mariage, Louis XIII garde Richelieu, en dépit de la nécessité où il se trouve lui-même de courber la tête sous le despotisme de ce prêtre et malgré l'aversion profonde qu'il a pour lui. Donc il fallait choisir un homme capable de lutter contre le cardinal, et l'on jeta les yeux sur Chalais.

— Mais lui donna-t-on connaissance du complot ?

— On s'en garda bien d'abord. Gaston se rapprocha du favori, l'entoura d'amitiés et de prévenances ; et, comme celui-ci détestait Richelieu, rien n'était plus simple que de l'entraîner à des manœuvres dont le résultat devait être la perte du ministre. Néanmoins, apercevant un meurtre au bout de tout cela, le jeune homme sentit quelque remords et confia ses irrésolutions au commandeur de Valençay, qui l'exhorta fortement à rompre avec Gaston. Chalais allait suivre ce conseil, quand survint la belle Marie de Chevreuse. Il l'aimait depuis deux ans comme un insensé. Que se passa-t-il entre eux ? quel prix attacha-t-elle à sa défaite ? On le devine aisément ; car, à partir de ce jour, la mort de l'ennemi commun fut résolue.

— Ah ! m'écriai-je, se peut-il qu'une femme impose des conditions semblables et fasse acheter son amour par un crime !

— Est-ce un crime ? fit Marsillac : voilà la question. Si tu interroges les courtisans, tous vont te répondre que tuer Richelieu est un acte méritoire. J'avoue que ce ne sont pas, pour la plupart, des casuistes extrêmement rigides... Enfin, n'importe ! On règle donc la manière de frapper la victime. Gaston fait dire à Richelieu qu'il a le projet d'aller se divertir toute une journée à Limours, maison de campagne voisine de la résidence royale de Fontainebleau, et où le cardinal passe la saison d'été. Quelques gens de la suite du prince devaient se prendre de querelle avec les domestiques de l'Éminence, et rien ne semblait plus facile que d'accomplir le meurtre à la faveur du désordre. Les conjurés croyaient fermement au succès de leur trame. Il n'y eut qu'un inconvénient, c'est que Richelieu était sur ses gardes : M. de Valençay avait cru de son devoir de l'avertir. Tous les plans furent déjoués, toute l'intrigue fut réduite à néant, et madame de Chevreuse dut partir en exil à Blois après avoir vu saisir sa correspondance avec Henri. Gaston, très-lâche de sa nature, accepta la main de l'héritière de Montpensier, prouvant ainsi au cardinal qu'il renonçait à de plus hautes prétentions. Reste à présent Chalais, qui se croit abrité par la faveur du roi contre le ressentiment du ministre; mais Louis XIII dissimule, Richelieu a sa promesse, et le favori sera sacrifié. On doit l'arrêter à Nantes. Une commission est déjà nommée pour instruire son procès.

— Grand Dieu! mais est-il averti du danger qui le menace?

— Il le sera par nous. Hier, la duchesse est revenue secrètement à Paris. Elle a eu la chance heureuse de faire reprendre toutes ses lettres au ministre par une personne... que tu connais, ma chère.

Je regardai fixement Marsillac. Il baissa les yeux avec embarras et je le vis rougir.

— Une personne que je connais... Son nom?

— Mademoiselle Delorme.

— Quoi! monsieur, vous avez revu cette femme? On ne m'avait donc pas trompée?

— Je l'ai revue... C'est-à-dire... Il fallait une circonstance aussi grave que celle dont il s'agit...

— Vous en convenez donc? Mais c'est odieux! c'est impardonnable!

— Je t'en conjure, laisse-moi t'expliquer...

— Rien, je ne veux rien entendre.

— Henri de Talleyrand est le filleul de ma mère. Connaissant les craintes que sa dangereuse situation nous inspire, Marion a pensé que je me chargerais avec joie..

— Silence! votre conduite n'a pas d'excuse. Vous êtes un indigne. Allez à Nantes tout seul, je ne veux plus vous revoir.

A peine si nous étions arrivés à la hauteur du parc des Sablons. Tournant bride aussitôt, je pris un galop rapide et je franchis en moins d'une demi-heure l'espace que nous avions déjà parcouru. Arrivée rue des Tournelles, je dépouillai mon costume d'homme et je passai une robe, dans l'intention d'aller à l'instant même chez mademoiselle Delorme provoquer une explication et savoir à quoi m'en tenir. Mais le prince, en voyant ma fuite, s'était jeté sur mes traces. Il entra comme j'achevais ma toilette.

— Sortez, monsieur, sortez! m'écriai-je : tout est fini entre nous.

J'ouvris une porte-fenêtre qui donnait sur mon jardin et je m'éloignai brusquement. Marsillac osa me suivre. Il s'empara de mon bras, que je fis de vains efforts pour dégager.

Véritablement, lorsque je songe aujourd'hui à cette scène, je ne l'explique pas en ma faveur, et je suis trop franche pour me donner raison. Le premier mouvement, le mouvement honnête, m'avait portée à faire le voyage avec le prince; mais je m'en étais presque aussitôt repentie. J'eus hâte de saisir comme prétexte ma jalousie contre mademoiselle Delorme pour retirer ma parole, ne pensant pas qu'il se mettrait à ma poursuite, eu égard aux motifs graves qui l'engageaient à continuer sa route. Évidemment, malgré les infidélités dont il avait pu se rendre coupable, il m'aimait encore plus que je ne l'aimais moi-même.

Ces messieurs, du reste, sont ainsi faits, qu'ils peuvent adorer plusieurs femmes à la fois et diviser leur cœur sans qu'on s'aperçoive du partage.

Marsillac tomba à mes genoux, protesta de son innocence, me fit une longue harangue pour me fléchir, et voulut m'embrasser en la terminant. La paix allait être conclue à force de baisers, lorsqu'il me sembla voir une femme qui essayait de se dérober derrière une de mes charmilles. Quelle pouvait être cette femme? pourquoi se cachait-elle de la sorte?

Sans hésiter, je courus à elle et j'écartai ses mains, dont elle essayait de se couvrir le visage. Un cri de stupeur s'échappa de ma poitrine.

C'était Marion Delorme.

— Vous, chez moi!... quelle audace!... Y venez-vous chercher le prince? m'écriai-je, suffoquée de colère.

Je ne sais quelle impertinence elle me répondit. Marsillac voulut, sinon la défendre, du moins trouver quelques excuses à la hardiesse de ses réponses. Je la fis taire et je lui ordonnai impétueusement de nous laisser seules. Il s'éloigna.

Mais bientôt il revint, attiré par mes éclats de rire et par ceux de ma voisine, avec laquelle j'étais devenue tout à coup la meilleure amie du monde (1). De nos explications réciproques il résultait que, si Marsillac me trompait pour elle, Émery la trompait pour moi. J'ignorais que, depuis environ six semaines, il fût son amant en titre. Pour couronner l'aventure, le gros surintendant, qui, d'ordinaire, me faisait visite tous les jours, déboucha d'une avenue voisine.

---

(1) Voir les *Confessions de Marion Delorme*, pour ce fait et pour tous ceux qui suivent. (*Note des Éditeurs.*)

Flagellés sans miséricorde par nos railleries, les deux traîtres s'enfuirent et allèrent cacher leur honte.

Du reste, comme je l'avais supposé d'abord, Marion n'était pas venue sous mes berceaux avec l'intention d'y guetter Marsillac. Elle le croyait sur le chemin de Nantes. François s'était chargé de rejoindre Chalais, pour apprendre au favori de Louis XIII que sa correspondance avec madame de Chevreuse ne se trouvait plus entre les mains du cardinal. Marion elle-même avait eu l'audace de dérober les lettres au puissant ministre, qui la faisait poursuivre par tous ses limiers.

Elle me supplia de lui procurer un déguisement. Je m'empressai de la satisfaire et je voulus l'accompagner moi-même jusqu'au faubourg Saint-Antoine, où elle se réfugia dans une pauvre mansarde, afin de dépister la police et d'échapper à la vengeance de Richelieu.

Décidément c'était une excellente fille, pleine de franchise et de cœur. L'Éminence ayant menacé madame de Chevreuse de montrer à son mari les lettres qu'elle avait écrites à Henri de Talleyrand, Marion venait de sauver l'honneur de la duchesse, en s'exposant elle-même à toute la rancune du ministre. Je voulus passer la soirée avec elle, afin de l'aider dans son installation, et je ne la quittai que le lendemain.

Nous nous jurâmes une amitié à toute épreuve. Elle me promit de ne pas abandonner sa retraite et de m'écrire quand elle aurait besoin de mes services.

Rentrée chez moi, je trouvai une lettre de Saint-Évremond. Obligé, comme lieutenant aux gardes, de suivre le roi à Nantes avec toutes sa compagnie, il m'exprimait le regret de n'avoir pu me faire ses adieux. Que devenir? J'allais donc rester seule à Paris? Mon père était de semaine à la Bastille, madame de Senneterre suivait Anne d'Autriche; tout le monde prenait le chemin de Bretagne, et je croyais Marsillac lui-même reparti, lorsque je fus très-étonnée de le voir paraître. Il entra chez moi tout confus.

— Eh! mais, lui dis-je, renoncez-vous donc au voyage de Nantes?

— Ah! Ninon, murmura-t-il, ma chère Ninon, je me reconnais envers toi les plus grands torts, et je n'ai pas voulu partir sans avoir obtenu ma grâce. Entre nous, il ne peut exister d'inimitié. Tu es libre, je te rends tes serments; mais, si tu n'es plus ma maîtresse, reste du moins ma sœur.

Il avait les yeux pleins de larmes. Je me sentais moi-même très-émue, et je lui tendis affectueusement la main.

— Mon ami, lui dis-je, n'oubliez pas de quelle importance il est pour le comte de savoir que Richelieu n'a plus de preuves écrites contre lui. Maintenant Chalais peut tout nier sans risque. Il faut donc faire diligence et rejoindre au plus vite les équipages de la cour. N'ont-ils pas quinze ou dix-huit heures d'avance?

— Oh! je les rattraperai, me dit-il; mais, hélas! tu ne viens plus avec moi...

— Précisément, voilà ce qui te trompe, m'écriai-je; partons!

Il poussa un cri joyeux, ignorant que je me décidais beaucoup moins pour lui que pour son rival. Bientôt j'eus passé mon costume de la veille, et nous reprîmes notre voyage interrompu. Nous chevauchâmes si vite et si bien, que nous pûmes aller coucher à deux lieues de Chartres. Le lendemain, nous dépassâmes le cardinal au Mans, et le troisième jour nous arrivâmes à Angers en même temps que le roi et sa suite.

Le premier soin de Marsillac fut d'écrire à Henri de Talleyrand pour lui annoncer que deux jeunes seigneurs, arrivant de Paris à toute bride, avaient à lui communiquer des choses fort importantes.

Chalais nous fit répondre qu'il nous attendrait chez lui, après le souper du roi.

Nous fûmes exacts au rendez-vous. Je connaissais M. de Talleyrand pour l'avoir vu chez la marquise de Rambouillet. Très-jeune encore, car il était au plus âgé de vingt-six ans, il jouissait de toutes les qualités de l'esprit et de tous les avantages extérieurs qui peuvent accréditer un homme auprès de notre sexe. On comprenait le goût de madame de Chevreuse pour ce charmant cavalier.

— Bon Dieu! qu'y a-t-il de si alarmant, prince? demanda Chalais, pressant affectueusement la main de Marsillac et me saluant moi-même avec courtoisie. Votre missive m'a presque jeté du noir dans l'âme.

— Je voudrais qu'il en fût ainsi, monsieur le comte. Vous êtes beaucoup trop calme, et vos amis ont plus d'inquiétude que vous, répondit Marsillac. Seul, vous ignorez peut-être ce que sait toute la cour.

— Quoi donc?... Ah! je devine... Le cardinal, dit-on, veut me faire mon procès à Nantes? Mais tranquillisez-vous, prince; j'ai franchement abordé la question avec le roi; il m'a juré que rien n'était plus faux.

— Le roi vous trompe, monsieur le comte.

— Prenez garde, mon ami; c'est fort grave, ce que vous dites là.

— Je vous proteste qu'il vous trompe.

— Mais la preuve?

— Hier, madame de Chevreuse était à Paris.

— La duchesse!... Vous en êtes sûr? murmura Chalais pâlissant.

— Je l'ai vue, je lui ai parlé.

— Que venait-elle y faire?

— Elle venait vous voir et vous supplier de fuir. La reine a trouvé moyen de correspondre avec elle et de lui apprendre vos dangers. Gaston vous abandonne; on vous entraîne loin de Paris pour mieux vous perdre.

— Allons donc! on y regarde à deux fois avant d'attaquer un homme de ma sorte.

— Ne vous y fiez pas, monsieur le comte.

— Je n'ai aucune crainte.

— Sachant que vous étiez déjà parti avec le roi, la duchesse, au désespoir, alla trouver mademoiselle Delorme, qui lui doit quelque reconnaissance. Vous n'êtes pas sans avoir entendu dire que le cardinal est fou de Marion?

— En effet, ce bruit circule.

— Aveuglé par sa tendresse, Richelieu a donné dans je ne sais quel piége. On lui a repris vos lettres, et madame de Chevreuse les a toutes anéanties.

— Excellente nouvelle! s'écria Chalais : ceci est encore un motif de sécurité de plus.

— Ah! vous ne connaissez pas Richelieu. Il est capable de tout pour satisfaire une idée de vengeance. Oui, monsieur le comte, c'est l'avis de madame de Chevreuse, et c'est le mien. Le cardinal a déjà nommé, pour instruire votre procès, une commission entièrement composée d'hommes à lui. Sans doute on apostera de faux témoins.

— Ce serait une ignominie.

— Eh! qu'importe à Richelieu? La duchesse m'a supplié avec larmes de vous exhorter à fuir en Angleterre Pendant cette absence, et maintenant surtout que rien ne peut plus la compromettre aux yeux de son mari, elle s'engage à faire agir M. de Chevreuse et à vous sauver d'une accusation capitale.

— Moi! s'écria le comte, moi fuir devant le ministre, laisser supposer que je puis le craindre et lui donner cette gloire... en vérité, ce serait par trop lâche!... Non, non! je reste.

Il ne voulut plus rien entendre, et me ferma la bouche à moi-même, lorsque, m'étant fait connaître, j'essayai de le prendre par les raisons du cœur, les seules que nous autres femmes sachions faire valoir.

— Encore une fois, me répondit-il, si je recourais à la fuite, ce serait une lâcheté. Marie alors me mépriserait, et je perdrais justement son amour. Je lutterai contre cet homme... je lutterai, vous dis-je. Si je succombe, ce sera la mort peut-être; mais du moins je mourrai digne d'elle et de moi.

Là-dessus il nous congédia.

Je trouvais Henri de Talleyrand sublime, et j'avais l'espoir qu'il se sauverait par son énergie même.

On resta toute la journée du lendemain à Angers, pour attendre Richelieu, qui arriva vers le soir. Saint-Évremond, que nous allâmes chercher au milieu des gardes du corps, nous plaça convenablement lorsque vint à défiler le cortége du cardinal, et je vis pour la première fois ce fameux ministre, devant lequel tremblaient le roi et toute la cour.

IX

A cette époque, Richelieu pouvait avoir quarante ans environ. Il portait une moustache retroussée, avec une royale en pointe, et il relevait ses cheveux en aigrettes sous sa calotte rouge. Son œil sévère, son nez découpé sur les mêmes lignes qu'un bec de vautour et son sourire presque constamment sinistre causaient une impression d'effroi qui ne faisait que s'accroître lorsqu'on entendait sa parole sèche et brève. Il avait la soutane écarlate des princes de l'Église, ce qui ajoutait encore à la dureté de sa physionomie.

Je fus scandalisée de voir Louis XIII avec ses courtisans assister à la descente de carrosse de son ministre.

Les yeux perçants de Richelieu découvrirent Chalais au milieu de cette troupe brillante; le regard de haine qu'il lui jeta me fit comprendre que l'infortuné jeune homme était perdu.

Après une légère collation, Son Éminence, malgré l'heure avancée, fut d'avis de continuer sa route. Pour obéir à la volonté d'un seul homme, il fallut que le roi, la reine, la reine mère, les seigneurs et toutes les dames qui accompagnaient Leurs Majestés se résignassent à voyager de nuit. Le lendemain, à neuf heures, on arrivait à Nantes. A dix heures, le capitaine des gardes, tenant à la main un ordre signé de Louis XIII, sommait Henri de Talleyrand de lui rendre son épée.

Ce fut Saint-Évremond qui nous annonça cette triste nouvelle.

On traita Chalais tout d'abord comme un homme coupable de haute trahison. Il fut jeté dans les cachots de l'ancien palais des ducs de Bretagne, appelé les *Salorges*, où sa mère elle-même, dame d'honneur de Marie de Médicis, ne put obtenir de descendre pour consoler son malheureux fils.

Le roi voulut que ses propres gardes veillassent sur le prisonnier.

Richelieu fit assembler la commission. Tout s'organisa pour que le procès ne traînât point en longueur. Parmi les courtisans personne n'osait élever la voix; on n'avait pas assez de hardiesse pour prendre la défense du favori quand le maître lui-même l'abandonnait à une implacable vengeance. Dans la ville, on ne connaissait pas Chalais. Indifférente à son sort, la foule s'occupait exclusivement des noces de Gaston et des fêtes promises. Chaque matin, on nous apportait des détails plus désespérants. La commission marchait vite, l'arrêt devait être rendu sous peu de jours. Marsillac était dans une exaspération effrayante.

— Quoi! s'écria-t-il, j'aurai fait le voyage tout exprès pour le sauver, et cet homme va réussir dans ses menées odieuses!... Non, par l'enfer, il n'en sera rien !... je tuerai plutôt Richelieu.

— Silence, imprudent! lui disait Saint-Évremond : ne savez-vous pas où de pareils discours peuvent vous conduire?

— Eh! que m'importe? répondait le prince.

Nous nous promenions alors sur la place de l'Évêché. Tout à coup Marsillac vit le carosse de Gaston qui traversait un quinconce de tilleuls. Se précipiter, arrêter les chevaux et se cramponner à deux mains à la portière de la voiture, tout cela devint pour lui l'affaire d'une seconde. Il nous fut impossible de nous opposer à cet acte d'inconcevable folie.

— Vous n'ignorez pas, monseigneur, cria-t-il au frère du roi, qu'un malheureux est plongé dans les souterrains des *Salorges*, et sera condamné à mort pour avoir obéi à vos suggestions. Je vous le demande, abandonnerez-vous Chalais? Pouvez-vous souffrir qu'un échafaud se dresse auprès de votre lit de noce? Consentirez-vous à vous marier dans le sang?

Monsieur regardait le prince avec effroi. Il se rejeta, très-pâle, au fond de la voiture, et voulut donner l'ordre au cocher de continuer sa route.

— Non! non! vous m'entendrez jusqu'au bout, s'écria Marsillac. La tête de Chalais est en péril, que prétendez-vous faire pour le sauver?

— Rien... je ne puis rien, murmura Gaston.

— Mais c'est infâme! Savez-vous quel est votre devoir, monseigneur?

— Non, parlez.

— Vous devez descendre dans le cachot de Chalais, prendre la moitié de sa chaîne et dire au roi : « Je suis le complice de celui qu'on accuse : pardonnez-lui comme vous me pardonnez, ou que les juges nous condamnent ensemble. »

— Impossible... Laissez-moi.

— Ainsi vous ne ferez rien ? dit Marsillac hors de lui.

— Je ne ferai rien, parce que je ne puis rien faire.

— Alors, monseigneur, ne soyez pas surpris qu'à partir de ce jour tout homme qui se respecte ne prononce jamais votre nom sans y accoler une épithète...

— Quelle épithète ? demanda sévèrement le frère du roi.

Se voyant près de subir un outrage, il essaya d'intimider son interlocuteur.

— C'est à vous de la deviner, ajouta Marsillac.

— Dites, monsieur, dites...

— Celle de lâche.

— Malheureux ! cria Gaston, tu me payeras cher cette insulte.

— Je m'y attends. Vous aurez pour cela le courage qui vous manque lorsqu'il s'agit d'accomplir un acte de justice. Allez, allez, une lâcheté de plus ou de moins, cela ne coûte guère !

Sur cette réplique sanglante, le carrosse partit. Nous entraînâmes Marsillac, et nous le contraignîmes à se cacher. En rentrant à l'hôtel de ville, où il logeait, Monsieur rassembla tous ses domestiques et leur commanda de faire périr le prince sous le bâton. Fort heureusement ils ne purent le trouver. Marsillac, par cette imprudence, se mit dans l'impossibilité de travailler au salut de Chalais. Ce fut une grande faute, il le comprit trop tard ; nous étions obligés de perdre un temps précieux à le dérober aux recherches de celui dont il venait de se faire un ennemi mortel.

Il se décida, sur mes instances, à reprendre seul le chemin de Paris. Saint-Évremond profita d'une nuit obscure, et le fit échapper par une poterne des remparts.

Une fois Marsillac hors de péril, nous organisâmes avec le lieutenant des gardes et plusieurs de ses amis un projet de délivrance, que nous devions mettre à exécution sur-le-champ, dans le cas où les juges rendraient une sentence de mort.

Elle fut rendue le soir même.

Aussitôt deux hommes de la compagnie de Marguerite feignirent de tomber gravement malades. On les mena à l'infirmerie, où ils s'alitèrent, et Saint-Évremond s'empara de leurs uniformes. Un tailleur adroit passa la nuit à adapter l'un de ces costumes à ma taille; puis il élargit suffisamment l'autre pour qu'il me fût possible de le revêtir par-dessus le premier. Ces dispositions faites, Saint-Évremond me réunit, au point du jour, à ceux de ses hommes qui devaient relever leurs camarades, placés, depuis la veille, à la garde du prisonnier. Grâce à mes anciens goûts et aux exercices que j'avais appris à Tours, je parvins à me donner une attitude passablement militaire.

On eut soin de me mettre en sentinelle juste à l'entrée du cachot.

Je revis enfin le malheureux jeune homme qui, peu de jours auparavant, se montrait si sûr de lui-même et si plein de confiance en l'amitié de Louis XIII. Il était assis devant une table de bois brut, la tête entre ses deux mains et mouillant de ses larmes une lettre d'adieu qu'il venait d'écrire à sa mère. Je ne pouvais lui adresser la parole à cause du voisinage des autres gardes du corps, dont plusieurs n'étaient pas dans le secret de notre tentavive. Commençant donc à me promener, l'arme au bras, de long en large du cachot, je manœuvrai de façon à me rapprocher de la table à chaque tour, et je finis par glisser dans la main du captif un billet que j'avais préparé.

Chalais tourna la tête. Je plaçai vivement un doigt sur mes lèvres pour lui recommander le silence.

Il me reconnut et se mit à lire mon billet, dont voici le contenu :

« Pas un mot, pas un geste ! Vos amis travaillent à votre délivrance. J'ai sur moi deux uniformes. A l'heure du déjeuner, quand l'attention des autres gardes se détournera de nous, je dépouillerai le costume que je vous destine; vous vous habillerez aussi vite, et nous quitterons ensemble les *Salorges*. Saint-Évremond prépare tout pour notre fuite. Une chaloupe nous attend à Paimbœuf, et nous gagnerons la flotte de Buckingham, qui croise devant l'île de Rhé. Courage donc, et bon espoir ! »

Je vis un éclair de joie passer dans les yeux de Chalais; son regard de reconnaissance me fit battre le cœur.

Hélas ! j'étais loin de prévoir le cruel incident qui devait détruire toute l'habilité de nos manœuvres et donner gain de cause à Richelieu ! Dans les souterrains qui avoisinaient le cachot retentit tout à coup un grand murmure, et je vis accourir Saint-Évremond qui me dit avec terreur :

— Le cardinal !... Il veut parler au prisonnier... Prenons garde de nous trahir.

Je sentis tout mon sang se glacer dans mes veines.

Presque aussitôt Richelieu parut. Trois hommes, vêtus de longues robes noires, l'accompagnaient. Deux restèrent debout à côté de moi; le troisième ouvrit une espèce de portefeuille de cuir de Hollande, plia le genou et se mit en devoir d'écrire sur un parchemin qu'il déroula.

Chalais s'était levé frémissant. Il fit plusieurs pas à la rencontre du cardinal.

— Vous! s'écria-t-il en croisant les bras et en le regardant avec un mélange d'indignation et d'orgueil.

— Moi-même, dit Richelieu.

— Quel est le but de votre visite?

— Je viens vous sauver.

L'accent du ministre était digne et ferme, son regard plein de franchise. Chalais eut un instant d'hésitation.

— Quel prix attachez-vous à mon salut, monsieur le cardinal? demanda-t-il.

— Votre salut dépend du roi, répondit Richelieu; c'est en son nom que je me rends près de vous. Jusqu'alors vous avez suivi un système de dénégations qui vous a perdu. Louis XIII est profondément indigné de ne trouver en vous aucune apparence de repentir. Il me rappelait, hier encore, que vous aviez été élevés ensemble.

— C'est vrai, murmura Chalais très-ému.

— Pour vous, il n'a jamais trouvé dans sa munificence royale assez de faveurs ni assez de bienfaits. Comment l'en avez-vous récompensé, monsieur? Par l'ingratitude et la trahison... Ne m'interrompez pas. Un reste d'affection pour son ami d'enfance et son favori le plus cher lui a suggéré l'idée de cette démarche, que j'accomplis de grand cœur.

Votre grâce est au prix d'un aveu franc et dégagé de réserve.

— Qui me répondra de la sincérité de cette promesse? demanda Chalais.

— Moi, dit Richelieu; n'est-ce pas assez?

Le jeune homme tressaillit.

— Vous êtes mon ennemi mortel, dit-il après un silence.

— Oui, je l'avoue. Mais je suis premier ministre, et vous me supposez, j'imagine, quelque sentiment d'honneur.

— J'ai donc votre parole... votre parole sacrée?

— Vous l'avez, monsieur le comte.

— Je conserverai toutes mes charges à la cour?

— Toutes, sans exception. Grâce entière, pardon absolu.

— Interrogez-moi, monsieur le cardinal, dit Chalais, je suis prêt à vous répondre.

Richelieu se tourna vers les deux hommes noirs que j'avais à mes côtés.

— Faites entrer les gardes, leur dit-il; ce seront autant de témoins qui pourront certifier au roi l'exactitude de l'interrogatoire et l'authenticité des réponses.

L'ordre fut exécuté sur-le-champ. Tous nos hommes entrèrent et remplirent le cachot. Je ne sais quel pressentiment de trahison me traversa l'âme. Sur le visage du cardinal, où j'avais cru lire d'abord une loyauté parfaite, venait de briller un éclair de satisfaction haineuse, un rayon de joie sinistre, qui fit passer en moi d'indicibles terreurs. Marguerite comprit ma pensée et me dit à voix basse :

— Du calme! Il nous restera toujours le moyen de salut que nous avions d'abord.

Chalais ne semblait pas partager nos craintes et regardait le ministre avec confiance. Nous faisions cercle autour d'eux. Le greffier, toujours à genoux, se tenait prêt à consigner sur son procès-verbal les paroles de Henri de Talleyrand.

— Je n'ai que trois questions à vous adresser, monsieur le comte, dit Richelieu; veuillez y répondre nettement et catégoriquement.

— Je vous le promets, monseigneur... Un instant toutefois. Je veux bien dire tout ce qui me compromettra personnellement; mais, pour le nom de mes complices, ne me le demandez pas.

— Tranquillisez-vous. D'ailleurs, vos complices, nous les connaissons. Le principal de tous a fait des aveux très-explicites.

— Des aveux! murmura Chalais avec une sourde colère.

— Oui, certes. Comment expliqueriez-vous, sans cela, l'arrêt qui vous condamne?

— Il a fait des aveux! répéta le jeune homme, rougissant et pâlissant tour à tour. Mais vous a-t-il dit, monseigneur, que lui seul a tout organisé, que je n'étais dans ses mains qu'un instrument? Le projet de vous tuer à Limours, c'est lui qui l'a conçu.

— Fort bien, dit Richelieu. Ceci devait être l'objet de ma première question. Reste un seul point à éclaircir : à qui réservait-on l'honneur de porter le premier coup? Cet honneur, ne l'aviez-vous pas réclamé pour vous-même?

— Je l'avais réclamé.

— Devant les juges vous souteniez le contraire. Je pose

ma seconde question : saviez vous que le complice dont nous parlions tout à l'heure eût le coupable espoir d'épouser la reine?

— Je le savais.

— Écrivez! dit le cardinal en se tournant vers l'homme à genoux.

Je revis dans ses yeux le même éclair de contentement féroce; mais presque aussitôt il reprit un visage impassible, un ton patelin, et dit au prisonnier :

— Vous aviez encore nié cela. Je vois avec plaisir que vous vous décidez à répondre avec franchise. Continuez, vous vous en trouverez bien.

— J'attends votre troisième question, monseigneur.

— La voici, dit Richelieu. Ce mariage avec la reine ne devait-il pas entraîner forcément la mort du roi?

— Jamais! On n'a pas eu cette abominable pensée, je vous le jure.

— Enfin, vous avez beau dire, le roi gênait. Il fallait briser l'obstacle. Si vous n'aviez pas résolu d'attenter à ses jours, que vouliez-vous donc? lui raser la tête comme à un roi fainéant, le jeter dans un cloître et le déclarer indigne de la couronne?

— Oui, monseigneur.

Richelieu fit deux pas en arrière, leva les mains au ciel et prit une attitude de surprise douloureuse.

— Ah! monsieur le comte! monsieur le comte! s'écria-t-il, j'espérais que vos torts n'avaient pas été aussi loin. Tout cela est horrible, savez-vous? Louis XIII vous eût pardonné sans doute un projet de meurtre; mais ce traitement honteux que vous lui réserviez, mais cette fin déshonorante!... Je n'ose plus, en vérité, vous promettre la grâce.

— Qu'entends-je? Alors, c'est un piége que vous m'avez tendu, monsieur le cardinal! s'écria Chalais avec désespoir.

Nous frissonnions tous. Le souffle manquait à nos poitrines.

— Un piége? répondit Richelieu. Je vous laisse libre de le croire. Il répugnait à Sa Majesté de signer un arrêt de mort sans être bien sûre du crime, et ma démarche a eu pour but de lui donner cette certitude.

La voix du ministre était ironique et son sourire infernal. Je ne pus retenir un cri d'horreur. Tous les gardes se joignirent à moi par un long murmure d'indignation.

— Qui ose ici désapprouver ma conduite? demanda Richelieu d'une voix irritée.

Chalais venait de tomber avec accablement sur le seul escabeau qu'il y eût dans ce lieu lugubre. Tout à coup il se redressa et courut au ministre.

— Vil imposteur! traître infâme! cria-t-il en lui portant au visage ses poings fermés.

Richelieu esquiva cette attaque violente, et tout aussitôt les deux hommes noirs, mes voisins, se précipitèrent sur le malheureux jeune homme. Ils le ramenèrent sur son siége, où ils le continrent de leurs bras robustes.

— A merveille, dit Richelieu : je vous confie le prisonnier. Quant au lieutenant des gardes et à ses hommes, ils vont tous remonter avec moi, afin de signer sous les yeux de Sa Majesté le procès-verbal qu'on vient d'écrire. Votre humble serviteur, monsieur le comte, ajouta-t-il en saluant Chalais ; je vais vous recommander à la clémence du roi. Partons, messieurs.

Hélas! à moins d'assassiner le cardinal dans le cachot même, il n'y avait pas de résistance possible !

— Sans doute on va nous laisser redescendre, murmura Saint-Évremond : rien n'est désespéré.

Cinq minutes après, nous étions dans la chambre du roi, qui écouta d'un air impassible la lecture de l'interrogatoire.

— Signez, messieurs, nous dit le cardinal.

Quand le parchemin eut reçu nos paraphes, le ministre se tourna vers Saint-Évremond et ajouta :

— Vos hommes sont libres : j'ai donné d'autres gardes au condamné. Laissez-nous.

Il nous congédia d'un geste impérieux. Avait-il éventé nos projets, ou notre contenance, lors de la scène du cacachot, lui avait-elle inspiré des doutes? Quoi qu'il en fût, il venait de briser notre dernier espoir. Bientôt nous apprimes que le roi confirmait l'arrêt des juges.

Heureux d'avoir réussi dans son indigne comédie de clémence, le ministre manqua sans pudeur à sa parole.

L'exécution devait avoir lieu le lendemain, au point du jour. Je rendrais difficilement l'espèce de rage qui s'empara de toute la compagnie des gardes du corps lorsqu'ils apprirent cette nouvelle. Témoins de ce qui s'était passé entre Henri de Talleyrand et Richelieu, ils ne trouvaient pas de discours assez énergiques pour blâmer la perfidie du cardinal. Ce fut presque une révolte. Les plus hardis déclaraient qu'ils mettraient obstacle au supplice.

On en arrêta quelques-uns pour intimider les autres.

Marguerite et moi nous fîmes comprendre au reste de la compagnie que la force ouverte n'aboutirait à rien. Par nos conseils, ils eurent l'air de se soumettre, et, la nuit venue, quarante d'entre eux nous suivirent chez le bourreau de Nantes.

En nous voyant entrer, cet homme recula de saisissement.

— Que voulez-vous, messieurs? nous dit-il.

— Tu vas le savoir, répondit Saint-Évremond, qui tira, sans autre préambule, une bourse de sa poche et la lui montra. Je t'annonce qu'il y a là-dedans deux cents louis.

Le bourreau regarda la bourse d'un œil avide. Au travers des mailles de soie on voyait briller les pièces d'or.

— Tu as reçu des ordres pour demain? demanda Marguerite.

— J'en ai reçu, murmura le bourreau.

Ses yeux se dirigèrent vers une hache, posée tout près de là sur une table, et dont il était en train d'aiguiser le tranchant lorsque nous l'avions interrompu.

— Eh bien, ces ordres, répliqua Marguerite, tu ne les accompliras pas.

— C'est impossible.

— Rien au contraire n'est plus facile. Les deux cents louis t'appartiennent, si tu te prêtes à la circonstance; si tu résistes, nous t'étranglons sur-le-champ.

— Ah! fit-il en nous considérant avec stupeur.

— Tu as le choix.

— Oui, le choix entre la bourse ou... C'est fort clair.

— Tu ne manques pas d'intelligence. Dépêchons! Il faut que demain toutes les recherches qu'on ordonnera pour te découvrir soient inutiles. Point de bourreau, point de supplice.

— C'est juste. Que dois-je faire?

— Rien; tu vas seulement nous laisser agir. Un bâillon dans ta bouche, des cordes solides autour de tes membres, et nous t'expédions loin de la ville.

— Mais, voulut dire le bourreau...

— Tais-toi! Lorsqu'on t'aura rattrapé plus tard, tu invoqueras pour ta défense le cas de force majeure. Prends cette bourse, et pas un mot de plus, ou tu es mort.

Saint-Évremoud fit un signe à ses soldats.

On terrassa le bourreau. Moins d'une minute après, il était ficelé, bâillonné, et deux hommes vigoureux le chargeaient sur leurs épaules.

La nuit était sombre. Nous prîmes les rues les plus désertes et nous gagnâmes le bord de la Loire. Une barque se trouva prête; les deux hommes y déposèrent leur fardeau, et, du pied, la poussèrent au large.

— Adieu! cria Saint-Évremond au navigateur. Tâche d'arriver à Paimbœuf avec le jour et de rencontrer des âmes charitables qui t'empêchent de gagner la pleine mer. Bon voyage!

Une sorte de gémissement sourd arriva jusqu'à nous et montra que le bourreau goûtait peu la plaisanterie. La barque fut emportée par le courant. Au point du jour, lorsqu'on vint annoncer à Richelieu que l'exécuteur n'était pas à son poste, il entra dans une rage inexprimable. Avertie par nous, madame de Talleyrand faisait agir tous ses amis et se jetait elle-même aux pieds de Louis XIII.

Nous allions triompher. Le roi chancelait; les larmes et

les cris de douleur d'une mère commençaient à l'émouvoir.

Mais il vint tout à coup à l'esprit de Richelieu une idée atroce, et que Satan lui suggéra pour la perte de Chalais. Dans les prisons de la ville était un meurtrier de bas étage, condamné à la potence. Le cardinal donna l'ordre de lui amener cet homme.

— Veux-tu remplacer le bourreau? lui demanda-t-il, et je te fais grâce.

— Oui-da, répondit le misérable; j'accepte, monseigneur.

Aussitôt on lui mit une hache entre les mains. Il courut se placer sur l'échafaud, où nous vîmes, l'instant d'après, monter Henri de Talleyrand.

Nous restâmes anéantis et comme frappés de la foudre. Jamais, dans le cours de mon existence, plus affreux spectacle n'épouvanta mes regards. Il me semble voir toujours ce noble jeune homme, pour le salut duquel nous avions fait tant d'efforts. Calme et intrépide, à cette heure suprême, il se laissa couper les cheveux, et en prit une boucle qu'il tendit à son confesseur.

— Ceci, dit-il, est pour ma mère. Demandez-lui grâce en mon nom de tout le chagrin que je lui donne.

Puis il embrassa le Christ, leva les yeux au ciel et s'agenouilla devant le billot. Bientôt un horrible cri se fit entendre.

L'exécuteur avait manqué la victime.

Un nuage de sang voila mes yeux; j'entendis encore de nouveaux cris, d'autres coups de hache, et je m'évanouis d'horreur. Le bourreau improvisé par le cardinal s'y reprit trente-quatre fois avant d'abattre la tête du patient.

Au trente-troisième coup, le malheureux Chalais criait encore. . . . .
. . . .

A deux jours de là, toute la cour dansait aux noces de Gaston.

X

Marguerite sollicita un congé et me ramena à Paris.

Pendant plusieurs semaines, il me fut impossible de goûter un seul instant de repos. A peine mes yeux se fermaient-ils, que j'étais réveillée par ce bruit sinistre de la hache, dont mes oreilles ne pouvaient se délivrer. Je voyais toujours devant moi, sur l'échafaud sanglant, le groupe effroyable du bourreau luttant avec la victime.

Chose bizarre, étrange fantaisie du cœur! je pleurais Henri de Talleyrand comme j'eusse pleuré l'amant le plus cher.

Je m'étais passionnée pour sa délivrance. L'image de ce pauvre jeune homme, condamné par une justice barbare, ne me quittait plus.

A partir de cette époque, le cardinal me devint odieux : je ne voyais pas que la conservation du pouvoir de cet homme et le bien qu'il faisait censément à la France dussent être ainsi achetés par des flots de sang.

Ma gaieté tout entière avait disparu dans ce voyage de Nantes.

Presque rudoyé par moi, Saint-Évremond s'éloigna, disant d'un air piqué qu'il attendrait la fin de mon caprice.

La cour était revenue de Bretagne. Je n'avais pas revu Marsillac; il se cachait encore, non par crainte de Gaston, qu'il eût affronté mille fois, mais par crainte de la Bastile, sous les murs ténébreux de laquelle celui qu'il avait insulté menaçait de l'enfermer pour le reste de ses jours. Madame de la Rochefoucauld eut une peine infinie à arranger cette affaire. Elle n'y réussit qu'en ayant recours à Richelieu. Le ministre gardait rancune au frère du roi. Cette occasion de l'humilier lui parut excellente. Il fit révoquer à Louis XIII la lettre de cachet que Monsieur avait obtenue contre Marsillac, et ne borna point là sa protection. Afin d'empêcher ses ennemis de renouveler une tentative pareille à celle de Limours, il venait d'obtenir pour lui-même un régiment tout entier, chargé de veiller à la sûreté de sa personne. Il nomma le prince officier dans ses gardes.

C'était une manière de le rendre inviolable, et Monsieur fut contraint de dévorer son affront.

Une fois libre, Marsillac vint frapper à ma porte. Entre nous il y avait une réconciliation où l'amitié seule jouait un rôle. François combattit ma tristesse. Il joignit pour cela ses efforts à ceux de mon médecin, joyeux compagnon s'il en fut, toujours gai, toujours content, toujours moqueur, et déjà fort connu pour sa science. Il se nommait Gui Patin.

— Je vous ordonne trois remèdes, me dit-il un soir après m'avoir tâté le pouls.

— Lesquels, je vous prie? lui répondis-je.

— Vous avez une voix délicieuse et vous touchez du

luth à confondre un séraphin : chantez et faites-nous de la musique. Voilà le premier point de mon ordonnance.

— Et le second, docteur?

— Riez, car vos dents sont une rangée de perles. Nous cacher un semblable trésor est un crime.

— Ces prescriptions, monsieur, sentent le madrigal.

— J'en fais assez d'autres qui sentent la pharmacie.

— Voyons, s'il vous plaît, le troisième remède.

— Avec les chansons et le rire, je vous ordonne l'amour.

— Docteur! docteur! vous outre-passez vos pouvoirs.

— Qu'importe, pourvu que je vous guérisse.

— Pensez-vous que l'amour et la santé marchent ensemble?

— Oui, quand on ne s'administre pas le premier à trop forte dose.

— Dans ce cas, dit une voix qui nous fit tressaillir, non-seulement il ruine la santé, mais il pousse au suicide.

La personne qui entrait de la sorte, sans se faire annoncer, était M. Desmarets de Saint-Sorlin, secrétaire intime du cardinal. Marion Delorme, toujours enfermée dans sa mansarde, au faubourg Saint-Antoine (du moins je l'y croyais encore), m'avait suppliée d'attirer chez moi ce personnage afin de le sonder sur les dispositions du ministre. C'était un homme de beaucoup d'esprit, très-peu enthousiaste de Richelieu, et qui ne se gênait pas pour le déchirer à belles dents. Je le recevais, par cette raison même, avec infiniment de plaisir, et je lui donnais ses entrées franches dans mon boudoir.

— Que parlez-vous de suicide? demandai-je, assez inquiète.

Il avait la figure bouleversée.

— De grâce, me dit-il, laissez-moi reprendre haleine; je suis venu tout courant.

— Avez-vous vu Marion?

— Oui; elle est rentrée rue des Tournelles.

— Comment!... et je n'ai pas eu sa visite?

— Non, car elle a besoin d'abord de celle du docteur.

— Que dites-vous?

— Elle s'est jetée hier à la Seine par désespoir d'amour. Des bateliers de la Grève l'ont retirée à moitié morte (1).

— Ah! miséricorde!... Courez, mon ami, courez vite! dis-je à Gui Patin. Mes domestiques vont vous conduire, c'est à deux pas.

Le docteur partit.

— Elle s'est jetée à la Seine par désespoir d'amour? répétai-je en joignant les mains avec effroi.

— Mon Dieu, oui! c'est une triste histoire. Je vous ai demandé, il y a huit jours, l'adresse de mademoiselle Delorme, car elle a beaucoup connu le duc de Buckingham, à l'époque où celui-ci négociait le mariage de Henriette de France avec le roi son maître.

— Beaucoup... Mais ensuite?

— Le favori de Charles Ier bloque, en ce moment, la Rochelle avec une flotte.

— Je ne vois pas quel rapport...

— Laissez-moi poursuivre, tout cela s'enchaîne. Buckingham veut se venger du ministre, qui s'est permis

(1) Voir les *Confessions de Marion Delorme*.
(*Note des Éditeurs.*)

d'entraver sa passion pour Anne d'Autriche. Or la circonstance m'a paru favorable, et j'ai, sans plus de retard, formé le projet de rapatrier le cardinal et Marion. Communiqué à Richelieu, ce projet lui a semblé magnifique.

— Mais le suicide... à quel propos est venu le suicide?

— Patience! Vous m'indiquez donc la retraite de mademoiselle Delorme. J'y cours, et je ne trouve personne.

— L'imprudente! elle était sortie?

— Mieux que cela, déménagée.

— Par exemple?

— C'est comme je vous l'affirme, déménagée avec un amant de cœur, un jeune artiste nommé Étienne Lambert.

— Où avez-vous eu ces détails?

— Voici. Nos amoureux n'avaient point laissé d'adresse, et je revins désappointée au Louvre, où, le soir même, par le plus grand des hasards, je me trouvai en face d'un portrait de la fugitive.

— D'un portrait de Marion, au Louvre?

— Oui, dans un de ces trous que le ministre permet à quelques peintres d'habiter sous les combles. J'allais commander un médaillon à Daniel du Moustier, le plus habile de tous pour la miniature, lorsque j'aperçus au fond de son atelier une toile représentant mademoiselle Delorme.

» — Eh! voilà Marion! m'écriai-je.

» — Non pas, me répondit Daniel, la personne que vous montrez est la maîtresse d'un de mes amis.

» — Je suis loin de vous le contester, mais c'est Marion Delorme.

» Il bondit de surprise et poussa des exclamations auxquelles je ne compris rien d'abord. Enfin je devinai que son ami croyait avoir triomphé d'une vierge candide, et qu'il était homme à faire un éclat terrible, s'il venait à connaître le véritable nom de sa maîtresse. Daniel me promit de se mettre au plus vite à leur recherche ; mais il ne put les découvrir qu'au fond de la Seine.

— Ah ! mon Dieu !

— La catastrophe prévue était arrivée. Sachant qu'il avait affaire à la célèbre femme galante dont ce gredin de Théophraste (1) a publié les aventures, Étienne Lambert alla se noyer de désespoir, et Marion, qui l'aimait à la folie, courut se jeter à l'eau à son tour.

— Mais c'est une histoire affreuse.

— D'autant plus qu'on ne retira que Marion vivante. Son amant a trouvé la mort au fond de la rivière. La pauvre femme est inconsolable. Je vous exhorte à ne plus la quitter. Faites en sorte de lui rendre tout le sang-froid dont elle a besoin pour fléchir cet endiablé cardinal, qui s'inquiète fort peu des chagrins d'amour. Il est entré, comme je vous l'ai dit, dans tous mes plans. Bientôt il partira pour la Rochelle, où il exige que Marion le rejoigne au plus vite. Donc, il faut la consoler sans retard.

Je pris le bras de Saint-Sorlin. Il m'accompagna chez la malade. Nous la trouvâmes dans un état effrayant. Le docteur désespérait de la sauver. Toutefois, grâce à nos soins réunis, elle fut en une semaine hors de péril. Mais le mal physique n'emporta pas avec lui le chagrin. L'amour de mademoiselle Delorme pour Étienne était aussi profond

---

(1) Journaliste de l'époque. (*Note des Éditeurs.*)

que sincère; elle pleurait amèrement le jeune artiste et s'accusait de sa mort.

— Ah! disais-je au docteur, pouvez-vous me conseiller d'aimer, en face d'un tel exemple?

— Un instant, diable! un instant, me répondit-il, je m'explique : aimez toujours avec les sens, jamais avec le cœur.

— C'est donc là, monsieur, votre système?

— Oui, ma chère.

— Il faut, selon vous, se garantir du véritable amour?

— Véritable! véritable!... Enfin appelez-le de la sorte, puisque cela vous convient; mais, pour Dieu, sauvez-vous-en comme d'un abîme! Au fond de ces tendresses insensées, il n'y a que la perte des illusions, le désespoir et les larmes. Comprenez-vous deux êtres assez absurdes pour s'isoler entièrement du reste du monde et prendre en mépris tout ce qui n'est pas l'objet aimé? Ils se décorent l'un l'autre des qualités les plus séduisantes et se changent réciproquement en demi-dieux. Maintenant, que la force des choses les arrache de cet Olympe de l'amour, ils veulent y retourner à tout prix; ils ne consentent point à briser l'idole, même quand les vers la rongent. On ne peut mieux comparer leur état qu'à celui d'un malade auquel on administre de l'opium. Il fait des rêves merveilleux et s'envole dans des régions impossibles. Mais, au réveil, il retrouve la douleur, et sa situation lui paraît plus insupportable; il redemande ses rêves, absorbe chaque jour une quantité de poison plus grande, et finit par en mourir.

— Je crains que vous ne disiez vrai, docteur.

— N'en doutez pas. Cela mérite des réflexions sérieuses. Pourquoi les poëtes donnent-ils des ailes à l'Amour?

— Ah! oui, à propos, pourquoi?

— Parce qu'il est reconnu, chère amie, qu'il doit pouvoir s'envoler tout à l'aise; autrement on lui donnerait des béquilles.

— C'est juste.

— Ainsi modifiez mon ordonnance, et, au lieu de l'*amour*, écrivez le *plaisir*.

— Oui, docteur.

De son lit, Marion prêtait l'oreille à cet entretien. Je crus m'apercevoir qu'il avait produit quelque effet sur elle. Bientôt nous parvînmes à rendre le sourire à ses lèvres, en lui racontant les échecs essuyés par le cardinal auprès de certaines beautés de la cour. M. de Saint-Sorlin connaissait là-dessus nombre d'anecdotes curieuses, et les brodait à merveille. Quand il avait fini, notre joyeux docteur entamait le chapitre des médecins, qu'il accablait de sarcasmes en se sacrifiant lui-même.

— La maladie que nous guérissons le mieux, disait-il, c'est la crédulité du public à notre égard. Après tout, de quoi se plaint-on? Ne faisons-nous pas toujours assez de bien quand nous ne faisons point de mal?

Marion riait. Nous excitions la verve du docteur; cela n'en finissait plus.

Sur les entrefaites, la baronne de Montaigu, ma tante, vint à mourir. Je donnai des larmes sincères à cette amie dévouée de mon enfance. Frappée d'une apoplexie foudroyante, elle n'avait pas eu le temps de m'appeler à son lit de mort. Il fut convenu que nous irions en Touraine, et M. de Lenclos partit le premier, se chargeant de régler làbas mes affaires, car j'héritais sans exception de tous les biens de ma tante. Huit jours après, Saint-Sorlin, le docteur, mademoiselle Delorme et moi, nous prenions à notre tour la route de Loches. Mon père m'y préparait une véritable réception de châtelaine.

Une fois arrivés, nous étions à moitié chemin de la Rochelle, où le secrétaire de Son Éminence voulait toujours conduire Marion.

Le mouvement du voyage, les épigrammes de Saint-Sorlin, et surtout les soins passablement intéressés du docteur, qui était devenu fort amoureux de mademoiselle Delorme, rendirent à celle-ci son entrain et son amabilité d'autrefois. Les sombres fantômes qui l'assiégeaient disparurent.

Après une joyeuse semaine passée dans mes terres, nous nous dirigeâmes en poste vers la Rochelle, où devait définitivement se signer le traité de paix entre Marion et Richelieu.

J'accompagnais ma voisine dans ce voyage, avec la secrète espérance de rencontrer au siége un des héros de mes premières aventures, ce pauvre chevalier de Baray, qui s'était conduit à mon égard d'une façon si loyale, si chevaleresque, et dont j'avais été séparée à l'époque de la mort de ma mère. Il m'aimait sincèrement ; je lui avais toujours conservé dans mon cœur un tendre souvenir. Mon premier soin, à notre arrivée, fut de mettre deux messagers à sa recherche, sans lui faire dire quelle était la dame qui le demandait, afin de mieux jouir de sa surprise et de sa joie.

Au bout d'une heure, un capitaine d'artillerie parut, amené par l'un de mes hommes, et me dit avec un accent d'affliction profonde :

— Vous avez fait demander mon frère, madame, et mon frère ne peut plus se rendre à votre appel. Il y a huit jours qu'un biscaïen, parti des remparts, est venu le frapper en pleine poitrine...

— Grand Dieu!... Qu'entends-je?... Il est mort!

Le capitaine accourut pour me soutenir, car mon visage s'était couvert subitement de pâleur et j'allais tomber à la renverse.

— Madame!... Oh! pardon! me dit-il; je viens de vous apprendre sans ménagement une triste nouvelle... Vous aimiez donc mon frère?

— Il est mort!... Pauvre chevalier! m'écriai-je, fondant en larmes.

— Vous êtes mademoiselle de Lenclos peut-être?

Je répondis par un signe; les soulèvements précipités de mon sein ne pouvaient laisser échapper que des sanglots.

— Ah! mademoiselle, votre nom n'a pas cessé d'être sur ses lèvres. En mourant, il le prononçait encore, et voici ce que je m'étais chargé de vous porter à mon retour du siége.

Il me présentait un linge taché de sang; je reconnus le mouchoir que son malheureux frère avait racheté jadis au mendiant du parvis Notre-Dame. Je baisai mille fois ce dernier gage d'amour, et je l'arrosai de mes pleurs. Ainsi devait finir l'homme qui m'avait le plus noblement et le plus saintement aimée.

Mon chagrin ne céda pas sans peine aux soins affectueux de mes amis et à leurs prévenances.

Ce fut au tour de Marion de me consoler. Elle ne voulait pas rendre sans moi visite au cardinal, et deux jours s'écoulèrent sans que j'eusse la force de m'occuper d'autre chose que de ma douleur. Enfin le secrétaire du ministre me fit comprendre de quelle importance il était d'en terminer avec tous ces retards, et l'heure de la visite fut fixée.

Richelieu, métamorphosé en général, déployait à conduire les opérations du siége un talent remarquable : il faut lui rendre cette justice avec tous les militaires qui purent le voir à l'œuvre.

Une seule chose le désespérait, c'était la flotte de Buckingham, éternellement à l'ancre en face du port. Elle rendait, de ce côté, la ville inattaquable, et y faisait passer les provisions de bouche nécessaires. Or le plan de Saint-Sorlin consistait à user du secours de Marion pour décider Buckingham à regagner Portsmouth. Ce plan, comme on le sait, avait l'entière approbation de Richelieu, qui, depuis quinze jours, attendait mademoiselle Delorme avec impatience.

Pour aller trouver le ministre, il nous fallut gravir une énorme falaise, au sommet de laquelle il avait fait transporter des canons qu'il était en train de braquer contre les vaisseaux anglais. Lorsqu'il aperçut Marion, il vint brusquement à elle et lui reprocha son arrivée tardive.

— Vous deviez pourtant, mademoiselle, lui dit-il, avoir le désir de me faire oublier vos sottises, et je ne vous trouve guère empressée de mériter votre grâce.

Elle lui répondit avec une hardiesse qui m'effraya. Je me hâtai de l'interrompre et de dire au ministre, en accompagnant ma phrase d'une respectueuse révérence :

— Mon amie et moi, nous sommes entièrement aux ordres de monseigneur.

Il me regarda d'un air singulier et prit la liberté grande de me passer la main sous le menton, comme il eût fait à un enfant.

— Çà, venez un peu, Toiras, et laissez vos batteries, nous n'en avons plus besoin! cria-t-il en appelant son premier capitaine. Voici deux adorables personnes dont les yeux causeront aux Anglais plus de désastre que vos boulets et votre poudre. Elles vont s'embarquer à l'instant même et rendre visite à la flotte de milord Buckingham.

Il prit la peine de nous expliquer la manière dont il fallait nous conduire avec son ennemi.

Comme il s'agissait de fourbe et de ruse, monseigneur était dans sa sphère. Moins d'une heure après, nous nous embarquions sur un chasse-marée. Saint-Sorlin nous adressait des signes d'adieu du rivage.

— Et vous oserez, mesdames, s'écria Gui Patin, qui n'avait pas voulu nous abandonner, et pour cause, vous oserez donner suite à cette combinaison digne de Machiavel?

— Mais il me semble, mon ami, lui dis-je, que nous servons le roi et la France.

— Avec de singulières armes, morbleu!

— Là! là! docteur, je devine vos inquiétudes, dit Marion. Tranquillisez-vous. Mademoiselle de Lenclos, seule, attaquera Buckingham.

Cet arrangement me parut assez bizarre. Mais je n'eus pas le loisir de répliquer, car une effroyable détonation se fit entendre, et des boulets sifflèrent à nos oreilles. C'était un avertissement de messieurs les Anglais. En approchant de la flotte, le patron de notre petit navire avait oublié de hisser le pavillon britannique. Il se hâta de nous épargner une seconde volée de mitraille, en réparant son oubli.

Bientôt nous abordâmes le vaisseau amiral, où mademoiselle Delorme, reconnue de son ancien adorateur, nous obtint une réception charmante.

Ici le courage m'abandonne. La plume me tombe des mains. Cette excursion maritime et le voyage en Angleterre qui la suivit devaient causer la perte du malheureux Buckingham. Il nous crut persécutées par Richelieu, se laissa prendre à nos coquetteries, obéit à nos caprices, et se décida enfin à retourner à Londres, où nous nous trouvâmes bientôt en pleine cour du roi Charles Ier

Nous reçumes un accueil en rapport avec l'immense faveur dont le duc jouissait auprès de son maître.

La gracieuse reine Henriette, notre compatriote, daigna nous autoriser à lui rendre de fréquentes visites. Cette fille de Henri IV regrettait le Louvre et son beau ciel de France. Il semblait qu'elle prévît déjà tous les malheurs qui devaient fondre sur elle et sur son époux.

Buckingham n'avait pas eu l'intention de renoncer à son projet de secourir la Rochelle. Sa flotte ne se trouvant pas assez considérable pour bloquer entièrement le port et réduire l'île de Rhé, dont la prise était pour lui fort importante, il avait cédé à nos sollicitations, mais avec le dessein de profiter de ce retour en Grande-Bretagne pour augmenter ses forces et reprendre la mer, au printemps, avec le double de vaisseaux. Averti de ces préparatifs, Richelieu jura que la ville assiégée ne reverrait plus son défenseur.

Un fanatique, appelé Felton, soudoyé par le cardinal,

se précipita sur Buckingham au moment où celui-ci allait se rembarquer, et le poignarda sous nos yeux (1).

Nous revînmes à Paris dans un état d'affliction profonde, nous reprochant d'avoir si à la légère consenti à servir un homme dont la politique monstrueuse ne reculait même pas devant un crime.

Je ne m'étais trouvée que deux fois vis-à-vis de Richelieu, et deux fois j'avais vu couler le sang. Le caractère de ce ministre était horrible. Encourir sa haine devenait un arrêt de mort ou d'exil. Repoussant de son cœur nonseulement le sentiment du pardon, mais encore celui de la reconnaissance, il persécuta la reine mère, sa bienfaitrice, excita Louis XIII contre elle, et la fit honteusement chasser de la cour.

Marion sentait comme moi la nécessité d'échapper à nos lugubres souvenirs.

Elle invita tous nos amis à un dîner qui lui coûta pour le moins vingt mille livres. Il y avait neuf services de quinze bassins chacun. C'était royal. A mon retour je donnai des fêtes magnifiques, où Saint-Évremond, que je boudais beaucoup moins alors, m'amena tout ce que Paris avait de célébrités dans les lettres et dans les arts.

Un soir, au moment où mes salons étaient remplis, il me présenta un jeune homme dont l'air timide et modeste m'intéressa vivement.

Son costume, d'une propreté rigoureuse, mais peu conforme à la mode du jour, laissait deviner qu'il était de

(1) Voir les *Confessions de Marion Delorme*.
(*Note des Éditeurs.*)

province. Effectivement, il arrivait de la capitale de la Normandie, et déjà ses compatriotes le tenaient en grande estime pour ses talents littéraires. Il se nommait Pierre Corneille.

Sur la foi de Marguerite, auquel je reconnaissais un goût très-solide, j'invitai les comédiens de l'hôtel de Bourgogne et je les priai d'entendre la lecture d'une pièce de notre auteur de Rouen.

Ce fut une véritable solennité. Le succès dépassa mes espérances. On applaudit à tout rompre. J'avais décidément fait la découverte d'un grand poëte. Messieurs de l'hôtel de Bourgogne allèrent presser la main de mon protégé; leur enthousiasme ne peut se décrire. Ils demandèrent à Corneille le manuscrit de sa pièce, et se distribuèrent les rôles, séance tenante. J'étais dans le ravissement.

L'auteur, dont la voix tremblait au début de sa lecture, avait fini par s'enhardir et par faire valoir toutes les beautés de son œuvre.

Sa douce et candide physionomie se transfigurait en quelque sorte au milieu d'un rayonnement d'inspiration; ses yeux, ordinairement inquiets et pleins d'une supplication craintive, brillaient de la flamme du génie. Je le trouvais sublime. A la fin du dernier acte, je me levai de mon siége pour aller l'embrasser. Toutes les dames présentes en firent autant. De l'aveu général, il n'y avait pas eu jusqu'alors, au théâtre, de pièce aussi bien conduite et remplie d'aussi beaux vers.

Mon jeune poëte, si timide d'abord, resta le dernier dans mon salon et se précipita tout ému à mes genoux.

— Oh! merci! merci! murmura-t-il, en versant des larmes de bonheur : je vous devrai mon avenir, je vous devrai la gloire! Vous êtes une divinité pour moi!

Jamais émotion plus douce ne m'avait fait battre le cœur. Il me baisait les mains avec transport; nous pleurions ensemble. A l'épanchement de nos âmes, on eût dit que nous nous connaissions depuis de longues années. Chez lui la reconnaissance amena bientôt l'amour. Pierre Corneille ne me quittait plus. Je le suivais aux répétitions des comédiens. La pièce qu'il leur avait lue était intitulée *Mélite*, et le jour de la représentation fut un nouveau et magnifique triomphe. Tout Paris accourut applaudir mon poëte. J'étais plus radieuse et plus fière d'être à lui que si l'on m'eût proclamée reine de France. Mais, hélas! il ne travaillait plus. Son unique occupation était de m'aimer. Je compris que je devais avoir du courage pour deux, et je lui dis.

— Pierre, votre séjour à Paris ne peut se prolonger davantage.

— Vous quitter, Ninon, vous quitter! s'écria-t-il avec un accent de désespoir : oh! c'est impossible!

— Il le faut, mon ami. Nous ne sommes raisonnables ni l'un ni l'autre. Vous savez combien je vous aime. Allez travailler dans le calme et le silence; revenez avec un nouveau chef-d'œuvre, et vous trouverez toujours dans mes baisers votre première récompense. L'amour ne doit être que le repos du génie.

Notre séparation me coûta bien des larmes. Mais Corneille ne m'appartenait pas, il appartenait aux lettres. Deux jours après il retournait à Rouen.

Tout le monde chez moi l'avait engagé à solliciter la protection de Richelieu. Il refusa. Je trouvai qu'il faisait bien. Le génie ne doit pas s'humilier devant la puissance, sous peine d'avoir le même sort que le blé couché par le vent : l'un et l'autre ne mûrissent que debout.

Ces choses m'avaient rendue célèbre.

On se disputait l'entrée de mon cercle : on me comblait d'adulations et d'hommages. J'étais une idole devant laquelle on brûlait un éternel encens. Je conviens que cela m'enivra d'abord ; mais bientôt je m'aperçus de tous les dangers auxquels s'expose une femme lorsqu'elle veut se lancer dans le monde. Si elle prend son vol trop haut, le sort d'Icare la menace ; si elle le prend trop bas, c'est pis encore. Sans compter ses ennemis intérieurs, la vanité, l'amour-propre, les sens et tout le reste, elle a aussi contre elle les hommes et les femmes, les femmes surtout.

Du point où j'en suis de mon histoire au jour où j'écris ces lignes, bien des années se sont écoulées ; pourtant j'ai encore sur le cœur l'indigne fourberie de deux personnes admises alors dans mes réunions.

C'étaient la présidente de Mesmes et la baronne des Étangs.

L'une et l'autre avaient cherché à nouer avec moi des relations intimes ; elles m'accablaient d'amitiés et de prévenances. Madame des Étangs passait pour une femme sans passions et sans prétentions. Voiture disait d'elle : « C'est la candeur et la franchise mêmes. Rien de plus pur que ses principes, rien de plus indifférent que son cœur. Autant elle est froide en amour, autant elle est sincère en amitié. » Voilà, certes, un bel éloge. Eh bien, n'en déplaise à l'infaillibilité du jugement de Voiture, la femme dont il esquisse ainsi le portrait a machiné contre moi la trame la plus indigne et la plus perfide.

Quand il m'arrive d'accuser quelqu'un, j'accuse les preuves en main.

On estimera madame des Étangs à sa juste valeur, lorsqu'on aura lu cette lettre, adressée à la présidente sa complice, et qu'elle eut, un soir, l'étourderie de perdre dans mon salon.

« Plus j'y pense, ma chère, écrivait-elle, plus je me persuade que nous nous trompons dans le chemin que nous avons résolu de suivre pour perdre mademoiselle de Lenclos dans l'estime publique et lui enlever tous ses admirateurs. Des ironies fréquentes, des épigrammes continuelles, ne me paraissent point propres à détruire les avantages que notre ennemie commune trouve dans sa jeunesse et dans quelques minces attraits. La conduite que nous nous proposions de tenir décèle trop nos intentions; elle peut nous rendre odieuses, et, si nous lui déclarons une guerre ouverte, peut-être aurons-nous la douleur de voir la compassion s'unir aux autres sentiments qu'elle a déjà excités. Suivons un système contraire, je vous y engage. Recherchons son commerce, devenons ses amies, efforçons-nous de gagner sa confiance; usons du crédit que l'âge doit naturellement nous donner sur une jeune personne. Enfin tâchons de parvenir à la gouverner, faisons en sorte d'être ses confidentes. Avec de l'adresse et de la ruse, je répondrais que nous l'amènerons un jour à ne plus voir, penser, sentir que par nous. Le triomphe est assuré, si nous pouvons lui donner de l'indifférence pour ces vains agréments qu'elle possède. Substituons aux grâces dont la nature l'a comblée le goût des vertus supérieures ; remplaçons chez elle la vivacité par la circonspection, le sentiment par le sophisme, la franchise par la défiance, la fine plaisanterie par le ton raisonneur. En un mot, rendons-la si solide et si estimable, que nous rompions cet enchantement qui attire et fixe tous les hommes auprès d'elle. Nous risquons, il est vrai, de faire une femme essentielle de celle qui ne devait être qu'amusante et jolie ; mais devrons-nous donc en avoir du regret ? Nous l'aurons accoutumée à outrer ses qualités les plus précieuses ; aucune de ses vertus ne sera à sa place, et, si je ne me trompe, nous la verrons incessamment plus ridicule et aussi peu fêtée que si elle était laide et vieille. Voilà, ma chère, le parti qui m'a paru le plus prudent. Montrer de la jalousie, c'est afficher la supériorité de sa rivale. La détruire en paraissant vouloir la perfectionner, c'est le chef-d'œuvre de l'art, et ce sera pour nous le comble de la satisfaction. »

Qu'en pensent mes lecteurs ?

Ai-je tort de crier contre la perfidie de mon sexe ? Est-il permis, je le demande, de voir une machination plus coupable, un complot plus odieux ? Je jurai de punir cruellement les deux hypocrites qui m'avaient donné des baisers de Judas sans nombre. Rien n'était plus facile. Pour cela il suffisait d'envoyer des invitations de toutes parts, de rassembler chez moi la société la mieux choisie, et de démasquer honteusement les traîtresses, en faisant de la lettre trouvée une lecture publique.

Mais un accident fatal vint tout à coup me détourner de ce projet de vengeance et m'accabler de douleur.

La funeste manie que M. de Lenclos partageait avec les

nobles de l'époque de tirer l'épée à chaque instant pour le motif le plus frivole devait finir par causer sa perte. On me l'apporta, un jour, sur une litière, baigné dans son sang. Il avait la poitrine traversée d'un coup mortel. Je me jetai dans ses bras en poussant des cris de désespoir. Le chirurgien, qui venait de poser le premier appareil sur la blessure, déclara que mon malheureux père ne vivrait pas vingt-quatre heures.

Gondi et Scarron avaient été les témoins du combat. Ils se trouvaient avec moi près du lit de mort.

— Pourquoi pleurer, ma chère Ninon? me dit mon père d'une voix déjà presque éteinte. Il me reste peu d'instants à vivre, tâchons de les donner à la joie plutôt qu'aux larmes. Tous mes jours, ici-bas, ont été consacrés au plaisir : je ne veux pas que ma mort démente ma vie. Je suis jeune encore, il est triste sans doute de partir si tôt ; mais le sage, quand il en arrive là, doit sauter le fossé gaiement. Voyons, messieurs les abbés, vous n'allez pas, j'imagine, me réciter des psaumes? Je n'aurais, d'ailleurs, aucune confiance en vos prières. Dressez une table à côté de mon lit ; couvrez-la de flacons, et trinquez à mon heureux voyage dans l'autre monde.

Hélas! il fallut sécher mes pleurs.

M. de Lenclos se dressa sur son séant, vida plusieurs verres de vin d'Espagne, et se mit à plaisanter malgré sa souffrance. L'abbé Scarron chanta des couplets, que j'accompagnai du luth, couplets burlesques où il narguait la mort sous le nom de la *camarde*, et dont mon père s'efforçait de répéter le refrain d'une voix affaiblie. On eût pu croire du dehors que toute ma maison était en fête.

Mais bientôt les chants cessèrent. Le blessé devint plus pâle. Sa main laissa tomber la coupe qu'il voulait saisir encore. Il m'attira, me pressa tendrement sur son cœur et me dit :

— C'en est fait... Adieu. Ninon... adieu ma fille bien-aimée... Voici la mort, je la sens... Écoute mon conseil suprême. Tu le vois, il ne me reste que le souvenir des joies qui m'abandonnent. Leur possession n'a pas été de longue durée ; c'est la seule chose dont je puisse me plaindre à la nature. Mais point de regrets, ils sont inutiles. Toi, Ninon, toi, ma chère enfant, qui as à me survivre un si grand nombre d'années, profite de bonne heure d'un temps précieux, et sois toujours moins scrupuleuse sur le nombre que sur le choix de plaisirs...

Il me donna son dernier baiser. Deux secondes plus tard il n'était plus. Jamais philosophe des anciens jours ne brava plus intrépidement la mort.

Me voilà donc seule au monde.

Un instant contenue par la volonté de mon père, ma douleur n'en éclata que plus vivement. Je m'enfermai, après avoir rendu les derniers devoirs à celui que je venais de perdre, et je défendis ma porte pendant un mois. Tous mes amis se récrièrent. François se désola, Saint-Évremond se fâcha de nouveau ; Gondi et Scarron m'écrivirent lettres sur lettres, en me disant que je devais, ne fût-ce que par piété filiale, suivre les conseils du défunt ; mais je n'accueillis personne, je ne voulus répondre à aucun message, et, pour en finir une bonne fois avec toutes ces persécutions, je résolus de voyager. Faisant aussitôt mes préparatifs de départ, je congédiai mes domestiques, je fermai ma maison, et je n'emmenai avec moi que la vieille nourrice de ma mère.

Je me décidais à gagner l'Allemagne par la Lorraine. A huit jours de là, nous étions à Nancy.

XI

Le soir même de notre arrivée, ma pauvre vieille Madeleine, qui approchait alors de quatre-vingts ans, se trouva toute brisée des fatigues du voyage. Elle tomba sérieusement malade, et les médecins ne me laissèrent aucun espoir. Bientôt elle mourut entre mes bras.

Dans un intervalle de six mois, j'avais vu Henri de Talleyrand périr sur l'échafaud, Buckingham succomber sous le poignard de Felton ; ma tante, mon père et Madeleine descendre dans la tombe, sans parler du chevalier de Baray, dont la triste fin m'avait si vivement émue. Tant de morts coup sur coup me frappèrent l'imagination. Je me trouvais dans une ville inconnue, au milieu d'étrangers indifférents à mes chagrins. La tête me tourna. Pour la seconde fois je me réfugiai dans un cloître.

Il faut l'avouer, je n'avais pas été jusqu'ici très-religieuse, et certains points du dogme chrétien me semblaient inadmissibles.

Un jour, à l'hôtel de Rambouillet, j'avais eu à cet égard avec le père d'Orléans, jésuite célèbre, une discussion fort vive, au bout de laquelle je ne me sentis pas une plus ferme croyance. Désespérant de me ramener à la foi, mon théologien me dit de guerre lasse et avec une naïveté qui amusa les auditeurs :

— Eh bien, mademoiselle, en attendant que vous soyez convaincue, offrez à Dieu votre incrédulité !

Mais les leçons terribles données par la mort firent sur mon esprit une impression que n'avaient pas obtenue les discours du père d'Orléans. Au milieu des grands chagrins de la vie, où pouvons-nous aller chercher des consolations et de la force ? où trouvons-nous un remède au désespoir ? dans la religion. L'homme s'éloigne de tout ce qui souffre. Dieu seul accueille les larmes. Il n'est pas besoin d'autres preuves à l'appui du christianisme et de son institution divine.

J'étais entrée dans un couvent de récollettes, ordre fort répandu en Lorraine et placé sous l'invocation de saint François.

Le nom de ces religieuses vient du mot latin *recollectus*, qui veut dire *recueilli*. Elles me parurent, en effet, très-recueillies dans le Seigneur ; il ne me semblait pas avoir vu chez les ursulines du faubourg Saint-Jacques une piété si angélique et aussi sincère. Tout d'abord je crus rencontrer dans la mère abbesse une amie véritable, dont l'affection reposa doucement mon âme. Elle était jeune encore. On voyait qu'elle avait dû être fort belle, et sa manière de me consoler dénotait une grande connaissance du monde. Je compris qu'elle en avait expérimenté les périls.

— Ah ! mon enfant, me disait-elle, restez avec nous ; voyez comme nous sommes heureuses ! Une paix constante est notre partage; toutes nos joies sont pures, et cette sainte retraite nous met à l'abri des orages du cœur. Vous avez trouvé le bercail, pauvre brebis égarée! croyez-moi, ne vous en éloignez pas.

Chaque jour elle m'exhortait à prendre le voile. Mais, par malheur, je lui avais touché quelques mots de ma fortune, et je soupçonnai ses instances de ne pas être entièrement désintéressées. Les autres religieuses faisaient chorus avec la supérieure; j'entendais une apologie perpétuelle du cloître. En dépit de leurs vertus chrétiennes et de leur pauvreté, ces saintes personnes auraient vu sans déplaisir mes écus entrer dans la caisse du couvent. Cette avidité maladroite produisit un effet contraire à celui qu'elles attendaient. Je résolus de profiter du premier prétexte qui s'offrirait de leur fausser compagnie. Une circonstance singulière contribua bientôt à hâter cette résolution.

Ma cellule donnait sur une rue étroite et silencieuse. La règle défendait expressément de regarder dehors; mais je ne me croyais pas soumise à la règle, et souvent je glissais l'œil au travers de mes barreaux, bien que la perspective ne fût pas des plus attrayantes. J'avais devant moi des maisons noires, humides, dont les fenêtres s'ouvraient rarement et ne me montraient que la face décrépite de quelque vieille femme étalant du linge au soleil.

Un soir que, selon ma coutume, j'étais en train de violer la règle, j'entendis une voix d'homme, fraîche et sonore, chanter une barcarolle napolitaine.

La nuit tombait.

Un silence profond régnait aux alentours, et la lune, qui venait de se lever, jetait des rayons presque joyeux dans cette rue habituellement si triste et si sombre. Pour la première fois je trouvai ma position insupportable. Je me demandai pourquoi j'étais là, dans ce monastère, avec des nonnes, au lieu d'être chez moi, libre, heureuse, le luth à la main, chantant aussi par cette belle soirée et par ce clair de lune splendide.

Mon voisin continuait sa barcarolle.

La voix partait d'une fenêtre qui était juste en face de la mienne. J'écoutais le chanteur avec délices, cherchant à le découvrir et à voir son visage; mais il restait au fond de sa chambre. Je ne pus satisfaire ma curiosité. Tout à coup il se tut. Je prêtai l'oreille; on venait d'ouvrir une porte, et j'entendis la conversation qui va suivre.

— Eh bien, dame Catherine, ma très-honorée gouvernante, me voici de retour.

— Oui, et j'en rends grâces au ciel, répondit une voix cassée. Tout le monde ici vous regrettait, monsieur Jacques. Vous avez été bien longtemps dans ce voyage d'Italie.

— Que voulez-vous, dame Catherine? Rome, Naples et Florence, ont des séductions que n'offrent pas nos froides cités du Nord.

— Ainsi vous avez vu le pape, monsieur Jacques?

— Parbleu!

— Et comment donc est-il?

— Comment il est? mais il a une bouche, des yeux, un nez, comme un autre.

— Je m'en doute. Seulement je vous demande s'il a bonne tournure.

— La peste soit de vos questions, dame Catherine! Ne savez-vous pas que les papes sont vieux et laids?

— Enfin, l'essentiel est que vous soyez revenu, monsieur Jacques. Vous êtes, en vérité, toujours plus joyeux et plus joli garçon.

— Oui, je ne suis pas comme le pape. C'est ce que m'ont dit les Italiennes ; mais je vous dispense de me le répéter, dame Catherine.

— Pourquoi ?

— Parce que ces remarques sont déplacées à votre âge et avec votre figure. Demain, préparez mon pourpoint le plus neuf et mes chausses les plus présentables, car je dois rendre visite au château, où l'on est curieux de voir les richesses de mon portefeuille.

Là-dessus il reprit un couplet de sa chanson. Je devinai qu'il se couchait.

— Dites-moi, dame Catherine, ai-je toujours devant ma fenêtre cet affreux visage de béguine, cette face maigre, ce museau de belette, cette chose sans forme et sans nom, couperosée, chargée de rides, que j'ai caricaturée si souvent ?

— Non, monsieur. La cellule est habitée aujourd'hui par une jeune novice charmante.

— Peste ! En êtes-vous sûre ?

— Je vous l'affirme.

— Quelle heureuse chance ! Mon atelier, du moins, ne m'ennuiera plus comme autrefois. La rose a remplacé le souci. N'oubliez pas, dame Catherine, de mettre demain le rideau vert : les novices sont pudiques de leur nature ; il faut que je puisse étudier ce joli minois sans trop l'effaroucher.

— Soit, monsieur Jacques; mais que ferez-vous d'une novice?

— Vous êtes curieuse, ma chère.

— Ces saintes filles sont tout en Dieu: vous perdrez votre temps et vos peines.

— On ne sait pas, dame Catherine, on ne sait pas! Nous verrons. Bonsoir.

Il fredonna de nouveau et s'endormit.

Certes, il en fallait beaucoup moins pour réveiller ma nature légère et me donner des idées dangereuses. Aussi pourquoi ces dames les récollettes avaient-elles des cellules ouvertes sur la rue? Cette imprudence leur enleva une néophyte, qu'elles eussent réussi peut-être à affubler de la guimpe, et leur fit perdre une dot qui pouvait monter à quelque chose comme trois cent mille livres, sans compter ma rente viagère. Elles ont dû se consoler difficilement d'avoir manqué une si bonne aubaine.

Je rêvai du chanteur toute la nuit. Au point du jour, j'étais à ma fenêtre, où je fis exprès un peu de bruit. Tout aussitôt il parut à la sienne. En me voyant il ne put retenir un cri: était-ce un cri d'admiration?

J'eus l'amour-propre de le croire.

Quant à moi, je le lorgnai du coin de l'œil, et je reconnus avec plaisir qu'il était fort bien de son extérieur. Il pouvait avoir trente ans. On remarquait sur sa figure un cachet d'originalité fine et presque railleuse, qui me plut au dernier point et me prouva que mon voisin ne devait pas être un sot. Je vis qu'il s'apprêtait à suspendre lui-même le rideau vert, craignant sans doute, comme il le disait la veille, d'effaroucher ma candeur de novice. Mais cette manœuvre ne faisait plus mon compte. Je me mis à le regarder franchement, naturellement, sans paraître ni troublé ni confuse. Cela ne pouvait manquer de lui donner de la hardiesse. Il me salua, je lui répondis par un sourire.

A l'instant même le voilà tout de flamme. Il se penche à la fenêtre et se dispose à m'adresser la parole. Je porte vivement un doigt sur mes lèvres : il comprend son imprudence, se retire et m'envoie un baiser. Ce comble d'audace me fit baisser les yeux ; mais involontairement je les relevai avec un autre sourire. Alors il croisa les mains sur son cœur et m'adressa un long regard de reconnaissance.

Puis il disparut un instant et revint avec des crayons et du papier. Au bout de quelques minutes, il me montra un croquis très-ressemblant qu'il venait de faire de ma personne. Je poussai une exclamation de surprise et je lui indiquai par signes que je désirais avoir ce croquis.

Il courut chercher une longue perche, se préparant sérieusement à me le passer d'une fenêtre à l'autre.

— Non ! non ! lui dis-je en assourdissant ma voix : ce soir, quand la nuit sera venue.

Et je refermai ma fenêtre avec précipitation, car j'entendais marcher dans le voisinage. Presque en même temps on frappait à ma porte. J'ouvris. C'était la supérieure. Elle me demanda pourquoi je n'avais point assisté à matines.

— Mon Dieu, lui dis-je, une indisposition subite vient de me saisir, ma mère, et je crains de ne pouvoir suivre les offices de tout le jour.

— Prenez garde, ma fille. Que votre ferveur ne se relâche point. Je vous ai obtenu de l'évêque du diocèse une grâce précieuse. Il vous dispense de toutes les longueurs du noviciat et vous autorise à prendre le voile sur-le-champ.

— Mais, qui lui a demandé cette grâce, madame ?

— C'est moi, chère fille, moi qui ai cru aller au-devant du plus vif de vos désirs. Me serais-je trompée ?

— Oui, sainte mère. En me sondant la conscience, il me semble que ma vocation n'est rien moins que certaine.

— Vous êtes dans l'erreur, chère fille, dans une erreur profonde.

— Il me semble pourtant que, seule, je dois être juge...

— Non pas ! non pas ! interrompit-elle. Mon devoir est de vous prémunir contre les piéges de Satan. Lorsqu'il nous voit prêtes à nous consacrer à Dieu, il redouble d'efforts, et les tentations deviennent plus périlleuses. C'est à moi de vous sauver des griffes de l'esprit malin : je vous en sauverai, ma fille.

— Qu'est-ce à dire, madame ? Prétendez-vous me retenir ici de force ?

— Tous les moyens sont bons quand il s'agit d'arracher une âme à l'enfer.

— Mais si je veux me damner ! m'écriai-je.

— Je vous en empêcherai.

— Vous ?

— Moi-même.

— Voilà qui est fort !

— Calmez-vous, chère fille, calmez-vous. Dieu vous soumet à une épreuve. Ne craignez rien, vous en sortirez triomphante, et je vais mettre pour cela toutes nos sœurs en prières : leurs vœux réunis iront jusqu'au trône céleste, et Satan sera vaincu !

A ces mots, elle s'éloigna, non sans avoir eu soin de fermer la porte de ma cellule à double tour.

J'étais atterrée. Ce qu'il y avait de plus inquiétant, c'est que l'abbesse me semblait de bonne foi dans son système de violence. Elle me croyait sérieusement victime de quelque embûche du diable, et cela, joint à l'intérêt qu'elle avait de me conserver, me mettait fort en péril. Une révolte de ma part eût provoqué sur l'heure contre moi des mesures énergiques, et toutes les religieuses auraient eu la conviction d'agir pour la plus grande gloire de Dieu. Mon unique ressource était donc en ce jeune inconnu, sur le cœur duquel j'avais paru faire une impression si vive.

La supérieure revint. Je dissimulai de mon mieux, reconnaissant avec elle que le diable pouvait bien être pour beaucoup dans mon changement d'avis, la remerciant des prières qu'elle ordonnait pour moi et la conjurant de me laisser à mes méditations.

Avant de partir, elle m'insinua que je ne ferais pas mal de revêtir un cilice et de m'administrer quelques coups de discipline.

— Je vous remercie du conseil, ma mère, lui répondis-je d'un air contrit, et je vais le suivre.

Elle me quitta. J'écoutai le bruit de sa marche dans les corridors, et, quand elle fut loin, je me hâtai d'ouvrir la fenêtre. La nuit commençait à descendre. Mon amoureux était à son poste. Il commença par se servir du moyen de communication qu'il avait trouvé et me passa le croquis au travers des barreaux, avec une lettre brûlante. Mais j'en parcourus à peine les premières phrases, et je lui envoyai rapidement ces deux lignes par le même courrier :

« On me retient de force dans ce monastère : sauvez-moi, monsieur, sauvez-moi! et comptez sur ma reconnaissance. »

Il me répondit aussi vite et plus laconiquement :

« C'est facile. A minuit, deux barreaux descellés, une échelle de corde, et vous êtes libre. »

Aussitôt il disparut, sans doute pour s'occuper de tous les préparatifs nécessaires à ma fuite. Je ne voyais plus de clarté dans sa chambre, et le temps me sembla d'une longueur extrême. La nuit était sombre. Collée à mes barreaux, j'interrogeais les ténèbres et j'écoutais avec anxiété toutes les horloges de la ville, qui, l'une après l'autre, sonnaient lentement les heures. Je croyais n'en jamais finir avec cette éternelle attente. Enfin le premier coup de minuit se fit entendre. Presque aussitôt un signal frappa mon oreille.

Je m'aperçus, en tâtonnant dans l'ombre, que mon voisin me passait, au bout de sa perche, une échelle de corde dont je fixai solidement l'une des extrémités à ma fenêtre, laissant ensuite tomber l'autre dans la rue.

Le reste ne fut pas long. Bientôt je sentis qu'on montait à l'échelle.

— Est-ce vous? murmurai-je frémissante.

— C'est moi... Chut!... ne troublons le repos de personne.

Il saisit une de mes mains, sur laquelle il appuya passionnément ses lèvres. Puis j'entendis comme un grincement d'acier sur du fer.

— Que faites-vous? demandai-je avec crainte

— Ne vous inquiétez pas.

— Ce bruit va donner l'éveil.

— Diable!... Il faut pourtant scier les barreaux.

— Si je roulais mon lit contre la porte?

— Fameuse idée, roulez vite.

En un clin d'œil la chose fut faite. Mes chaises et ma table servirent encore à fortifier la barricade; mais ce remue-ménage était de nature à réveiller tout le couvent. J'entendis des pas dans les corridors.

— On vient! m'écriai-je.

— N'ayez pas peur. Si c'est la mère abbesse, elle arrivera trop tard.

Effectivement, les barreaux étaient descellés. D'un bond, le jeune homme s'élança dans ma cellule.

— Vite! s'écria-t-il, partez la première.

Démasquant aussitôt une lanterne sourde, il éclaira ma descente, qui fut on ne peut plus heureuse. Il opéra la sienne après moi sans le moindre obstacle. A peine touchait-il le pavé de la rue, que nous entendîmes un grand bruit au-dessus de nous. Les nonnes venaient de forcer la barricade, et je reconnus à ma fenêtre le visage consterné de l'abbesse.

— Adieu! lui criai-je, adieu, sainte mère! Je n'ai pas de goût pour le cilice, et je renonce aux douceurs de la discipline. Quant à vous, renoncez à ma dot, et croyez-moi toujours votre humble servante.

L'instant d'après, j'étais dans la chambre de mon libérateur, où dame Catherine, réveillée en sursaut, vint me regarder avec de grands yeux ébahis.

— Maintenant, mademoiselle, dit le jeune homme en me saluant avec beaucoup de grâce, il est bon que vous sachiez à qui vous avez affaire. Je me nomme Jacques Callot; je suis dessinateur et graveur. Depuis deux jours seulement, je suis revenu dans ma ville natale, après avoir été en Italie étudier les grands maîtres.

— Et moi, monsieur, dis-je à mon tour, je m'appelle Ninon de Lenclos. Je suis Parisienne, j'ai de la fortune et quelques amis : croyez que je ne laisserai pas sans récompense le service que vous venez de me rendre.

— Oh! mademoiselle, je serai trop payé par un regard, par un sourire.

— Vous n'êtes pas ambitieux.

— Pardonnez-moi, puisque je désire vous plaire. Mais, après toutes les émotions de cette nuit, vous devez avoir besoin de repos. Je vous laisse. Acceptez, je vous prie, dame Catherine pour femme de chambre, et permettez-moi de venir, à votre réveil, savoir comment vous avez passé la nuit.

Il me quitta. Le lendemain, je le priai de m'accompagner dans la ville. Je louai tout auprès du château des ducs de Lorraine une petite maison fort commode, où je priai mon libérateur de ne pas m'épargner ses visites. Bientôt nous fûmes aussi grands amis que possible. Jacques était d'une gaieté folle et d'un esprit pétillant. Il transporta chez moi son atelier. Nous passions ensemble des heures délicieuses. Je le regardais travailler à l'eau-forte et au burin. Ses planches étaient d'une perfection rare, et je puis dire qu'il n'existait pas à Paris, à cette époque, un artiste aussi consommé dans l'art du dessin et de la gravure.

Il me montra de véritables chefs-d'œuvre qu'il avait exécutés en Italie.

Je citerai principalement une *Vierge* d'après André de Sarte, un *Ecce Homo* d'après Vannius, la *Tentation de saint Antoine*, gravée à Florence, et la *Grande Foire de la Madone de l'Imprunette*. Ces deux dernières gravures surtout sont d'une originalité de détails on ne peut plus agréable et d'une expression très-divertissante. Jacques passa plus d'une année sur chaque planche. L'eau-forte ayant manqué dans beaucoup d'endroits, il fut obligé de rétablir toutes les lacunes au burin.

Souvent il m'avait promis de me raconter son histoire, qu'il disait fort curieuse, et je le sommai un jour de tenir parole.

— Très-volontiers, me dit-il. D'abord, je vous apprendrai une chose que je n'ai pas cru nécessaire de vous révéler jusqu'à ce jour, attendu que je n'accorde à un parchemin qu'une médiocre importance.

— Ah! vous êtes noble?

— Oui. Ma famille porte d'azur, à cinq étoiles d'or en sautoir.

— Je comprends, monsieur, votre dédain pour un écusson : vous savez que la véritable noblesse est celle que le talent donne.

— Aussi tâcherai-je de la conquérir.

— Pour vous, Jacques, cette conquête n'est plus à faire.

— Flatteuse!

— Vous me répétez du matin au soir que je suis jolie : pourquoi ne dirais-je pas que vous êtes un grand artiste? Un de nous, par hasard, mentirait-il?

— Ce n'est pas moi, Ninon.

— Ni moi, mon ami. Donc nous sommes dans le vrai l'un et l'autre. Continuez votre histoire.

— Mon père, qui tenait à me donner beaucoup d'éducation, reprit-il, me livra, dès l'âge le plus tendre, à des professeurs qui m'assommèrent de leur science, mais ne purent m'en insinuer la moindre bribe dans la cervelle. Crayonner sur les murs ou sur mes livres était mon unique occupation. J'avais saisi dans la bibliothèque de mon père une histoire des *Monuments de Rome* qui m'avait complétement tourné la tête. Je rêvais chaque nuit que j'étais au Vatican ou à la chapelle Sixtine à examiner les fresques de Raphaël et de Michel-Ange. Tout cela me faisait trouver mes professeurs insipides et ridicules avec leurs rabâcheries scolastiques. Au lieu de les écouter, je passais mon temps à faire des caricatures.

» Surpris, un jour, au moment où je décorais mon maître de grammaire d'un nez fabuleux, on me chassa de la classe et on fit prévenir mon père de mes admirables dispositions pour le dessin.

» La peur me talonna. N'osant plus rentrer à la maison paternelle, je me sauvai du côté de la porte Saint-Nicolas, et bientôt je courus à toutes jambes sur la route de Lunéville. J'avais douze ans, quelques pièces de monnaie en bourse et une mauvaise tête : on peut avec cela aller fort loin. J'allai jusqu'à Rome.

— Est-ce possible ?

— Mon histoire est un roman ; je vous ai prévenue, ma chère. Comme je vous le disais, je courais donc du côté de Lunéville. Au bout d'une heure, je perdis de vue les clochers de Nancy, et je me reposai sur un tertre de la route, afin de compter la somme exorbitante que j'avais en poche. Ma bourse contenait un écu de six livres, un petit écu, et quatorze sous de monnaie de billon. Je regardais mes espèces et je les faisais sonner avec délices, quand tout à coup une main brutale saisit la mienne, et une voix rauque me cria sur un ton de menace :

» — Où as-tu pris cet argent, petit voleur?

» Levant les yeux, je me vis en présence d'un homme déguenillé, qui portait un bâton noueux, et dont la figure était presque entièrement envahie par une barbe immonde. Cet homme s'empara de l'écu de six livres, du petit écu, voire des pièces de billon, et fourra le tout dans une besace pendue à son côté.

» — Mais, lui dis-je, cet argent m'appartient.

» — Raison de plus pour me le donner; j'en ferai meilleur usage que toi.

» — Alors, c'est vous qui êtes un voleur.

» — Je ne dis pas le contraire.

» — Voulez-vous me rendre ma bourse! criai-je tout furieux, en me dressant pour lever le poing à la hauteur de son visage.

» Il se mit à rire aux éclats.

» — Eh! eh! s'écria-t-il, le petit bonhomme ne manque pas de courage. Où vas-tu comme cela, mon ami?

» — Je ne suis pas votre ami.

» — Tu le deviendras peut-être. Réponds toujours.

» — Je vais tout droit devant moi.

» — Diable! alors tu peux voyager avec nous.

» — Rendez-moi ma bourse, vous dis-je!

» — C'est inutile, puisque tu vas être notre compagnon de route.

» A ces mots, il me saisit le bras de son poignet d'acier, et m'entraîna, malgré mes cris et ma résistance, vers un bois voisin. Je me croyais sérieusement perdu, lorsque nous arrivâmes au milieu d'un taillis, où une dizaine d'hommes et autant de femmes s'occupaient à faire rôtir un chevreau devant un grand feu de branches de chêne. Depuis le matin, je n'avais rien mangé. L'odeur du rôti me le rappela brusquement, et ce fut sans trop de déplaisir que j'entendis mon étrange conducteur dire à la troupe dont il semblait être le chef :

» — Allons, enfants, il faut, ce soir, une place de plus à la table et au foyer. Je vous amène un convive.

» — Où as-tu rencontré ce marmot? demandèrent les hommes.

» — Sur le grand chemin.

» — Mais, dit l'une des femmes, on voit qu'il a pleuré, Pietro. Je crains qu'il ne t'ait pas suivi de bon cœur.

» — C'est vrai, Ginetta : console-le, ma chère, et que cela finisse.

» Il me poussa vers celle qui venait de parler, jeune fille d'environ quinze ans, très-brune de peau, mais dont les yeux brillaient comme des étoiles et dont les dents étaient les plus belles du monde.

— Jacques! Jacques! osiez-vous bien, à l'âge de douze ans, faire de pareilles remarques? lui dis-je en éclatant de rire.

— Oui, ma chère, j'étais fort précoce. A la fin du dîner, qui eut lieu sur la mousse, les charmes de Ginetta m'avaient embrasé le cœur, et son jargon mi-français et mi-italien résonnait à mon oreille comme la musique la plus délicieuse. Elle me fit raconter mon histoire, et s'écria, lorsque je fus au bout :

» — Ma foi, tu serais bien sot de retourner chez ton père. Reste avec nous. Je te ferai rendre ton argent par Pietro ; tu achèteras des crayons, et tu dessineras pendant les haltes.

» — Mais où me conduirez-vous, Ginetta ?

» — En Italie, me répondit-elle.

» — En Italie ! C'est là précisément que je voulais aller.

» — Bon ! ça se trouve à ravir. Seulement, comme il faut que tu te rendes utile à la troupe, je te charge de faire la quête avec mon tambour de basque toutes les fois que je danserai dans quelque foire. Est-ce convenu ?

» — C'est convenu ! m'écriai-je.

» Elle m'embrassa pour sceller le pacte, et me voilà bel et bien affilié à une horde de bohémiens qui ne vivaient que de rapines, et dont les baillis des villes que nous traversions diminuaient parfois le nombre, en attachant à une potence ceux qui se laissaient prendre en flagrant délit de vol. Pietro ne manquait jamais de recruter tous les vauriens et tous les vagabonds qu'il rencontrait sur la route, afin de remplacer avantageusement les membres qui étaient ainsi restés en arrière.

» J'avais quelque honte de voyager en aussi mauvaise compagnie ; mais les beaux yeux de Ginetta m'aidaient à passer sur bien des choses, et Rome, que je voyais en perspective, achevait de me faire oublier ma famille.

» Nous gagnâmes la Suisse par Colmar et Mulhouse. Un

mois après nous étions à Turin, et nous nous disposions à nous rendre à Florence, lorsque cet ignoble Pietro eut tout à coup la fantaisie de repasser les Alpes et d'aller exploiter le midi de la France. Je voulus me révolter et décider Ginetta à faire bande à part. On découvrit le complot, j'eus cruellement à m'en repentir. Pietro me lia les mains, m'attacha des cordes aux jambes, de façon à me permettre de marcher tant bien que mal, mais à m'empêcher de courir, et m'ordonna de suivre la troupe dans ce bel état. J'allais me coucher sur le chemin et me faire tuer plutôt que d'avancer d'une ligne, lorsque ma jolie bohémienne eut l'adresse de se glisser près de moi et de me dire à voix basse :

» — Courage !... A cette nuit.

» Évidemment elle avait un projet de délivrance. Mais quel projet ? Comment pourra-t-elle réussir à le mettre à exécution ?

Vint la halte du soir. On alluma des feux au bord du Pô, dont nous avions remonté la rive gauche. Ginetta, pendant le souper, causa, plaisanta, fut d'une gaieté folle ; elle ne fit pas la moindre attention à ma triste personne, et les bohémiens furent pris à cette ruse. Ils se grisèrent et s'endormirent.

» Quelques femmes restèrent plus tard que de coutume, raccommodant leurs guenilles à la lueur des tisons qui brûlaient encore. Je donnais de grand cœur au diable ces bonnes ouvrières. Enfin le foyer s'éteignit. Un ronflement général se fit entendre, et bientôt une ombre s'approcha de moi.

» — C'est vous Ginetta ? murmurai-je.

» — Silence ! me dit-elle.

» — Pietro dort?...

» — Oui ; mais il n'est pas le seul à craindre. Réveille un de nos brigands, et tu ne verras jamais Rome.

» Je ne soufflai plus mot. La jeune fille coupa mes liens, me fit lever sans bruit, et m'entraîna loin de la troupe qui ronflait toujours.

» — Maintenant, dit-elle, il s'agit de courir, et de courir vite, afin d'être loin quand ils se réveilleront. Je me sacrifie pour toi, Jacques; tant pis s'ils me rattrapent un jour ! Tu nous as suivis dans l'espoir d'aller à Rome ; il est juste que je t'y conduise.

» — O Ginetta, ma bonne Ginetta, que je t'aime !

» — Je voudrais bien voir qu'il en fût autrement? me dit-elle avec ce petit air mutin qui la caractérisait. Mais nous causerons de ces choses-là plus tard. En route !

XII

» — La bohémienne avait des jambes de biche, poursuivit Jacques. Au point du jour, nous entrions tout essoufflés à Turin, ce qui n'empêcha pas Ginetta de danser sur la place Saint-Charles, déjà couverte de monde, et où elle reçut quelques pièces de monnaie des paysans, qui, à cette heure, apportaient des légumes au marché de la ville.

» Une fois la quête terminée, nous déjeunâmes et nous prîmes la route d'Alexandrie.

» Nous y arrivâmes le surlendemain à la nuit tombante, mais encore assez tôt pour que ma compagne pût danser à la porte du théâtre et faire une recette qui nous permit enfin de nous reposer de nos fatigues.

» Dès lors, nous nous crûmes à l'abri des poursuites de Pietro, et nous nous dirigeâmes tranquillement et à petites journées sur Florence.

» Je ne rougis pas de l'avouer, ce premier pèlerinage avec ma brune bohémienne, au milieu des belles campagnes d'Italie, est un de mes plus chers et de mes plus doux souvenirs. Pendant la grande chaleur du jour, nous entrions dans quelque bois d'orangers, où nous nous couchions l'un près de l'autre. C'était l'heure des confidences et des caresses. J'aimais Ginetta, comme on peut aimer une femme à douze ans, c'est-à-dire avec la plus entière ignorance et la plus parfaite candeur. L'espiègle danseuse était plus instruite que moi. Je me rappelle aujourd'hui certains soupirs et certaines extases dont je ne me rendais pas compte alors, et qui auraient fini par éclairer mon inexpérience, si notre séparation n'avait pas été si prompte.

» Au sortir d'Alexandrie, nous avions gagné tour à tour, elle dansant, moi quêtant, Tortona, Bobbio, Parme, Carrare, Lucques et Florence.

» Nous étions depuis quinze jours dans cette dernière ville, l'une des plus belles du monde et des plus riches en objets d'art. Ginetta, qui trois ou quatre fois avait parcouru l'Italie avec sa troupe nomade, connaissait parfaitement Florence. Elle me servait de cicerone et de guide. Je pénétrais avec elle dans les palais, dans les églises, partout où il y avait une statue à admirer, un tableau à voir. J'étais heureux je cherchais à dessiner les chefs-d'œuvre qui frappaient mes regards. Les premiers essais de mon crayon furent d'abord informes, mais peu à peu ils se perfectionnèrent.

» Un jour que la bohémienne était en train de nous gagner notre dîner, en pirouettant à la porte du palais Pitti, je pénétrai dans les galeries splendides de cet édifice, que j'avais déjà parcourues, la veille, et où j'avais remarqué un magnifique *Crucifiement* du Tintoret.

» J'achevais l'esquisse de ce tableau, quand je me sentis frapper amicalement sur l'épaule.

» Me retournant tout surpris, je me trouvai en face d'un officier couvert de dorures, qui me donna son adresse écrite et me dit de l'aller trouver, le soir même, au château du grand-duc.

» — Vous avez de belles dispositions, mon enfant, me dit-il : ce serait dommage de ne pas les cultiver. Dorénavant il ne faut plus travailler sans maître. N'oubliez pas de me rendre visite, je me charge de votre avenir.

» Il me fit un signe de la main et disparut. J'allai rejoindre ma compagne à la porte du palais.

» — Fais la quête, me dit-elle.

» — Bah! répliquai-je, à quoi bon? Maintenant notre fortune est assurée.

» Comme elle ne semblait pas trop me croire, je me hâtai de tendre à la ronde le tambour de basque, où l'on me jeta quelques carlins (1), et j'entraînai la danseuse pour lui raconter mes espérances. Nous traversions, en ce moment, un pont jeté sur l'Arno. Tout à coup je me sentis saisir à

(1) Monnaie italienne. (*Note des Éditeurs.*)

la nuque avec une violence extrême, et une voix, dont je reconnus le timbre formidable, se mit à crier :

» — Je te retrouve donc enfin, scélérat, je te retrouve !... Ah ! tu nous ruines ! Ah ! tu nous emmènes Ginetta, notre gagne-pain, notre fortune, la perle de la troupe ! Et tu crois que je ne vais pas t'envoyer faire un tour dans l'Arno, la tête la première, tu crois cela, dis ?

» C'était le terrible Pietro.

» Saisie de frayeur à son aspect, ma chère danseuse avait pris la fuite. Je ne devais plus la retrouver que huit ans plus tard et dans une situation bien différente.

» Le bohémien me secouait avec fureur. Je voyais le moment où il allait accomplir sa menace, lorsque le ciel amena soudain à mon secours ce même officier qui avait admiré mon esquisse.

» — Pourquoi frappez-vous cet enfant ? demanda-t-il à Pietro.

» — Cela me regarde, repartit le brutal. Allez au diable !

» A cette réponse incongrue, l'officier, qui n'était pas endurant, saisit le bohémien par ses haillons, le balança quelque temps au-dessus du parapet, puis l'envoya lui-même au beau milieu du fleuve, où il exécuta le plus magnifique plongeon qui se puisse voir. Fort heureusement pour lui, Pietro savait nager, de sorte qu'il eut promptement gagné la rive. Mais il se garda bien de revenir chercher querelle au robuste officier, qui, tout fier de son exploit, m'emmena dans le logement somptueux qu'i occupait au palais de Cosme de Médicis, grand-duc de Toscane.

» L'éblouissement où je fus d'abord m'empêcha de songer à ma pauvre Ginetta.

» Mais je ne pouvais l'oublier longtemps, et je suppliai mon protecteur de me laisser aller à sa recherche. Il me donna deux robustes valets pour m'accompagner, dans la crainte d'une nouvelle attaque de Pietro.

» Hélas ! toutes mes courses dans Florence furent inutiles.

» Je ne trouvai Ginetta nulle part, ni dans le taudis que nous habitions près de l'archevêché, ni sur les places, ni dans les carrefours. L'affreux bohémien l'avait sans doute rejointe, et la malheureuse fille était rentrée sous sa domination. Voilà du moins ce que je supposais. Je revins au château, le désespoir dans l'âme. Mon généreux officier me consola et fit appeler, dès le jour même, un professeur de dessin, aux soins duquel je fus recommandé chaudement.

» *Il signor Ambrosio da Chiamonte* cherchait tous les moyens possibles de faire sa cour au grand-duc. A l'exemple de Cosme de Médicis, il encourageait les arts, et, quand il avait réussi à faire un artiste hors ligne, il le présentait à son maître, dont la munificence le récompensait noblement de ses efforts. Je ne dis pas cela pour diminuer le mérite du seigneur Ambrosio de Chiamonte ni lui enlever la moindre part de la reconnaissance que je lui dois. Il est une chose que je n'oublierai de ma vie, c'est son affabilité touchante. J'étais traité chez lui comme son fils. Après avoir reçu pendant environ huit mois les leçons de Jules Parigi, le plus célèbre dessinateur de Florence, j'avais fait de si merveilleux progrès, que l'officier du grand-duc me dit :

» — Maintenant, Jacques, tu peux aller à Rome et y perfectionner tes études. Voici trente florins, ménage cette somme en attendant que ton crayon puisse te nourrir, et, lorsque tes maîtres n'auront plus rien à t'apprendre, reviens à Florence, je te présenterai à monseigneur.

» Il avait fait payer mon passage sur un bâtiment de Livourne. Je m'embarquai le lendemain, et, à deux jours de là, j'entrais au port d'Ostie.

» J'approchais donc enfin de Rome ; j'allais voir cette antique maîtresse des nations, qui a déposé son diadème pour en reprendre un autre plus éclatant, celui des arts, et qui, le front ceint, en outre, de l'auréole chrétienne, reste à double titre la reine du monde. L'âme joyeuse, le cœur plein d'enthousiasme et d'espoir, je remontais la rive du Tibre. Bientôt j'aperçus les douze collines et les remparts de la ville sainte. Ma poitrine bat avec force, des larmes inondent mes yeux ; je presse le pas, et j'arrive à la porte *del Popolo*. Tout à coup, au moment où je me préparais à franchir cette porte, j'entends crier à mes oreilles :

» — Eh ! parbleu, c'est Jacques !

» — Holà, petit, ne passe pas si fier !

» — On salue au moins les compatriotes.

» — Est-ce que tu refuses de nous reconnaître ? Je suis Joseph Perrachon.

» — Et moi Nicolas Voiry.

» — Et moi Jérôme Denizot.

» — Tous voisins de ton père. Arrête ! arrête un peu, que diable.

» Je fuyais à toutes jambes, car, aux exclamations de ces gens-là, l'effroi m'avait saisi. Mais ils coururent après moi et m'eurent bien vite rejoint.

» — Ah! tu veux nous échapper, vagabond? me dirent-ils tout en colère.

» — Sois tranquille, nous ne te lâcherons pas!

» — Tu reviendras à Nancy avec nous.

» — Messieurs, au nom du ciel, messieurs, laissez-moi! criai-je en joignant les mains avec désespoir, je ne veux pas retourner à Nancy, c'est impossible...

» — Ah! c'est impossible? Nous allons voir.

» L'un deux me souleva d'un bras robuste et me lança dans une de leurs voitures, où bientôt il fut obligé de me garrotter, car à chaque instant je menaçais de me précipiter sous les roues. Ni mes cris, ni mes prières, ni mes larmes, ne purent les fléchir.

» C'étaient trois marchands forains, qui avaient poussé leurs excursions jusqu'en Italie. Un destin fatal les jetait sur ma route.

» Ils s'en retournaient alors, et, pour tout au monde, ils ne m'eussent pas laissé libre, persuadés qu'ils rendaient à mes parents et à moi-même le plus éminent service. J'essayai cent fois, mais en vain, de leur échapper. Constamment ils étaient sur leurs gardes, et chaque tentative de fuite me valait une correction, qu'ils m'administraient sans gêne, convaincus toujours d'avoir l'approbation de ma famille.

— Ainsi, mon pauvre ami, lui dis-je, ils vous ramenèrent en Lorraine?

— Oui, jugez de ma fureur! Ils m'avaient pris aux portes de Rome, et je n'avais seulement pas eu la satisfaction d'entrer dans la ville.

— En effet, c'était bien dur.

— Quand nous arrivâmes, le premier mouvement de mon père et de ma mère fut de m'embrasser de tout cœur; mais la réflexion vint après cet élan de tendresse, et le chapelet des remontrances n'en finit plus. On me livra de nouveau à mes pédants de collège. Mon père déclara qu'il n'entendait pas qu'un de ses fils (j'étais le plus jeune) dérogeât au point de choisir le métier d'artiste.

» Il ne me restait plus d'autres ressources que la dissimulation.

» Les trente florins de l'officier du grand-duc étaient encore en mon pouvoir : je les avais soigneusement cachés, dans l'espérance qu'ils me serviraient un jour. Deux années se passèrent. Mes parents me croyaient entièrement guéri de ma passion des voyages. On n'exerçait plus sur moi la moindre surveillance. J'avais grandi, j'étais fort. Par une belle matinée d'août, je pris de nouveau la clef des champs et je fis quinze lieues d'une seule haleine, ayant soin de choisir une route sur laquelle on ne s'aviserait pas de me poursuivre. Je gagnai la Franche-Comté par Épinal, et, deux jours après mon départ, je prenais à Gray le coche d'eau qui devait me faire descendre la Saône, joindre le Rhône à Lyon, et, de là, me conduire jusqu'à Valence. De Valence, je me dirigeai vers les Alpes, que je traversai par ce fameux passage creusé en plein roc dans les flancs du mont Viso. Quarante-huit heures après, je revoyais Turin. Mais, ô fatalité! la première personne que j'aperçus dans les rues de la ville fut un de mes frères.

— Ah! mon Dieu!

— Oui; mon frère aîné, que le duc de Lorraine avait envoyé en Espagne avec un message diplomatique pour le ministre de Philippe III. Devais-je m'attendre à le trouver à Turin?

— Non, certes. Quel hasard pouvait l'y conduire?

— Son excellence le duc de Lerme voyageait alors en Italie. Mon frère, ne le rencontrant pas à Madrid, avait dû se mettre sur ses traces. Il venait de s'aboucher avec lui en Toscane.

— Je devine le reste.

— Oui... Sa mission était terminée, il s'apprêtait à retourner en Lorraine.

— Et, pour la seconde fois, on vous remmena de force à Nancy?

— Hélas! je dus le suivre: il avait dix ans de plus que moi, je le craignais autant que mon père (1).

— Vraiment, cher ami, si vous êtes devenu bon dessinateur et graveur distingué, votre famille ne doit pas s'en attribuer le mérite.

— Je l'avoue, me répondit Jacques. Après ma seconde escapade, on me fit un accueil qui n'avait aucun rapport avec celui que reçut, dit-on, l'enfant prodigue. Au lieu de me revêtir d'habits de fête, de tuer le veau gras, d'appeler des violons, on me couvrit d'une misérable houppelande, et l'on m'enferma dans une espèce de cachot, avec des livres et du pain sec. Je n'avais de nourriture plus substantielle que les jours où mes versions étaient veuves de contre-sens et mes thèmes exempts de solécismes, ce qui, vous le devinez à merveille, n'arrivait qu'à de très-rares inter-

---

(1) Voir pour l'authenticité de tous ces détails, l'*Histoire de Lorraine*, par don Calmet, tome IV, aux Notices par ordre alphabétique, articles — JACQUE CALLOT. (*Note des Éditeurs.*)

valles. J'enrageais. Mais la fenêtre de ma prison était garnie de solides barreaux, et je n'avais pas d'instrument pour les scier, comme, depuis, j'ai fait des vôtres, ma chère.

» Un soir, j'entendis un grand tumulte dans la rue. C'était le duc Henri qui revenait de la chasse. Une idée pleine de hardiesse me traverse le cerveau. J'ouvre ma fenêtre avec fracas et je crie de toutes mes forces :

» —A moi!... au secours!... Justice! justice, monseigneur!

» Le duc s'arrête étonné. Vainement mon père, honteux de ce scandale, le supplie de poursuivre sa route, après avoir fait de moi une apologie fort peu capable d'intéresser le prince à mon sort. Son Altesse lui impose silence et veut m'entendre. On m'amène, je me précipite à ses genoux; mes larmes l'émeuvent. Bref, le duc ordonne qu'on me laisse libre, et me promet solennellement de m'attacher à la suite d'un ambassadeur qu'il doit envoyer au pape.

» O inconstance et fragilité du jugement des hommes! Sur cette promesse du prince, voilà toute ma famille dans le ravissement. On m'embrasse, on me flatte, on me cajole, on me dispose un trousseau magnifique, et je pars, cette fois, en véritable triomphateur, avec deux domestiques à mes trousses, comme il convient à un gentilhomme, à un fils de bonne maison.

» Depuis cinq ans, dans les prières que j'adressais à Dieu matin et soir, je lui demandais pour toute grâce de pouvoir apprendre mon art et de ne mourir qu'après mon huitième lustre révolu (1), afin de laisser du moins sur terre quel-

---

(1) Don Calmet fait mention de ce vœu de Jacques Callot, qui mourut effectivement, dit-il, à l'âge de quarante-trois ans.

(*Notes de Éditeurs.*)

que trace de célébrité. Une partie de mon désir se réalisait déjà.

» Rome, la ville de mon cœur, m'accueillit enfin dans ses murs et me donna la clef de tous ses trésors. Au bout de trois ans d'études et de travaux continuels, je revins montrer au duc, mon souverain, que j'étais digne de sa bienveillance. Il admira mes albums et voulut en multiplier les plus belles pages par la gravure. Mais l'art de reproduire une œuvre au moyen de l'eau-forte n'avait à Nancy même que des disciples malhabiles. Je ne voulus pas confier à d'autres le soin d'un travail de cette importance, et je retournai pour la quatrième fois en Italie, afin d'apprendre les secrets de Philippe Thomassin, le premier graveur de l'époque. C'était un compatriote. Né à Troyes en Champagne, il avait toujours pensé, comme moi, qu'on ne pouvait se former véritablement que dans la patrie des arts.

» Je reçus de Philippe Thomassin un accueil affectueux et rempli de bienveillance. Il ne me fit mystère d'aucune de ses découvertes, et m'apprit en quelques mois tout ce qu'il devait à des recherches infinies et à une longue étude des choses.

» — A quoi bon te faire languir? me disait-il avec cette touchante et cordiale familiarité d'artiste dont il m'avait honoré tout d'abord. D'autres profiteraient de ton inexpérience pour te donner plus de leçons et pour te les compter double; mais loin de moi ces calculs! D'ailleurs, je suis riche et j'ai une femme charmante qui m'invite au repos.

» — Eh quoi! maître, fis-je avec surprise, vous êtes marié?

» — Tu ne t'en doutais guère? me dit-il en riant.

» — Non, certes; et même je ne comprends pas votre silence à cet égard.

» — Lorsque ma femme n'est pas ici, continua Philippe, je n'ai qu'un moyen de consolation, c'est de ne parler jamais d'elle et d'y penser le moins souvent possible, autrement je ne vivrais plus.

» — Voilà qui est bizarre, maître.

» — Cela te fait rire ?... J'agis au rebours de tous les amoureux de la terre.

» — En effet.

» — Mais que veux-tu ? on ne change pas sa nature. Oui, je suis marié, marié depuis deux ans avec un ange de beauté et de vertu, que j'ai trouvé jadis à Florence dans la situation la plus déplorable.

» — A Florence! m'écriai-je, tressaillant malgré moi.

» — Oui... Quel nouveau sujet de surprise trouves-tu à cela ?

» — Aucun, maître. Poursuivez; de grâce.

» — Il y a huit ans environ, reprit Philippe, j'habitais cette ville, où je gravais les dessins de Jules Parigi.

» — Huit ans !... vous avez dit huit ans ?... Mais j'y étais alors.

» — En ce cas, tu as pu connaître une jeune bohémienne qui dansait dans les carrefours.

» — Une bohémienne?

» — Il est très-possible que tu l'aies rencontrée. La misère de cette pauvre fille était extrême... Ah çà, mais qu'as-tu donc ?

» — Moi ?... rien... ou du moins peu de chose.

» — Tu pâlis, je t'assure.

» — L'odeur de cette eau-forte sans doute... Je l'ai imprudemment laissée dans mon voisinage, et cela me donne une espèce de défaillance... Mais c'est déjà passé... Vous disiez, maître ?

» — Je te demandais si tu avais connu à Florence une danseuse appelée Ginetta...

» — Ginetta ?... Je cherche dans mes souvenirs... Non, décidément, je ne l'ai point connue, répondis-je avec effort.

» — Tant pis, car tu aurais renouvelé connaissance avec elle.

» — Avec cette bohémienne ?

» — Parbleu ! puisque c'est ma femme.

» — Votre femme !...

» Le cœur me battait à rompre ma poitrine, et, si Philippe eût été d'un caractère soupçonneux, il aurait aisément deviné la cause de mon trouble.

» — Oh ! reprit-il, c'est toute une histoire. Figure-toi que je trouvai cette malheureuse enfant aux prises avec une sorte d'écumeur de grande route qui voulait l'entraîner de force hors de Florence.

» — Vraiment ?... C'est étrange ! balbutiai-je, la tête à moitié perdue, et voyant passer devant mes yeux l'image du farouche Pietro.

» — Elle pleurait à chaudes larmes, poursuivit le graveur. Son désespoir m'émut tellement, que je donnai cinquante florins au bandit pour le décider à renoncer aux droits qu'il prétendait avoir sur elle.

» — Mais elle s'était donc soustraite à l'autorité de cet homme ?

» — Oui, en compagnie d'un autre enfant, que le misérable avait déjà rattrapé, disait-il.

» — Ah! il disait cela?

» — Bien plus, il affirmait l'avoir noyé dans l'Arno, le matin même.

» — Ce devait être alors la cause principale des pleurs de la bohémienne! demandai-je, sans remarquer l'imprudence de mes paroles.

» Heureusement Philippe était à cent lieues du soupçon.

» — Tu l'as dit, répliqua-t-il. Je partais pour Naples, et j'emmenai Ginetta avec moi. Douée d'une franche et bonne nature, son existence vagabonde ne l'avait pas trop gâtée. Je la mis en pension chez des religieuses, dont elle ne se sépara que cinq années après pour devenir ma femme. Mais alors elle n'était plus reconnaissable, et jamais on ne se fût douté de son origine. Quand elle est à Rome, toutes les dames nobles la recherchent et l'invitent à leurs fêtes; c'est une de nos *signoras* les plus distinguées.

» Je fis un nouvel effort sur moi-même, et je réussis à dire au graveur avec assez de calme :

» — En vérité, maître, je ne m'explique pas comment il vous est possible de vivre loin d'une personne que vous annoncez comme aussi charmante.

» Oh! s'écria-t-il, Dieu seul est témoin de tout ce que je souffre. Elle est d'une santé délicate; le climat de Rome est malsain : chaque année, pendant la saison des fièvres, je l'envoie à Naples chez les bonnes religieuses qui se sont autrefois chargées de son éducation. Ah! tu peux me croire, c'est un dur sacrifice! mais sa vie m'est trop précieuse pour que je l'expose au fléau qui décime périodiquement la population romaine.

» — Vous avez raison, dis-je, étouffant un soupir, et néanmoins presque heureux, au fond de moi-même, de penser que l'absence de Ginetta me sauverait du péril de la revoir.

» — Alors, ajouta Philippe, je cherche à me distraire par le travail; je pense à elle, comme je te l'ai dit, le moins souvent possible, et, quand l'épidémie a cessé ses ravages, Ginetta me revient. Si aujourd'hui je l'ai nommée devant toi, c'est que je l'attends ce soir.

» — Ce soir! m'écriai-je en bondissant.

» — Oui, elle peut arriver d'un moment à l'autre.

» A peine eût-il prononcé ces mots qu'un coup de sonnette retentit à la porte et me fit passer un frisson dans le cœur. Philippe s'empressa d'ouvrir la fenêtre. Je me précipitai à sa suite et je me penchai pour regarder dans la rue. Une litière s'arrêtait devant la maison.

» — C'est elle! c'est elle! cria le graveur avec transport.

» Et il courut recevoir la voyageuse. Je restai sur mon siége, éperdu, frémissant, la poitrine haletante, croyant être le jouet d'un songe. Une magnifique personne, appuyée sur le bras de Philippe, entra presque aussitôt dans l'atelier. Elle jeta un regard sur moi. Je renonce à dépeindre le regard que nous échangeâmes. C'était bien Ginetta, Ginetta mille fois plus belle, Ginetta digne de porter sur le front une couronne de reine! Mon ancienne compagne de voyage m'avait reconnu tout d'abord. La force lui manqua pour dominer son émotion. Elle poussa un cri et tomba sans connaissance dans les bras de son époux.

» — Miséricorde! qu'a-t-elle donc? s'écria Philippe. Ah! *poverina!* c'est le saisissement, la joie de me revoir... Soutiens-la, Jacques... Près d'ici, dans mon cabinet, je dois avoir un flacon de sels... Une minute, et je reviens.

» Il s'élança hors de l'atelier. Ginetta souleva sa paupière. Son regard se plongea de nouveau dans mon regard. Elle appuya ses deux mains sur mes épaules; puis, m'entourant de ses bras avec délire, la poitrine palpitante et le visage illuminé d'un éclair de bonheur:

» — Toi! s'écria-t-elle, toi, mon Jacques bien-aimé!

» — Oui, ma Ginetta... c'est moi, c'est bien moi!

» Presque aussitôt elle me repoussa brusquement, et ses joues se couvrirent de pâleur.

» — Le voici, dit-elle... Oh! je t'en conjure, ne perdons pas son repos... Fatalité! fatalité!

» Philippe rentrait. Ginetta calma son inquiétude, me fit une révérence cérémonieuse, et, s'appuyant pour la seconde fois sur le bras du graveur, elle monta l'escalier qui conduisait à leur appartement. Tout cela venait de passer devant moi comme une lueur d'orage. A peine si j'en croyais au témoignage de mes sens. Pourtant c'est bien la voix de Ginetta qui résonne encore au fond de mon âme, c'est son œil noir dont j'ai reconnu l'ardente prunelle!... O mon Dieu! mon Dieu!... Mais c'est à moi cette femme!... Qui donc me l'a prise!.. De quel droit me vole-t-on la félicité de ma vie?

» — Elle va mieux, ce n'était rien, dit Philippe en rentrant. Je suis chargé de te faire ses excuses. A présent que j'ai une ménagère, tu seras notre commensal, n'est-il pas vrai?

» J'avais l'imagination dans un égarement absolu, et je balbutiai je ne sais quelle réponse.

» Oh! oui, fatalité! Ginetta le disait avec raison. Fatalité! car tout ce que j'ai de sentiments honnêtes, tout ce qu'il y a en moi de loyauté, de délicatesse et d'honneur, va se trouver en lutte avec mon amour.... Fatalité! car cet homme bon, généreux, ce noble frère dans les arts, qui m'a livré si cordialement les secrets de sa science, il va falloir le haïr. Je payerai son dévouement par la perfidie, ses bienfaits par l'opprobre... Non! non! je serais trop odieux et trop lâche. Sauvons-nous du péril, fuyons puisqu'elle m'aime toujours.

» De son côté, Ginetta n'était pas moins en butte aux alarmes de sa conscience. Je lisais sur son visage tous les combats qu'elle se livrait à elle-même.

» — Va-t'en, me dit-elle, car nous deviendrions coupables... va-t'en!... J'en mourrai peut-être; mais lui, du moins, lui, mon bienfaiteur, ne me donnera pas le nom d'infâme.

A cet endroit de sa narration, Jacques fit une pause.

L'émotion causée par ses souvenirs était extrême. Son sein battait avec force, des larmes coulaient lentement le long de ses joues

— Et vous êtes parti? lui demandai-je, inquiète et cherchant à deviner d'avance sa réponse.

— Je suis parti.

— Ah! c'est bien, Jacques! c'est très-bien!

— Oui, murmura-t-il d'une voix sombre; mais elle en est morte...

— Grand Dieu!

— Elle en est morte, comme elle l'avait dit. Voilà ce que nous a coûté la vertu.

— Ah! pauvre femme! pauvre femme!

— L'année suivante, à Florence, je retrouvai Philippe Thomassin couvert de vêtements de deuil. Ginetta lui avait tout avoué à son heure suprême.

» — Hélas! hélas! pourquoi ne m'avez-vous pas trompé l'un et l'autre? me dit le malheureux en sanglotant avec désespoir : je n'en aurais rien su peut-être, et Ginetta vivrait encore.

XII

Jacques Callot ne put m'achever son récit. Du reste, ce qu'il avait à m'apprendre n'offrait plus qu'un intérêt médiocre, après l'histoire de cette amante infortunée, victime de son courage et de son cœur. Il est donc vrai qu'une affection véritable n'enfante que désastres, soit qu'on la repousse, soit qu'on y succombe. Gui Patin n'avait pas tort : « Il faut se sauver de ces amours-là, comme on se sauve d'un abîme. »

En quittant Rome, Jacques se dirigea sur Florence.

Son premier protecteur, *il signor Ambrosio da Chiamonte*, le reçut à bras ouverts et le présenta solennellement à Cosme de Médicis, en s'attribuant avec quelque raison le mérite d'avoir deviné le premier les merveilleux talents du jeune homme. Le grand-duc fit tout au monde pour décider Jacques Callot à demeurer à sa cour. Il réussit à l'y fixer quelques années, en le comblant de faveurs et à force d'instances. Mais, au moment où il croyait l'y retenir pour toujours, le prince Charles de Lorraine vint à passer en Toscane, invoqua le souvenir du duc Henri, son père et ramena définitivement à Nancy le célèbre dessinateur.

Ce fut alors que je connus Jacques.

Le temps avait marché depuis ses grands chagrins et les avait emportés sur son aile oublieuse. Si le souvenir de la tendre Ginetta lui arrachait encore des pleurs, il n'était plus cependant assez fort pour le prémunir contre une autre passion.

Je me sentais effrayée en voyant le sérieux qu'il apportait dans notre amour. Il ne me quittait plus, il se montrait d'une jalousie très-inquiétante. Vraiment il n'y avait pas de temps à perdre, si je voulais l'arrêter sur cette pente fatale. Une circonstance propice me vint en aide. La famille de Jacques instruite de l'affection qu'il me portait, s'appliqua aussitôt à provoquer une rupture, et ne vit rien de mieux pour atteindre ce but, que de remplacer la maîtresse par une femme légitime. Toute la petite cour de Lorraine se mêla de l'intrigue. On fit battre le pays afin de découvrir une fiancée digne de l'artiste. La recherche fut longue, mais on trouva définitivement cette perle dans un bourg appelé Marsal. Jacques, furieux, vint m'annoncer qu'on prétendait l'unir à une jeune personne protégée par la cour ducale.

— Ah! lui dis-je, son nom?
— Louise Kuttinger.
— Sans doute elle est jolie.
— Eh! morbleu! que m'importe?

— Répondez toujours, nous raisonnerons ensuite. A-t-elle de la beauté ?

— On la dit agréable.

— Tant mieux, mon ami, tant mieux.

— Que dites-vous? Le fût-elle mille fois plus...

— Je n'ai pas besoin de vous demander si elle est de bonne souche, interrompis-je.

— Ah ! Ninon, je ne comprends pas votre sang-froid ! s'écria-t-il. Vous me désespérez.

— Pourquoi cela ? Jacques.

Il me regarda d'un air confondu.

— Cette nouvelle n'a rien qui doive nous chagriner. Je répète ma question : La fiancée qu'on vous propose est-elle noble ?

— Très-noble, me répondit-il avec humeur. Ses ancêtres étaient aux croisades.

— Peste ! Elle est riche ?

— Très-riche.

— A la bonne heure. Je ne vois pas alors, mon ami, pourquoi vous repousseriez un hymen qui vous offre tous les avantages réunis, beauté, noblesse et fortune.

Il restait devant moi, la bouche béante et l'œil fixe, comme un homme frappé de stupeur.

— Je vous aime trop, et je prends un intérêt trop sérieux à votre avenir, repris-je, pour ne pas vous exhorter à donner satisfaction à votre famille, à vos amis et aux princes de Lorraine, qui vous témoignent une si grande bienveillance.

— Leur donner satisfaction !

— Oui, c'est votre devoir. Que suis-je pour vous? Un

oiseau de passage, une hirondelle voyageuse, qui doit vous quitter bientôt et retourner vers d'autres climats. Vous m'avez rendu service; oubliez que j'ai poussé peut-être un peu loin la reconnaissance, et restons dans les termes d'une bonne et franche amitié. N'est-ce pas le sentiment le plus durable ?

» — Ah ! s'écria-t-il en fondant en larmes, que vous ai-je fait pour me briser ainsi le cœur ?

J'eus une peine d'autant plus grande à le calmer, que toutes mes consolations ne pouvaient être que dangereuses et nous écartaient du but. Néanmoins je persistais à l'exhorter au mariage. A la scène de larmes succéda une scène de colère. Il jura de lutter contre sa famille, contre le duc de Lorraine, contre l'univers entier, ajoutant que, s'il épousait quelqu'un, ce serait moi, moi seule, et pas une autre. Le cas devenait embarrassant. Quel parti prendre ? La fuite devenait impossible : Jacques ne me quittait plus. D'un autre côté, je n'aurais pas eu le courage de lui causer un chagrin réel. Je pris le parti d'écrire en cachette à sa famille.

Tous ces gens-là, vraiment, agissaient avec une maladresse impardonnable ; ils me décriaient, ils lui disaient de moi pis que pendre : c'était le moyen de me faire adorer sans rémission.

Ils comprirent leur sottise, et changèrent de tactique.

Les ducs Charles III et Nicole se décidèrent à me recevoir. On m'invita aux fêtes du château. J'y eus un succès de bon aloi. Mes manières étaient si convenables et je mettais une si grande décence dans toute mon attitude, que les médisants, lorsqu'ils voulurent essayer de me déchirer encore, passèrent aussitôt pour des calomniateurs. Je prétendis que mon goût passionné pour les arts m'engageait seul à accueillir les fréquentes visites de l'artiste; que j'avais, du reste, la prétention d'être un homme bien plutôt qu'une femme, et qu'ayant pour moi ma conscience, peu m'importaient les commentaires des méchants.

Tout cela me réussit à merveille. On me trouvait d'une originalité charmante; on daignait m'accorder de l'esprit. Ces bons Lorrains me proclamaient un prodige, et Jacques entendait sur mon compte un perpétuel concert d'éloges.

Les personnes qui aiment la musique finissent quelquefois, à force d'en écouter les sons, par avoir une espèce d'agacement nerveux, et l'on dit qu'Alexandre le Grand chassa de sa présence un joueur de harpe, qu'il avait applaudi d'abord avec ravissement. Je ne voulais pas que Jacques me chassât, mais je voulais qu'il eût une indigestion de louanges.

Ce n'était point encore là tout mon jeu.

Par mes avis secrets, on avait fait venir de Marsal Louise Kuttinger. Je me rapprochai sans affectation de cette jeune fille, qui était vraiment d'une gentillesse fort grande et d'une douceur angélique. D'un autre côté, comme elle n'était point sotte, je lui donnai tout bas plusieurs conseils, qu'elle mit à exécution sur-le-champ. Bientôt Jacques tomba dans le piège. On continuait à me louer sans cesse, on semblait prendre un malin plaisir à enlever à Louise tous les mérites qu'on m'accordait. Une injustice aussi flagrante révolta l'artiste. Me voyant faire chorus avec les détracteurs, il me le reprocha très-sérieusement un jour.

— Eh! monsieur, lui dis-je avec une feinte colère, allez

vous prosterner devant ce modèle accompli de toutes les vertus et de toutes les grâces! Qui donc y met obstacle, je vous prie?

La rougeur lui monta au front. J'aurais gagé qu'avant huit jours il serait éperdument amoureux de Louise, et la chose arriva comme je l'avais prévu. Chez moi, l'amour-propre était bien un peu froissé par le succès même de ces manœuvres; mais la femme qui n'a pas le courage de se charger à tout jamais du bonheur d'un homme, et qui sacrifie ce bonheur à une liaison éphémère, est une femme égoïste ou une femme corrompue. Les personnes qui me connaissent ne m'accuseront jamais d'être l'une; et, malgré la légèreté de ma nature, on m'a toujours rendu cette justice que je n'ai de ma vie été l'autre.

Sur ces entrefaites, la cour de Lorraine eut un démêlé avec la cour de France.

Monseigneur le cardinal de Richelieu, ce grand vainqueur de la Rochelle, se fâcha. Nos princes de Nancy s'en moquèrent, et les choses prirent une tournure de plus en plus grave. Bref, Louis XIII et son ministre nous tombèrent tout à coup sur les bras avec une armée formidable.

Voilà notre pauvre ville assiégée dans toutes les règles!

Ce serait ici le cas de faire une magnifique description d'un siége, de parler d'escarpes, de contrescarpes, de tranchées et de batteries. Je pourrais apprendre à mes lecteurs comment s'organise un assaut, comment se répare une brèche, de quelle manière il faut manœuvrer lorsqu'on exécute une sortie par la poterne; mais je laisse à nos héros du jour le soin de traiter dans leurs *Mémoires* ces graves questions militaires. Les miens ne comportent pas un cours de stratégie. Après un bombardement qui me causa des transes fort vives, car un boulet vint un jour s'égarer jusque dans mon domicile, M. le cardinal et S. M. Louis XIII entrèrent à Nancy, comme de vrais héros antiques, huchés l'un et l'autre sur un char de triomphe. On dut les y héberger avec leurs troupes victorieuses, et, tout en enrageant, les princes lorrains firent acte de complète soumission.

Richelieu prit ses sûretés pour l'avenir. Il donna l'ordre de démanteler la ville, mesure prudente qui lui semblait offrir plus de sécurité que les promesses.

Je crois être encore dans la grande salle du château de Nancy, toute peuplée des portraits des Guise, austères et solennelles figures, que nous nous attendions presque à voir descendre de leurs larges cadres dorés pour reprocher aux vaincus leur couardise et aux vainqueurs leur insolence. Louis XIII est assis sur le trône ducal, en haut d'une estrade recouverte d'un riche tapis de Flandre. Debout près de lui, Richelieu dicte à Charles III la formule d'un serment, que le duc, agenouillé devant le roi, répète d'une voix sourde et frémissante. Tous les seigneurs et toutes les dames de la cour s'indignent de voir leur prince en quelque sorte réduit au vasselage. Parfois des exclamations s'élèvent et couvrent les paroles du ministre. Mais Richelieu, de ce regard sombre et menaçant qui donnait si bien la mesure de son despotisme et de son audace, parcourt l'assistance et fait taire les murmures.

— Cela suffit, mon cousin, dit Louis XIII en relevant le duc de Lorraine. Désormais ne contestez plus notre droit de suzeraineté, et restons bons amis.

— A propos, monsieur le duc, dit le cardinal, vous avez chez vous un graveur de talent. Il se nomme?...

— Jacques Callot, Votre Éminence.

— En effet, c'est bien le nom qu'on m'a dit. Le cousin de madame la reine mère, Cosme de Médicis, regrette beaucoup, assure-t-on, qu'il ait quitté Florence?

— Oui, monseigneur, répondit le duc; mais cet artiste appartient à la Lorraine. Nous ne le céderons à personne.

— Est-il présent à cette assemblée.

Sur un signe de Charles III, Jacques quitta le siége qu'il occupait près de moi.

Il s'approcha de l'estrade.

— Le voici, Votre Éminence, dit le duc au ministre.

— Ah! c'est vous, monsieur, dont j'ai entendu faire l'éloge, reprit gracieusement Richelieu en s'adressant à l'artiste. Sa Majesté se plaît à croire que vous voudrez bien lui donner des preuves de votre talent.

Jacques s'inclina.

— Sur ma proposition, le roi décide que vous serez chargé de reproduire par le burin les principaux épisodes du siége.

A ce discours inattendu, le duc de Lorraine tressaillit. L'indignation la plus vive se manifesta sur le visage des assistants, et les murmures recommencèrent.

— Pardon, monseigneur... J'ai mal compris, sans doute? répondit Jacques Callot sans hésiter. Vous ne me forcerez pas, j'imagine, à célébrer la défaite de mon souverain. Il est impossible que vous me proposiez d'être le complice de l'avilissement de mon pays.

Des applaudissements partirent de tous les coins de la

salle. Charles III attira dans ses bras le courageux artiste, et lui donna une vive accolade.

Richelieu fronça le sourcil.

— Prenez garde! dit-il à Jacques; résister serait vous rendre coupable de haute trahison. Le roi de France, votre seul maître à cette heure, vous commande de mettre à son service l'habileté précieuse que la renommée vous accorde. J'ai dit, « vous commande... » réfléchissez-y bien.

En même temps, le cardinal se tourna vers Louis XIII.

Il l'invita du regard à confirmer cet ordre; mais Jacques monta résolûment les degrés de l'estrade, et, s'adressant au monarque avant que celui-ci eût pu répondre au désir de son ministre :

— Que Votre Majesté n'ordonne rien, s'écria-t-il, car je n'obéirai pas!

— Monsieur, dit Louis XIII, confondu de ce ton hardi, vous oubliez sans doute à qui vous parlez et devant qui vous êtes.

— Je n'obéirai pas! répéta Jacques, étendant vers lui la main droite. Voilà celle de mes mains qui tient le crayon; faites-la-moi couper, sire... mais ne me demandez rien contre le devoir et contre l'honneur!

Après ces paroles sublimes, que l'histoire ne peut manquer de louer un jour, il salua dignement le roi et quitta la salle.

Richelieu devint pâle de colère. Il fit signe à un officier des gardes, qui s'empressa de se mettre sur les traces de l'artiste, l'atteignit sous le vestibule du château et lui demanda son épée. On conduisit Jacques dans les prisons de la ville. Ses parents étaient au désespoir. Louise Kuttinger alors tendrement aimée, grâce à mon adresse et au succès de mes manœuvres, pleurait toutes ses larmes, croyant son fiancé perdu. Mais j'obtins, le jour suivant, une audience de Richelieu, et Jacques eut son pardon. Voici quel fut mon entretien avec le puissant ministre :

— Me reconnaissez-vous, monseigneur ? lui demandai-je après le premier échange de saluts entre nous, et donnant à ma voix un grand ton de hardiesse.

Il vint me regarder sous le visage.

— Non, murmura-t-il... C'est-à-dire... en effet, gracieuse enfant, vos traits me sont connus. Où donc ai-je eu le bonheur de vous rencontrer ?

— Vraiment, monsieur le cardinal, je comptais sur plus de mémoire, et je suis humiliée de n'avoir pas laissé plus de traces dans votre souvenir.

— Aidez-moi, je vous en prie, mademoiselle.

— Je suis une de ces deux femmes que vous avez députées à milord Buckingham, pour le décider à retourner en Angleterre.

— Ah! ah !... d'où il n'est plus revenu. Votre concours n'est pas resté sans résultat, dit-il avec un sourire à me donner le frisson.

— C'est vrai, monseigneur. Aussi cette démarche me causera toute ma vie des remords.

— Eh! bon Dieu! vous n'êtes coupable de rien... ni moi non plus, ajouta-t-il avec précipitation. Seulement vous avez eu tort de ne pas venir me demander plus tôt votre récompense.

— Si je vous la demandais aujourd'hui, monseigneur.

— Je payerais ma dette, je la payerais avec joie. D'ailleurs, je ne vous serais redevable de rien, mademoiselle, qu'à d'aussi jolis yeux que les vôtres il me deviendrait impossible de refuser une grâce.

— Ah! monsieur le cardinal, vous êtes d'une galanterie...

— Qui ne peut vous surprendre. Tous les cœurs, j'en suis certain, se troublent à votre aspect : pourquoi donc échapperai-je à la loi commune?... Voyons, mademoiselle, parlez... que désirez-vous?

— La liberté de ce jeune artiste que vous avez donné l'ordre d'enfermer hier.

— Je l'accorde, à une condition.

— Permettez! je la demande sans condition, monseigneur.

— Mais pourquoi ne ferait-il pas ces gravures, dont mes historiographes ont besoin?

— Croyez-vous que Buckingham, s'il vivait encore, chanterait la prise de la Rochelle?

— Bien, bien... Ne parlons plus de ces choses.

— Je ne demande pas mieux, monsieur le cardinal.

— Il vous faut donc un ordre de délivrance? dit-il en prenant une de mes mains, qu'il se mit à caresser entre les siennes et que je n'osais retirer, dans la crainte où j'étais encore de ne pas réussir.

— Un ordre signé de vous, oui, monseigneur.

— Allons soit, ma belle, vous l'aurez.

Il s'approcha d'un bureau et traça rapidement quelques lignes sur un parchemin qu'il vint ensuite m'offrir.

— Voilà, chère enfant, me dit-il. Trop heureux de vous plaire en quelque chose. Mais, pour ce qui est de l'autre histoire, croyez-moi, n'ayez plus de remords...

— Au fait, vous avez raison, monseigneur. Que le sang versé retombe sur la tête des assassins !

La figure de Richelieu se couvrit d'une teinte livide. Je lui tirai ma révérence, après avoir ainsi coupé court aux fadeurs qu'il allait sans doute me débiter de nouveau, et j'allai prendre Louise Kuttinger, que je conduisis avec moi à la prison de Jacques.

— Voyez, dis-je à l'artiste en lui montrant le parchemin signé du cardinal : cet écrit ouvre les portes de votre cachot, vous lui devez d'être libre. Prenez-le donc, mon ami. Je compte assez sur votre reconnaissance pour croire que vous ne refuserez pas de m'en présenter, ce soir même, un autre en échange.

— Un autre écrit... Lequel? demanda-t-il avec trouble.

— Un contrat de mariage signé de vous et de Louise.

Il tressaillit et me jeta un regard plein d'inquiétude ; mais il ne vit sur mes lèvres que le plus tranquille de mes sourires. Je lui pris les mains et je les unis à celles de Louise Kuttinger en disant :

— Vous vous aimez, soyez heureux.

— Ah! Ninon, quel noble cœur vous faites! s'écria l'artiste ému jusqu'aux larmes.

— Comprenez-vous à présent ma conduite, Jacques ?... Oh! ne rougissez pas !... J'ai voulu travailler moi-même à vous donner tout le bonheur dont vous êtes digne. A ce soir nos adieux, car demain je retourne à Paris. Si vous y veniez jamais avec votre jeune femme, je vous offre l'hospitalité rue des Tournelles. Descendez chez moi comme chez la meilleure de vos amies, la plus dévouée et la plus sincère.

I. 14.

Nous sortîmes de la prison sans le moindre obstacle de la part des geôliers.

Je laissai les deux amants ensemble. Au moment où je montais en chaise à porteurs, j'entendis sur la grande place du château ducal des exclamations et de bruyants éclats de rire.

— C'est lui, ma foi ! criait-on.

— C'est bien le père Joseph.

— Ah! ah! regardez un peu l'Éminence grise à cheval?

Je reconnus la voix railleuse qui proférait ces derniers mots.

— Il paraît, monsieur l'abbé, dis-je après avoir fait arrêter ma chaise, que vous êtes céans d'aussi folle humeur qu'à Paris.

— Mademoiselle de Lenclos! Est-ce un rêve?... Non, pardieu! s'écria Scarron.

C'était lui que je venais d'interpeller.

— D'où venez-vous, charmante? d'où sortez-vous? descendez-vous du ciel? reprit-il en accourant à moi. Comment! je vous trouve en Lorraine... à soixante et dix lieues de la rue des Tournelles.

— Je vous y trouve bien, monsieur.

— Moi, c'est autre chose. Vous avez l'honneur d'être saluée par l'un des historiographes du cardinal, par un homme chargé de transmettre ses hauts faits à la postérité la plus reculée.

— Recevez mon compliment, monsieur l'historiographe; vous avez-là un fort bel emploi.

— Merci! Je partage avec Boisrobert ces honorables fonctions.

— Devant quoi vous exclamiez-vous donc tout à l'heure?

— Ah! c'est fâcheux, ma chère, vous arrivez trop tard. Le cortége est passé. Vous auriez vu la chose la plus curieuse... Mais je vous conterai cela tantôt. Souffrez d'abord que j'aille, ici près, chercher quelques-uns de mes amis et des vôtres.

— L'abbé de Retz, je gage? car vous êtes inséparables.

— Voilà ce qui vous trompe. Gondi est demeuré là-bas, exposé à la férule de son oncle l'archevêque. Il doit, à l'heure où je vous parle, être sous-diacre, et récite probablement son bréviaire.

— Une agréable acquisition pour l'Église!

— D'autant plus qu'il est toujours aussi mauvais sujet.

— Quel pasteur! C'est un loup qu'on va donner au troupeau.

— Oui, certes, il croquera ses ouailles, pour peu qu'elles soient jolies. Enfin, que voulez-vous, ma belle? d'un moment à l'autre je puis être obligé moi-même d'en passer par là. Je suis de plus en plus mal avec l'honorable épouse de mon père. Cette vertueuse marâtre est en train de manger tout au logis. Il ne me restera pas un sou vaillant.

— Je vous plains, lui dis-je.

— C'est-à-dire que vous plaignez l'Église, car je ne vaux pas mieux que Retz... Eh! Coligny, Boisrobert, Marsillac! cria-t-il en se tournant vers un groupe qui stationnait à quelque distance: arrivez donc! Vivat! J'ai retrouvé Ninon.

Ceux qu'il appelait de la sorte accoururent.

François me sauta au cou. M. l'abbé de Boisrobert, que j'avais reçu quelquefois à mon cercle, se permit de m'embrasser à son tour. Le jeune comte de Coligny, plus respectueux, parce qu'il me connaissait beaucoup moins, se contenta de me baiser la main.

— Soyez les bienvenus, leur dis-je, et, si vous n'avez pas d'autre engagement, dînons ensemble.

— Bravo ! crièrent-ils, mais où donc !

— Chez moi, veuillez me suivre.

— Elle est domiciliée dans la capitale de la Lorraine !

— Elle y tient table ouverte !

— C'est merveilleux ! crièrent-ils en chœur.

Nous arrivâmes à mon logement, où ils se comportèrent comme en pays conquis, envahissant les chambres, fouillant les ruelles, visitant tous les recoins. Dieu sait quelles sottises ils débitèrent après avoir fait la découverte de l'atelier de Jacques ! Pour leur fermer la bouche, il ne fallut rien moins que l'excellent dîner que je leur fis servir.

Somme toute, je retrouvais avec joie mes connaissances parisiennes. Marsillac se remit à me courtiser un brin, Scarron chanta, Boisrobert se grisa, et Coligny, devenu moins timide, me complimenta si chaleureusement, que François en resta tout boudeur. Chez lui c'était une habitude, comme chez Saint-Évremond. Je n'y pris pas garde.

Le comte de Coligny, descendant du célèbre amiral qui fut si lâchement assassiné sous Charles IX, entrait alors dans sa vingt et unième année. Il avait trois ans de plus que moi. J'ai rarement vu de jeune seigneur aussi distingué dans ses manières et d'une figure plus avenante. Il était brun, couleur que chez un homme j'ai toujours préférée, car assez ordinairement les blonds sont aussi fades de caractère que de nuance. Les grands yeux de Coligny, sans manquer d'expression, nageaient dans une molle langueur. Une moustache naissante ombrageait ses lèvres, et il avait les plus belles dents du monde. Ainsi que son aïeul, il se nommait Gaspard.

— Dites-moi, comte, fit Scarron, n'étiez-vous point au *Pas de Suze* avec le duc de la Meilleraie ?

— Oui, répondit Coligny. C'est là que j'ai fait mes premières armes.

— En ce cas, vous avez été témoin de la déconfiture de cet imbécile de capucin ?

— Parfaitement. Vous plait-il que je la raconte ?

— Très-volontiers, morbleu !

— De quel capucin parlez-vous ? demandai-je.

— Bizarre question !

— Eh ! ma chère, est-ce qu'il y a deux capucins ?

— Nous parlons évidemment du *bouc* (1) de Richelieu.

— De l'animal barbu dont je riais tout à l'heure quand vous m'avez abordé, cria Scarron.

— Bien, j'y suis, du père Joseph.

— Vous le devinez un peu tard... Enfin n'importe. Figurez-vous que l'Éminence grise, en froc et en sandales, chevauchait orgueilleusement entre quatre maréchaux de France et leur suite pour aller faire le tour de la ville, en dehors des murs, et s'assurer qu'on exécute les travaux de démolition.

— Pardieu ! dit Boisrobert, ne voulais-tu pas qu'il fût en casque, en cuirasse et en bottes fortes ?

---

(1) Voir les *Confessions de Marion Delorme*.

(*Note des Éditeurs.*)

— Certainement, c'eût été moins ridicule.

— Il n'eût fait, d'ailleurs, que suivre l'exemple de son digne patron à la Rochelle, ajouta Coligny.

— Monsieur le comte, répliqua Boisrobert en frappant avec assez de violence de sa coupe sur la table, moquez-vous du valet, insultez-le, vilipendez-le, je vous y autorise... Mais pour ce qui est du maître, je suis là : il faut qu'on le respecte.

— Ah ! ah ! la bonne sortie !

— Et que voilà un ministre défendu à propos !

— « Qu'on le respecte ! » est une jolie phrase.

— Bien appliquée au sujet.

— Flamme et sang ! je ne plaisante pas, et je veux qu'on se taise ! cria le premier historiographe, rouge de colère.

— Je ne reçois jamais d'ordres, monsieur, répliqua fièrement Coligny.

— Laisse donc, fit Scarron ; ne vois-tu pas qu'il est ivre? Le jour où le cardinal ne rira plus de ses bons mots et s'avisera de ne plus les payer en bénéfices, Boisrobert s'acharnera sur lui, et nous le verrons déchirer à belles dents celui dont il prend la défense. Mais au diable Richelieu ! Conte-nous ton histoire du *Pas de Suze*, Gaspard. Deux étoiles radieuses te considèrent et deux oreilles ciselées par la main de l'amour t'écoutent. Sois élégant et spirituel.

— Notre aimable hôtesse, commença le jeune comte, sait probablement que le capucin de Richelieu fut autrefois soldat, de façon qu'il garde de son ancien métier certaines fantaisies belliqueuses du plus haut comique.

— Oui, monsieur, je sais cela ; et même, si je ne me

trompe, le père de Joseph se nommait alors Leclerc du Tremblay.

— Comme vous le dites. Il ne s'est fait capucin que par ambition.

— Permettez, interrompis-je, ceci est difficile à croire.

— Eh! non, mademoiselle. De froc en froc, on peut arriver de nos jours au chapeau de cardinal.

— Propos de huguenot, dit Scarron. Vous saurez, ma chère, que le narrateur est hérétique et des plus obstinés.

— Il chasse de race, fit Boisrobert, dont la rancune durait encore. Le besoin d'une nouvelle Saint-Barthélemy se fait généralement sentir.

— Ah! fi! m'écriai-je, quelle abomination!

— Messieurs, dit gravement Coligny, on ne plaisante point avec des souvenirs aussi lugubres.

— C'est juste, répondit Scarron. Ne te fâche pas, et demeure parpaillot, si bon te semble. Quand je dirai la messe, je prierai pour toi, voilà tout. Continue ton histoire.

— En 1629, reprit le jeune comte, le père Joseph, se trouvant à Grenoble, apprend que le duc de la Meilleraie se mettait en mesure de forcer cet étroit et dangereux défilé des Alpes dont vous connaissez le nom. Tout aussitôt un caprice martial le saisit. Il fait trente lieues en poste pour rejoindre l'armée française. On entamait l'attaque des barricades. Le capucin ne prend pas le temps de dépouiller sa robe, et court se placer sur un monticule voisin du lieu du combat, d'où il se met à crier, à gesticuler comme un démon pour enhardir les troupes et stimuler leur ardeur. Nos soldats conservent toujours beaucoup de gaieté, même au sein d'une bataille. Ils trouvèrent ce moine plaisant de venir leur donner des ordres, et chaque escadron passant au-dessous du monticule envoyait alternativement des balles à l'ennemi et des sarcasmes à l'Éminence grise.

— Ah! ah! dit Scarron, je le vois sur la colline, se débattant comme le bouc du sabbat!

— Oui, reprit le comte. Par malheur, les impériaux le voyaient aussi et prenaient la chose moins gaiement que nous. Impatientés d'entendre ce braillard nous exciter contre eux, ils déchargèrent sur lui leurs arquebuses, et le père Joseph entendit les balles siffler de tous côtés à ses oreilles, ce qui lui fit perdre subitement son ardeur héroïque et son éloquence. Il voulut aussitôt rejoindre nos troupes. Mais une bise violente, soufflant alors, mit obstacle à ce projet de retraite. Le vent s'engouffra dans son coqueluchon, sous sa robe, et le fit descendre juste du côté de l'ennemi, qui le reçut avec des huées et lui donna des étrivières.

— Pardieu! dit Marsillac, l'imbécile ne les avait pas volées!

Nous en étions là de l'entretien, lorsque tout à coup un grand tumulte se fit entendre dans les rues voisines. On distingua bientôt la marche d'une cavalcade, et des clairons sonnèrent.

— Quel est ce bruit de fanfares, messieurs?

— Bon! voici le cortége qui repasse, et nous allons voir le héros de mon anecdote, dit Coligny, avec lequel je me dirigeai précipitamment vers la fenêtre.

Mes trois autres convives nous accompagnèrent. La cavalcade était assez nombreuse et débouchait d'un carrefour voisin. J'aperçus le père Joseph au milieu des cavaliers, et je partis d'un grand éclat de rire, à ce grotesque aspect d'un capucin à cheval. Il ne parvenait pas à dominer sa monture, extrêmement fougueuse et que le bruit des clairons effrayait.

— Ou je me trompe fort, dit Boisrobert, ou vous allez voir tout à l'heure une jolie culbute.

— Tant mieux !

— Bravo !

— Nous sommes aux premières loges.

— Le fait est, dit Scarron, que cet âne de capucin a justement choisi l'entier le plus intraitable des écuries du cardinal.

Comme il achevait ces mots, le père Joseph fut entraîné presque sous notre fenêtre, au milieu de ruades et d'écarts prodigieux. Il suait sang et eau pour contenir l'entier, qui manifestait très-ouvertement l'intention de désarçonner son homme,

— Holà ! hé ! gare à vous !

— La bride ferme, morbleu !

— Un coup de cravache, et serrez-lui les flancs.

— Ah çà, Votre Éminence, cria Scarron d'une voix railleuse, pourquoi diable n'avez-vous pas mis d'éperons à vos sandales ?

— Je vous croyais bon écuyer, révérend père, dit Coligny.

— Une autre fois du moins, dit Marsillac, ayez soin de monter un hongre.

— O Joseph ! Joseph ! fit piteusement Boisrobert, tu aurais mieux fait de chanter vêpres ou de venir boire avec nous

Le révérend n'avait garde de leur répondre, ahuri qu'il était par les soubresauts de son cheval et par les clameurs de la foule qui s'amassait d'un bout de la rue à l'autre. Pour comble d'embarras, et comme si le diable s'en fût mêlé, vint à passer par cet endroit un fourgon d'artillerie, traîné par une fort belle jument normande. Aussitôt le cheval de Joseph poussa des hennissements significatifs. Malgré les efforts du moine pour lui faire opérer volte-face, il se mit à courir au galop du côté du fourgon, sans songer qu'il portait l'Éminence grise et sa fortune. Le cavalier poussait des cris affreux. Son cheval n'en tint pas compte. Il sauta, caracola, rua, fit toutes sortes d'agaceries à la jument normande et voulut en venir aux caresses les plus extrêmes, sans égard à l'attirail incommode qu'elle traînait après elle.

Dans ce mouvement désordonné, le malheureux capucin vida les arçons et tomba sur le pavé, où heureusement il ne se fit aucun mal.

Mais, irrité des exclamations railleuses de mes convives et des plaisanteries de la foule, il se précipita sur le cheval coupable, lui reprocha son incontinence en termes fort durs, l'accabla de coups de cravache et le flétrit en notre présence de l'épithète humiliante de *polisson* (1).

— Ah! parbleu! cria Coligny en se tenant les côtes dans

---

(1) Quelques chroniqueurs reportent au siége de Privas cette aventure du père Joseph; mais la chose s'est positivement passée en Lorraine, où on la raconte encore. Mademoiselle de Lenclos oublie même de dire que Louis XIII et le cardinal s'amusaient beaucoup de l'histoire. Ils voulurent que le nom de *Polisson* restât à l'enfer.

(*Note des Éditeurs.*)

un accès de fou rire, ce tour-ci me semble préférable au *Pas de Suze.*

— Bravo, Joseph! bravo! crièrent ironiquement les autres.

J'invitai nos rieurs à quitter la fenêtre. Les regards de la foule commençaient à se porter autant sur nous que sur le capucin.

Sachant que mon intention était de retourner à Paris, Marsillac et les abbés me complimentèrent d'un commun accord et se prirent ensuite quasi de querelle pour savoir qui m'accompagnerait dans le voyage.

— Messieurs! messieurs! criai-je, vous me laisserez au moins la liberté du choix.

— Vous souvenez-vous de ma gageure avec Retz? dit Scarron; je n'y renonce pas, et, comme une occasion favorable de la gagner se présente, je m'inscris en première ligne.

— Alors, lui dis-je assez étourdiment, je vous plains, mon cher!

— Et pourquoi me plaignez-vous?

— Parce que les chances ne sont en aucune sorte de votre côté.

Quelle erreur!

— J'en sais qui arriveront avant vous.

— Corbleu! me dit-il à voix basse, vous venez de lorgner Coligny du coin de l'œil en me faisant cette réponse.

— Sottise!

— Oui, c'est vrai, je l'ai vu comme lui, murmura sourdement Marsillac, qui prêtait l'oreille. La peste soit du huguenot!

— Je vous trouve l'un et l'autre, messieurs, d'une assez belle impertinence! dis-je en me levant de table. Une visite à faire et le soin de mes préparatifs de départ vont prendre le reste de ma soirée. Souffrez que je vous congédie.

Ils me quittèrent assez mécontents. Coligny me demanda permission de me revoir avant mon départ : je la lui accordai à haute et intelligible voix, afin d'être entendue de Marsillac et de Scarron, moyen très-simple de punir la bouderie de l'un et la fatuité de l'autre.

J'allai dire adieu à mon bon artiste, dont j'avais travaillé si habilement à éteindre l'amour. Il était chez son père au milieu d'une véritable fête de fiançailles. Quand vint le moment de la séparation, j'aperçus qu'il restait encore des étincelles sous la cendre. Un souffle de mes lèvres eût suffi pour ranimer le feu. Mais la plus indigne coquette n'aurait pas eu le courage de briser les illusions de cette douce jeune fille, si heureuse et si fière de prendre Jacques Callot pour époux!

La nuit tombait comme je rentrais chez moi. Je ne fus pas médiocrement surprise de trouver à ma porte le comte de Coligny, qui m'attendait.

— Y songez-vous, monsieur? lui dis-je, est-ce l'heure de faire des visites? Voulez-vous aussi que je vous range parmi les impertinents?

— Ne m'accusez pas! s'écria-t-il; mon plus grand désespoir serait de vous déplaire.

— Il faudrait alors m'en donner d'autres preuves.

— Mais s'il eût été trop tard demain pour vous prévenir du péril qui vous menace?

— Trop tard... Un péril... Que signifie?...

— Répondez-moi, mademoiselle : croyez-vous qu'il soit dangereux pour une femme d'être aimée par un homme de l'espèce du cardinal?

— Dangereux... Expliquez-vous.

— Oh! je ne veux pas laisser entendre que cette femme, en aucun cas, puisse le payer de retour.

— Alors je vous réponds nettement et catégoriquement : si le ministre avait jeté les yeux sur moi, je regarderais cela comme une véritable catastrophe.

— J'ai donc bien fait de me rendre ici, malgré l'heure avancée, puisque Son Éminence vous trouve fort à son goût, puisque M. l'abbé de Boisrobert a la mission aussi délicate qu'honorable d'entamer des pourparlers à cet égard.

— Vraiment, on l'a nommé négociateur?

— Oui, mademoiselle. Si la négociation réussit, tout ira bien; mais, si elle ne réussit pas...

— Achevez.

— Vous êtes perdue.

— Par exemple!... Voilà ce que je voudrais voir! Quel droit le cardinal a-t-il sur ma personne?

— Aucun; mais toutes les perfidies sont du ressort de Richelieu.

— C'est juste.

— N'avez-vous pas quitté dernièrement en fugitive un couvent de cette ville?

— En effet... D'où savez-vous cela?

— Le cardinal arrange là-dessus son intrigue. Prêtez l'oreille au noble entremetteur de Son Éminence, vous revenez à Paris dans un équipage de la cour; moquez-vous de ses offres, on autorise les religieuses à vous réclamer, et l'on vous enferme.

— Bonté divine !

— M. l'abbé de Boisrobert doit venir vous sonder demain, mademoiselle, aussitôt qu'il fera jour chez vous.

— Demain ?... Mais alors je veux partir ce soir, à l'instant même.

— Je l'avais prévu, dit Coligny. Une berline et des chevaux sont à vos ordres, et si vous me jugez digne d'être votre protecteur pendant ce voyage...

— Oui, monsieur, j'accepte... Vite, cette berline, ces chevaux, et partons.

Je ne pris que mes objets de toilette les plus indispensables. Moins d'une heure après, le comte et moi nous courions à grandes guides sur la route de Paris.

XIV

Entrant alors dans plus de détails, mon compagnon de voyage m'apprit le reste de l'histoire. Boisrobert, déjà plus qu'à moitié ivre au sortir de chez moi, les avait conduits dans une auberge où il logeait, afin d'y vider ensemble quelques flacons de vin du Rhin. Mais, apprenant que Richelieu venait de le faire demander à plusieurs reprises, l'ivrogne les laissa maîtres de son domicile et se rendit trébuchant chez l'Éminence. Une demi-heure après il vint les rejoindre, et leur apporta cette nouvelle étrange que le cardinal, amoureux de moi, l'invitait à remplir l'office de Mercure.

Très-expéditif en politique, Jupiter-Richelieu croyai, pouvoir déployer une égale promptitude en amour.

Aussitôt après l'audience du matin même il donna ses ordres à huit ou dix espions. Ces derniers se mirent en quête, et revinrent bientôt lui apprendre toutes les circonstances de mon séjour à Nancy, ma fuite du cloître, mes relations avec Jacques Callot, et le prochain mariage de celui-ci. Le ministre en conclut très-judicieusement que j'étais libre. Il en regarda comme une nouvelle preuve la liste des convives reçus à ma table dans la soirée, liste que ses hommes n'oublièrent pas de lui transmettre.

Le plan du cardinal fut arrêté aussi vite. Boisrobert, choisi pour l'exécuter, ne cacha pas ses instructions à mes dîneurs.

Furieux l'un et l'autre contre moi, Marsillac et Scarron déclarèrent qu'ils ne mettraient pas obstacle aux poursuites de Richelieu. Coligny dissimula, parut approuver tout, les fit boire outre mesure, et accourut chez moi lorsqu'il les eut enterrés sous la table.

Je devais décidément beaucoup de reconnaissance à ce jeune homme. Il venait de me sauver d'un véritable péril, non que, malgré sa puissance, le ministre eût le droit de m'enfermer dans un couvent pour le reste de mes jours : mes amis auraient jeté feu et flamme et j'aurais reconquis ma liberté tôt ou tard ; néanmoins il est certain que les récollettes, joyeuses de me ressaisir, m'eussent fait payer cher leur déception, en attendant l'heure de la justice.

Toutes ces manœuvres eurent pour résultat de me rapprocher en quelque sorte forcément de Coligny, et de développer d'une manière beaucoup plus rapide l'attrait qui nous portait l'un vers l'autre.

Nous arrivâmes à Paris en quarante-huit heures, grâce à l'or que nous semions sur la route. Gaspard avait le plus agréable caractère, un esprit fin, enjoué, beaucoup de délicatesse, un jugement droit, et de l'amour comme le cœur en tient en réserve à vingt ans. Il s'exposait pour moi à la rancune du ministre : donc l'essentiel était de ne pas nous laisser surprendre au retour de Richelieu.

Mon logement de la rue des Tournelles ne nous offrait pas la moindre sécurité. Selon toute évidence, on viendrait nous chercher là d'abord.

J'achetai à Picpus une maison de campagne délicieuse, abritée comme un nid d'oiseau sous des touffes de verdure. Ce fut là que nous allâmes jouir en paix de notre bonheur. On m'affirma que cette gentille retraite avait été habitée jadis par Henri IV et sa maîtresse, après la fuite de mademoiselle d'Estrées du château de Cœuvres, et au moment où le roi la cachait encore. Tout y respirait l'enivrement et les joies mystérieuses du tête-à-tête. Les plafonds et les murailles étaient ornés de peintures provocantes. Ici, Vénus sortait des flots, belle de jeunesse et de volupté ; plus loin, sous un des berceaux d'Amathonte, les Grâces faisaient danser en rond les Amours. La chambre à coucher tout entière offrait un immense paysage, avec des Dryades poursuivies par des Satyres, et des Nymphes au bain.

Mon lit, d'une forme toute nouvelle, et supporté par quatre griffes d'aigle, était une sorte de coquille gigantesque, dans le creux de laquelle s'entrelaçaient des guirlandes de roses. Deux Faunes debout supportaient les rideaux.

J'avais suspendu mon portrait au-dessus du chevet, coutume alors fort en vogue.

Nous n'avions avec nous que deux serviteurs dans ce paradis terrestre, une femme de chambre et un domestique du nom de Pierre. Je l'appelais *Perrote*. Il avait servi M. de Lenclos. C'était un chien pour l'attachement et la fidélité.

Quelquefois, le soir, je sortais avec Coligny, mais toujours en chaise ou en carrosse. Paris me semblait une autre ville. Tout y était changé. Les hommes avaient trouvé moyen de se rendre parfaitement ridicules, en adoptant la plus grande bizarrerie du monde, celle de ne pas faire usage de leurs propres cheveux et de recourir aux perruques. Le premier qui s'avisa de porter une chevelure d'emprunt fut l'abbé de la Rivière, connu par ses basses intrigues et digne conseiller de Gaston, qui lui fit donner l'évêché de Langres.

Nous retrouverons plus tard chez Mademoiselle cet honnête prélat.

D'abord, les perruques ne couvrirent qu'une tempe; puis elles couvrirent les deux. Enfin elles envahirent l'occiput, et définitivement toute la tête. Les courtisans par caprice, les rousseaux par vanité, et les chauves par nécessité, se déclarèrent pour cette méthode. Il y eut un véritable déluge de perruques, c'était une rage : les perruques in-folio, les petites perruques, les perruques à calotte, les perruques à la moutonne et les perruques de bichon. Vinrent ensuite les perruques à la française,

A l'anglaise,

A la flamande,

A la danoise,

A la polonaise,

A l'italienne,

A l'espagnole;

Perruques de toutes les nations et de tous les climats.

On se peignait en pleine rue : les hommes, en vous abordant, vous saluaient du démêloir. Tant enfin, que le roi rendit un édit qui créait deux cents barbiers étuvistes et perruquiers, outre ceux qu'il y avait déjà.

Coligny fit le serment solennel de ne jamais s'affubler d'une indignité semblable. Il avait les cheveux fort épais et du plus beau noir : je ne craignais point qu'il devînt en cela de sitôt parjure.

Deux mois venaient de s'écouler.

Louis XIII et le cardinal étaient de retour au Louvre. Nous n'avions garde de paraître à leurs yeux, et nous nous croyions merveilleusement cachés dans notre jolie campagne, sous nos verts ombrages. Mais les plus secrets asiles n'échappaient point à la police du ministre. Scarron et Boisrobert mettaient, du reste, une méchanceté fort grande à l'exciter contre nous.

Un matin, deux carrosses s'arrêtèrent à la porte de notre petite maison. La sonnette se fit entendre, mais agitée par un coup si violent, que le comte se précipita hors du lit et courut prendre son épée. Presque aussitôt Perrot, pâle et tremblant, entra dans notre chambre.

Il nous annonça un officier des gardes et six hallebardiers. Tous ces gens-là parurent à sa suite.

— Vous êtes accusé, monsieur, dit l'officier à Coligny, d'avoir déserté votre corps en Lorraine. Voici l'ordre de vous enfermer à la Bastille. Quant à vous, madame, ajouta-t-il, veuillez vous habiller sans retard et nous suivre.

— Où me conduisez-vous? lui demandai-je.

— A Rueil, chez Son Éminence le cardinal.

Le comte, furieux, se précipita vers l'officier en brandissant son arme.

— Flamme et tonnerre! cria-t-il, je comprends tout. C'est là, n'est-il pas vrai? l'article essentiel de votre mission. Par la tête vénérable de mes ancêtres, vous ne nous emmènerez vivants ni l'un ni l'autre, monsieur!

— Gaspard, lui dis-je au nom du ciel, calmez-vous.

— Que je me calme, sang-Dieu!... Non! non! Venez, cria-t-il aux soldats; ayez l'audace de mettre la main sur ma personne, et je vous éventre tous.

— Mon ami, lui dis-je, la résistance ne peut que nous perdre. Il faut du sang-froid. Permettez que j'aille à Rueil, et je vous jure, sur notre amour, que vous ne coucherez pas sous les verrous.

Un éclair d'inquiétude et de jalousie traversa son regard.

— Ah! m'empressai-je d'ajouter avec un accent de reproche, pouvez-vous douter de moi-même et de mon cœur?

— Non, murmura-t-il à voix basse; mais Richelieu est capable de tout.

— Même d'avoir plus d'esprit que moi ? Prends garde, Gaspard, tu vas me faire pécher contre la modestie.

Ce trait ramena le sourire sur ses lèvres. Au bout du compte, la désertion dont on l'accusait n'était pas sérieuse. A chaque instant nos jeunes seigneurs se permettaient de ces sortes d'équipées, sans qu'on les leur imputât à crime.

— Va donc, me dit Coligny, j'ai confiance. Me montrer jaloux de cet homme rouge serait te faire injure.

— En finirez-vous avec vos chuchotements ? nous cria l'officier d'une voix brusque.

Je me jetai dans la ruelle pour passer une robe, et j'eus terminé ma toilette en un clin d'œil. Coligny m'embrassa. Il rendit tranquillement son épée à l'officier des gardes, et fut installé dans l'un des carrosses, qui courut au galop du côté de la Bastille. Je montai dans l'autre. On me fit suivre le mur d'enceinte jusqu'au Roule, et, de là, nous prîmes le chemin de Rueil, où j'arrivai à onze heures.

Richelieu venait d'acheter dans ce hameau la plus grande partie du domaine de l'ancienne abbaye de Saint-Denis, dont il avait renversé les cloîtres pour élever à la place une maison de plaisance de toute beauté. Je trouvai monseigneur à table. M'approchant aussitôt, le sourire aux lèvres et de l'air le plus dégagé du monde :

— Vraiment, je pensais, lui dis-je, que Votre Éminence aurait eu la politesse de m'attendre.

Il fit opérer un demi-tour à son siège et me regarda tout surpris. Je continuai sans rien perdre de mon aplomb :

— Vos gens m'ont éveillée avec l'aurore et ne m'ont pas donné de cesse pour venir. Je suis à jeun, monseigneur.

— Un couvert! et qu'on se hâte! cria-t-il en se tournant vers ses domestiques.

Puis, me saisissant les mains avec une vivacité joyeuse :

— En vérité, mademoiselle, vous daignez me demander à déjeuner... C'est charmant!... Moi qui m'attendais à une scène de larmes, je vous vois paraître avec une figure riante, avec des yeux qui n'ont rien perdu de leur éclat. Sur l'honneur, vous ne pouviez me faire une plus agréable surprise.

Il m'avança lui-même un siége, et je pris place à ses côtés.

— Vous vous attendiez à des larmes... Et pourquoi donc, je vous prie, monseigneur?

— Goûtez de ce faisan, ma belle, dit-il en me passant une assiette et sans répondre à ma question.

— Les larmes sont toujours un triste moyen de se tirer d'embarras, monsieur le cardinal; je n'en fais usage qu'à la dernière extrémité.

— Vous avez raison.

— Soyez donc assez aimable pour me passer de ces olives.

— Avec plaisir, mademoiselle. Je vous recommande les écrevisses, elles sont parfaites. Entre nous, il paraît que vous n'êtes pas très-amoureuse du comte?

— Moi?... J'en raffole, au contraire.

— Qu'est-ce à dire? fit-il en me considérant avec trouble.

— Je n'ai certes pas été dupe, lui répondis-je, de cette comédie d'emprisonnement. Vous avez voulu rappeler Coligny à la discipline militaire, et lui donner, j'imagine, une simple leçon.

— Sans doute, ma belle, sans doute, une leçon qu'il étudiera sous les murs de la Bastille le plus longtemps possible.

Je reculai mon fauteuil et je me levai brusquement.

— Quoi! m'écriai-je, il ne sortira pas ce soir?

— Ah! ah! ce soir! fit-il en éclatant de rire... Chère enfant!... Vous avez perdu l'esprit!... Allons, du calme, et reprenez place à table.

— Merci, je n'ai plus faim, monseigneur.

— Je vous offre une tranche de chevreuil dont la saveur est exquise.

— Parlons de Coligny, de grâce...

— Oui, trinquons à sa santé. Dans huit ou dix mois, nous verrons à le rendre libre.

— Huit ou dix mois! Mais c'est indigne, monsieur le cardinal. Si je pouvais croire que vos discours ne soient pas une épreuve, je me déclarerais, à dater de ce jour, votre ennemie la plus acharnée!

Je proférai cette phrase sur un ton de colère et de violence.

— Pourquoi donc? balbutia Richelieu, suffoqué de ce brusque revirement.

— Parce que vous me feriez, sans motif et sans cause, un chagrin dont je ne me consolerais jamais.

— Erreur, ma belle: on se console de tout.

— Ah! prenez garde, ne me tenez pas de semblables discours.

— Des menaces?

— Oui, je vous menace, tout premier ministre que vous êtes, je vous menace de ma haine, et la haine d'une femme peut vous mener loin, monseigneur! Il me faut à l'instant votre signature, entendez-vous? je veux Coligny ce soir, ou sinon...

— Ou sinon? répéta gravement Richelieu.

— Sinon je vous déteste, je vous exècre, je vous abhorre! criai-je en ouvrant des yeux furieux et en lui parlant sous le visage.

Puis, je retombai sur mon siége et je réussis à fondre en larmes.

— Qu'on nous laisse, dit le cardinal à ses gens.

Les domestiques sortirent. Richelieu s'approcha, me prit la main, et me dit d'une voix mielleuse en me câlinant du regard :

— Mais enfin, charmante, si je vous aime?...

Je m'essuyai rapidement les yeux, et je le regardai bien en face, de l'air le plus stupéfait que je pus prendre.

— Si vous m'aimez, monseigneur?

— Oui, si je suis jaloux de cet homme...

— Arrêtez!... Oh! pas un mot de plus.

— Et la raison?

— Je rougirais pour vous.

— Qu'est-ce à dire?

— Cela suffirait, je vous le jure, pour vous perdre à tout jamais dans mon estime. Le cardinal de Richelieu, le premier ministre, l'homme le plus puissant de France après le roi... que dis-je? avant le roi...

— Eh! eh! ma belle, vous n'avez pas tort.

— Le cardinal de Richelieu aimerait une femme, et ne trouverait pas d'autre moyen de s'en faire aimer que de recourir à un abus de pouvoir? Le premier ministre se défierait assez de lui-même, de son esprit, de ses séductions, pour écarter brutalement ses rivaux?... Ah! monseigneur, à présent je suis calme, et si jamais vous étiez capable d'agir aussi lâchement...

— Mademoiselle! cria-t-il avec force.

— Aussi lâchement, je ne me rétracte pas... si vous aviez, dis-je, emprisonné le comte pour arriver à moi d'une façon plus sûre, vous trouveriez un obstacle que l'amour ne franchit jamais.

— Oh! oh! quel est donc cet obstacle?

— Le mépris.

Il eut un fougueux tressaillement. Je frappais fort et juste. Son regard eût intimidé tout autre que moi; mais j'étais sûre de mon rôle, et je repris avec un calme intrépide :

— Après tout, il n'y a rien là qui doive vous offenser, monseigneur. Nous parcourons les champs des hypothèses, et j'ai la première eu tort de prendre vos paroles au sérieux. Vous allez me signer l'élargissement de Coligny avec le même empressement que vous avez mis à me signer celui de Jacques Callot, et vous aurez un titre de plus à ma reconnaissance.

Je venais d'apaiser sa colère. Il s'approcha, souriant, de mon siége.

— Et cette reconnaissance, mignonne, dit-il avec un air patelin, comment et quand me la prouverez-vous?

— Ah! ne me parlez pas ainsi, lui répondis-je : vous me laisseriez croire que vous êtes dans l'intention de me vendre une faveur.

— Souvenez-vous, répliqua-t-il, que moi je paye mes dettes; faites de même.

— Très-volontiers, monsieur le cardinal ; mais il faut d'abord que je les contracte.

— C'est juste, me répondit-il en me baisant la main avec beaucoup de tendresse.

Je posai le doigt sur un timbre.

Les domestiques rentrèrent.

— Une plume, de l'encre et du papier pour monseigneur, dis-je à deux grands valets, qui obéirent très-vite, et que Richelieu renvoya plus vite encore après m'avoir signé la mise en liberté de Coligny.

— J'espère, charmante, qu'il est impossible d'avoir en vous une confiance plus illimitée? dit le ministre en reprenant ma main, qu'il baisa de nouveau trois ou quatre fois avec passion. Sur ma parole, je vous trouve merveilleuse, divine... Et tenez, votre colère même était adorable! il est inouï que, si jeune encore, vous ayez à si haut point l'art de plaire.

— Ah! monseigneur, c'est que la beauté sans grâce est un hameçon sans appât.

— Chère enfant, Dieu vous a comblée de ses dons les plus précieux.

— Je le remercie tous les matins de mon esprit, et je le conjure tous les soirs de me préserver des sottises de mon cœur.

Il essaya de me prendre la taille : un habile changement de position sur mon siége l'empêcha de donner suite à cette fantaisie.

— Votre cœur, ma belle Ninon, ne peut jamais faire de sottises.

— Croyez-vous, monsieur le cardinal ?

— Surtout s'il consent à ma tendresse.

— Ah! laissez-le d'abord se refroidir pour Coligny !... Mais une idée, monseigneur.

— J'écoute.

— Ce jeune homme est d'excellente famille. Ne le pousserez-vous pas un peu ?

— Non, certes, il est de la religion réformée.

— D'accord. Mais si je le convertis !

— Vous !

— Moi-même. Croyez-vous que je ne sache pas prêcher un huguenot !

— Quelle folie !

— Ne riez pas. Je suis très-capable d'opérer cette conversion, n'en déplaise à Votre Éminence. Une fois Coligny rentré au bercail de l'Église catholique, apostolique et romaine, j'exige de vous que le premier régiment disponible soit pour lui.

— En vérité, non ! s'écria le cardinal.

— Vous me refusez ?

— Je refuse.

— Prenez garde !... Est-ce votre dernier mot !

— C'est mon dernier mot.

— Alors, monseigneur, de deux choses l'une : ou vous craignez d'augmenter ma dette, ou vous ne me croyez pas solvable.

— Délicieux ! divin ! cria-t-il, essayant pour la seconde fois de m'entourer de ses bras.

Il y réussit, car mon fauteuil ne tourna pas assez tôt. Mais je me dégageai de cette étreinte audacieuse ; puis, un doigt sur les lèvres, et avec un sourire capable de lui tourner définitivement l'esprit :

— Nous ne sommes point encore au jour de l'échéance, lui dis-je. Me donnerez-vous le régiment, oui ou non ?

— Oui, si le comte abjure. Je suis vaincu.

— Alors, monseigneur, permettez-moi d'aller sur le-champ m'occuper de cette conversion.

— Déjà ! s'écria-t-il, tu veux déjà partir.

Il me tutoyait. Son audace ne connaissait plus de bornes. C'était la meilleure raison de précipiter mon départ. J'avais hâte de terminer cette scène dangereuse.

— Lorsqu'il s'agit de ramener une âme dans le giron de l'Église, répondis-je, il ne faut jamais perdre une minute, et ce n'est point vous, monsieur le cardinal, qui voudriez, en semblable circonstance, faire naître des retards.

— Ah ! friponne !

— Je parle sérieusement, monseigneur.

— Enfin, soit... Quand nous reverrons-nous ?

— Pour aujourd'hui, je vous pardonne ma visite forcée ; mais à l'avenir il faut attendre que je vienne moi-même.

— Sera-ce bientôt, mon amour ?

— Fiez-vous à ma nature capricieuse. Je ne réponds de rien, mais vous êtes libre d'espérer tout. Votre humble servante !

Et, lui adressant un dernier sourire plus incendiaire que tous les autres, je sortis au plus vite, heureuse d'avoir si bien joué mon rôle, et certaine de posséder un talent de comédienne fort remarquable. Je n'avais eu aucun scrupule de tromper le premier fourbe de la terre, et j'espérais me tirer avec autant d'honneur de toutes les entrevues que je pourrais avoir avec lui par la suite. Bien certainement le cardinal était un habile politique et un grand ministre; mais il était loin d'être un homme aimable. Tout, en lui, froissait la délicatesse d'une nature de femme. Jamais il ne reculait devant un acte de despotisme. Il joignait à cela des habitudes fort peu exemplaires pour un homme obligé par état au respect des mœurs et de la religion.

Ainsi, au XVIIe siècle, il n'eut pas honte de se faire l'émule des prélats des temps barbares.

Comme eux il s'adjugea d'opulents bénéfices, comme eux il négligea le spirituel pour le temporel; comme eux il prit le casque et l'épée pour se mettre à la tête des troupes. Enfin, comme eux toujours, il versa le sang et tyrannisa le peuple. Il eut, comme eux, des maîtresses et des bourreaux.

L'exemple d'un homme aussi en relief que le ministre ne pouvait manquer d'avoir grand nombre d'imitateurs. Moines, prêtres, évêques, cardinaux, joignaient à leur profession celle de militaire, et prenaient part aux désordres et à la débauche des camps. On composa là-dessus une foule de satires. J'ai retenu ce passage de la meilleure :

> Un archevêque est amiral,
> Un gros évêque est caporal,
> Un prélat préside aux frontières,
> Un autre a des troupes guerrières
> Un capucin pense aux combats,
> Un cardinal a des soldats,
> Un autre est généralissime...
> O France! sache qu'ici-bas
> Ton Église si magnanime
> Milite et ne triomphe pas!

Sous le vestibule du château de Rueil, je rencontrai Boisrobert et Scarron. Ils tressaillirent de surprise à ma vue.

— Messieurs, vous en êtes pour vos frais! leur dis-je au milieu d'une ironique révérence.

Et je retournai à Paris, où je courus arracher le comte aux sombres cachots de la Bastille. Chose étrange! il en sortit soucieux, et je fis d'inutiles efforts pour dissiper le nuage qui obscurcissait son front. Je ne sus que longtemps après la vraie cause de cette inconcevable manière d'être. O sottise et injustice des hommes! Coligny me croyait infidèle, Coligny se persuadait que je n'avais pu obtenir gratuitement sa mise en liberté. Et le malheureux ne me disait rien ; je n'étais en aucune sorte sur la trace de ses soupçons.

Ayant rouvert mon cercle à la fin de l'automne, et beaucoup de mes invités me poursuivant de leurs hommages, je me figurai qu'il devenait jaloux. Je crus même entrevoir que l'objet de ses craintes était le duc de Senneterre, alors de retour de l'armée et dont la jeune femme continuait d'être mon amie intime.

J'étais sincèrement dans la désolation.

Le soir, je cessais de me montrer au cours; je négligeais jusqu'à ma toilette; on ne voyait ni mouches sur mon visage ni poudre dans mes cheveux. Plus Gaspard s'éloignait de moi, plus je sentais mon âme éprise et plus j'éprouvais le besoin de sa continuelle présence : bizarrerie du cœur, contre laquelle pourtant j'étais sur mes gardes, et dont je ne me défendais pas mieux qu'une autre. Le comte fut deux jours sans venir. Je lui envoyai cette missive, remplie d'aveux passionnés et de phrases suppliantes, que je n'écrirais certes plus aujourd'hui :

« Quelle est votre injustice, mon cher Gaspard ! Les visites que le duc me rend vous alarment, et vous me confondez avec les femmes qui ne mettent en amour ni probité ni franchise. Si vous aviez cessé de me plaire, si vous étiez remplacé dans mon cœur, je n'y aurais entendu d'autre finesse que de vous l'avouer ingénument. Rendez-moi donc plus de justice. Je vous aime, je vous aime, je vous aime ! Avant de vous connaître, je perdais à vouloir étudier l'amour les moments précieux que je devais employer à le ressentir. Hélas ! j'étais aveugle, et l'amour s'est bien vengé ! Maintenant tout vit autour de moi, tout s'anime, tout me parle de ma passion, tout m'invite à la chérir. Le feu qui me consume donne à mon cœur et aux facultés de mon âme un ressort qui se répand sur toutes mes affections. Mes amis me sont plus chers, je m'aime moi-même davantage; les sons de mon luth me paraissent plus touchants, ma voix me semble plus harmonieuse. Si je veux exécuter un morceau, la passion, l'enthousiasme, me saisissent, et le trouble qu'ils me causent me force à m'interrompre. Alors une rêverie profonde, mais pleine de charme, succède à mes transports. Vous êtes là, devant mes yeux, je vous vois, je vous parle ; je vous dis que je vous aime, et je vous le dis toujours d'une façon plus tendre que lorsque vous êtes en effet présent. Tantôt mon imagination vous est favorable, tantôt elle vous accuse. Je me félicite et me repens, je vous souhaite et veux vous fuir, je vous écris et déchire mes lettres. Puis, je relis les vôtres : elles me paraissent tantôt galantes, tantôt tendres, rarement passionnées, toujours trop courtes. Le doute s'empare de mon esprit. Je me livre à des inquiétudes étranges, à des frayeurs incompréhensibles, je consulte mes glaces, j'interroge mes amies sur mes charmes... Enfin je suis folle, et je ne sais ce que je deviendrai, si ce soir vous ne venez pas !

» Ninon. »

Cette lettre avait trop de chaleur pour ne pas raviver sa flamme. Mais ce ne fut qu'une résurrection d'un jour.

Il revint, et seulement alors il m'avoua les craintes qu'il avait gardées au sujet de ma visite à Richelieu. J'en pleurai de colère, attendu que mes protestations ne semblaient pas entièrement le convaincre. Juste au moment où nous nous querellions à cet égard, des Bournais, le valet de chambre du cardinal, entra chez moi. Son Éminence me faisait inviter à aller, le lendemain, déjeuner à Rueil, et m'envoyait sur Émery une lettre de change de cinquante mille écus (1).

Le cas devenait terrible. Il fallait absolument dépersuader Gaspard, sauf à recourir une seconde fois à la ruse pour apaiser le ministre. Je déchirai donc la lettre de change en morceaux.

Me tournant ensuite avec dignité vers le valet de chambre :

— Allez dire à votre maître, m'écriai-je, que je suis déjà bien assez inquiète de mon salut... Je ne veux pas me damner à coup sûr !

(1) Voir Tallemant des Réaux pour cette anecdote.

(*Note des Éditeurs.*)

Des Bournais s'en alla consterné de la réponse.

— Eh bien, dis-je à Coligny, me croyez-vous encore coupable?

— Oui, me répondit-il brusquement : ce message prouve que vous avez tout au moins laissé beaucoup d'espoir au cardinal. Je vous rends votre liberté, et je reprends la mienne.

Il sortit, à ces mots. Je ne le revis plus.

Ma douleur fut violente, mais elle ne pouvait être de durée. Certes, il devenait fort inutile d'avoir en amour un système pour négliger ainsi de le suivre. J'aimais beaucoup trop Coligny; cet excès de tendresse amena chez lui la froideur.

Et puis n'avais-je pas eu la sottise d'entreprendre, en effet, de le convertir? Je songeais à son avancement, à sa fortune. Lui ne me tenait compte que de l'ennui causé par mon catéchisme et mes sermons. Rien n'est dangereux comme d'habituer un homme à bâiller en votre présence, et Coligny bâillait énormément, surtout quand je lui expliquais les *mystères*.

A huit jours de là, on m'apprit qu'il s'agissait de le marier à la sœur du duc de Luxembourg.

Ce projet d'hymen était peut-être la cause principale de sa désertion. Quoi qu'il en fût, le procédé ne laissa pas que de me paraître fort piquant. Je jurai de n'y plus être prise et de ne jamais attendre qu'un amant me quittât le premier. A ce serment j'en joignis un autre : celui de ne plus convertir personne... au contraire.

L'Éminence avait été fort humiliée de la réponse faite à son valet de chambre; mais elle n'osait rien entreprendre contre moi. Ma rupture avec Coligny lui enlevait tout prétexte, et peu m'importait alors qu'on enfermât le comte à la Bastille. Du reste, Richelieu était habitué depuis longtemps aux défaites amoureuses. Marion Delorme l'avait déjà battu, du moins elle en jurait ses grands dieux; mademoiselle de Montmorency le reniait de toutes ses forces; madame de Chaulnes se vantait de l'envoyer paître, et la duchesse de Chevreuse lui jouait des niches abominables. Pour comble d'infortune, il venait tout récemment d'essuyer un échec auprès de madame de Cavoye. C'est une anecdote fort courte, et qui peut trouver ici sa place.

Le cardinal, assez présomptueux de sa nature, se figurait, pour avoir rencontré parfois les yeux de cette jeune femme attachés sur lui, qu'elle était fortement éprise de son estimable personne.

Sur ce bel espoir, il s'enflamme, et nomme le mari capitaine de ses gardes.

C'était un moyen très-simple d'avoir aussi la femme sous la main. Un jour donc, en l'absence de l'époux, il se glisse dans l'appartement de madame de Cavoye, et lui demande après quelques préliminaires :

— Voyons, lequel aimez-vous le mieux de moi ou de votre mari ?

La dame ne manquait pas de finesse. Elle éventa les plans du séducteur et résolut de se tirer d'embarras en jouant la naïveté. Sa ruse était juste le contre-pied de la mienne, et n'en valait que mieux peut-être.

— Monseigneur, répondit-elle, Votre Éminence ne m'en voudra pas, s'il lui plaît ; mais je lui avoue franchement que j'aime mieux mon mari.

— Ah! fit Richelieu déconcerté.

— Sans doute. Vous ne me donnez que de l'inquiétude; je suis toujours en peine pour votre santé. Lui, me donne du plaisir.

— Mais à quoi consentiriez-vous plutôt, de voir M. de Cavoye mourir ou le reste du monde?

— Je consentirais à ce que tout le monde mourût.

— Alors que feriez-vous tous deux, tous deux seuls?

— Nous ferions ce qu'Adam et Ève faisaient, monseigneur.

Le cardinal ne jugea pas à propos de pousser plus loin l'interrogatoire, et pensa qu'il aborderait inutilement auprès d'une personne si fort attachée à son époux la question du *fruit défendu.*

Ma rupture avec Coligny fut un signal qui réveilla les espérances de vingt autres soupirants. Un des plus aimables était sans contredit le fils de la marquise de Rambouillet, cette radieuse étoile de la rue Saint-Thomas-du-Louvre. Jeune, vif, brillant, spirituel autant que le comte, Rambouillet n'avait qu'un défaut, celui de me demander la promesse d'une fidélité éternelle. Impatientée de ses instances, je lui écrivis un jour :

« Je t'aimerai trois mois, c'est l'infini! »

Enchantée de mes succès, fière de ma beauté, je menais sans remords la plus folle existence; je la raisonnais même, et je l'appuyais d'arguments philosophiques. Les derniers conseils de mon père portaient leur fruit. Pourquoi, me disais-je, ne pas me livrer à mon goût pour les plaisirs? pourquoi ne pas céder aux séductions? J'accorderai toujours mes bonnes grâces à l'amabilité, au mérite, à la célébrité, jamais à la richesse. Ne puis-je être faible sans être vile ? Rien ne me force à trahir. Quand je n'aimerai plus, je le dirai. L'amitié seule, en ce monde, est un sentiment respectable. Une fois pour toutes, je m'engage à ne plus prendre au sérieux l'amour.

Néanmoins je ne me dissimulais pas que j'avais tout à craindre de la malignité.

Déjà ma réputation était compromise; mais je n'en persistais pas moins à prôner mon système et à l'établir sur des bases solides. Faites pour plaire aux hommes, destinées à vivre parmi eux, les femmes reçoivent une éducation qui a pour objet de les rendre propres à l'amour. De toutes les passions, c'est même la seule qui leur soit permise, et cependant on ne leur laisse qu'une sorte de gloire à acquérir, celle précisément de résister à cette passion. C'est absurde! Nous avons un cœur, ce cœur est créé pour aimer, l'amour est involontaire : donc, au lieu de vouloir détruire ce penchant qui fait partie de nous-mêmes, il est infiniment plus sage de travailler a le rectifier.

Pour mon compte, je ne tardai pas à y réussir. Lorsque je voulus, plus tard, analyser le résultat de ce travail, voici quelles furent mes découvertes :

Chez moi, l'amour est prodigue à l'excès, d'une impétuosité folle, et surtout d'une grande franchise. Il est plus délicat qu'intéressé, plus voluptueux que libertin; mais il est trop vif pour connaître les règles de la galanterie. J'ai l'esprit mâle et le cœur femelle. Tout à la fois j'aime et je raisonne ; j'associe Minerve à l'Amour. En un mot, je suis un *galant homme*, et je m'en trouve bien.

Mes amants ne m'ont jamais fait illusion. Je savais à

merveille les pénétrer. Ce que je pouvais valoir du côté de l'esprit et du caractère entrait pour infiniment peu dans les raisons qui les déterminaient à venir à moi. Ils étaient amoureux parce que j'avais de la figure et qu'ils avaient des désirs. Aussi n'ont-ils obtenu que la seconde place dans mon cœur. Mes amis y ont tenu la première. J'ai toujours conservé pour l'amitié les égards, la constance, le respect que mérite un sentiment aussi noble, aussi digne d'occuper une belle âme, et jamais il ne m'a été possible de vaincre ma défiance contre des cœurs où l'amour avait joué le principal rôle. Cette faiblesse me les faisait croire incapables de s'élever à la hauteur d'une véritable estime pour une femme qu'ils avaient désirée.

Tout d'abord, j'en conviens, je n'arrivai pas à ce comble de logique, mais je réussis à y atteindre petit à petit et par la seule force de mon jugement.

Cela ne m'empêchait pas d'avoir toutes les coquetteries de la femme. Je soignais ma beauté comme le plus précieux don de la nature; j'en étais orgueilleuse, et je cherchais toutes les occasions de la faire valoir.

Depuis quelque temps, Rambouillet me tourmentait pour le suivre à un bal du Louvre.

— Enfin, je m'y décidai.

Mes flatteurs affirmèrent que je l'emportais sur toutes les dames présentes. Guéri de sa rancune ou trouvant plus sage d'en revenir à l'espérance, M. le cardinal me fit inviter, après le ballet, à une collation dans ses petits appartements; mais je ne crus pas devoir l'exposer au péché de convoitise. Je le remerciai avec une excuse polie.

En sortant du Louvre, et au moment où j'allais monter

en carrosse, je me sentis retenir par la robe. Me retournant fort surprise, je me vis en présence d'un petit homme entièrement vêtu de noir, dont le sourire était sarcastique et railleur. Il avait des yeux comme des escarboucles. Rambouillet, remarquant mon effroi, se mit à interpeller ce bizarre personnage, qui s'obstinait à me retenir.

Mais l'homme noir lui imposa silence par un geste impérieux, et me dit avec un accent de tristesse profonde :

— Vous êtes fière de votre beauté, mademoiselle, et vous en avez le droit, car elle est merveilleuse. Mais, hélas! tant de charmes réunis doivent se faner un jour. Les roses de votre teint s'effaceront, et la vieillesse arrivera, suivie de son cortége de rides... Ah! croyez-moi, prenez-y garde!... Tâchez de prévenir ce malheur, car alors il ne vous resterait plus rien.

Cela dit, il me salua gravement et disparut sous les colonnes du vestibule.

XV

J'étais confondue de ces paroles, auxquelles l'homme noir, dans sa précipitation à faire retraite, ne m'avait pas laissé le temps de répondre.

— Plus rien! dis-je à Rambouillet : c'est un impertinent. Ne me restera-t-il pas toujours...

— Votre esprit, votre amabilité, chère belle... Eh! sans

doute!... Que la fièvre quarte étrangle le faiseur de pronostics!

Je repris, tout émue, après un instant de silence :

— Au fait, cet homme a raison.

— Comment?...

— Il a raison, vous dis-je. Ce qui me restera suffira-t-il pour retenir mes amis près de moi? Rien, en vérité, ne me semble moins sûr.

— Là! là! quelle folie, ma chère!

— Oh! ce que je vous dis, je le pense.

— Allons donc! Pourquoi, lorsque le présent vous offre tant de délices, aller chercher du chagrin dans l'avenir?

— Parce que, pour nous autres femmes, la vieillesse est terrible. Chez l'homme, elle a quelque chose de digne, d'imposant; chez nous, elle est désespérante et dénuée de poésie. Nous sommes des ruines sans grandeur et sans majesté. Il faudrait être femme, et jolie femme, depuis treize ans jusqu'à vingt-deux ans, et, après cet âge, passer dans l'autre sexe.

— Oui; mais, comme c'est tout bonnement impossible, autant vaut n'en point former le désir.

— N'importe, je serais bien aise de revoir cet homme.

— Votre prophète de malheur? fi donc!... Si jamais ce hibou se présente à vos regards, chassez-le sans miséricorde. Il vous rendrait mélancolique et vous ôterait votre plus grand charme.

Rambouillet ne me persuada pas. J'eus toute la nuit des idées fort déplaisantes : je me vis en rêve avec des cheveux blancs et des rides. Le lendemain était jour de réunion chez moi. Ma tristesse durait encore, et la vieille baronne Panat, l'une de mes habituées fidèles, croyant m'égayer sans doute, amena la conversation sur les sorciers. Si j'ai bon souvenir, c'était à propos du procès de Loudun, dont tout Paris s'occupait alors. Le comte de Lude, une de mes nouvelles connaissances, prit à parti la baronne et se moqua d'elle. Marguerite de Saint-Évremond ne la ménagea point à son tour. Aussitôt on se mit de tous côtés à défendre madame de Panat.

— Qu'est-ce à dire, messieurs ? avez-vous perdu la mémoire ? dit un président au Grand-Châtelet. Ne vous souvient-il plus de l'an 1609 ?

— Je n'étais pas né, dit en riant Saint-Évremond. S'il m'en souvient, il ne m'en souvient guère.

— Ni moi non plus, dit le comte, j'étais en nourrice.

— Eh bien, cette année-là, messieurs, le diable étrangla, avec grand tintamarre, deux fameux magiciens, César, et Ruggieri, abbé de Saint-Mahé. Ces mécréants façonnaient des images de cire et faisaient à volonté mourir en langueur la personne qu'on leur désignait.

— Bon ! Et pourquoi le diable les étrangla-t-il ? demandai-je. Il devait plutôt les récompenser, car ils le servaient, ce me semble, de bonne manière.

— Il paraît, mademoiselle, répondit le président, que l'heure de ces maudits était venue. Le pacte touchait à son terme, et Satan venait chercher leur âme.

— C'est clair, dit la baronne ; mais autre chose...

— Une nouvelle histoire de sorciers ?

— Oui.

— Écoutons.

— Pourvu qu'elle ne remonte pas à l'an 1609.

— Non, messieurs, elle est toute récente. Voulez-vous savoir comment la Rochelle a été prise ?

— Oh ! pour cela, répondit le comte de Lude, personne ne l'ignore : c'est grâce à la digue jetée dans l'Océan par Son Éminence.

— Allons donc ! fit madame de Panat.

— Parbleu ! dit Saint-Évremond, la ville a cédé à la valeur des troupes du roi.

— Fadaises ! vous n'y êtes point.

— Eh bien, contez-nous cela, baronne ! cria-t-on de tous les coins du cercle.

— Voici. Un nommé Fontenay alla trouver Louis XIII, et lui dit qu'il consentait à subir le supplice de la roue si la ville n'était pas à Sa Majesté avant deux jours. Le roi lui laissa le champ libre. Fontenay distribua aux soldats des chapelets de deux sous, en fils de corde de boyau, et la ville fut prise.

— Ah ! ah ! la bonne histoire ! dirent les incrédules en éclatant de rire.

— Mais, baronne, objectai-je, ceci est de la superstition plutôt que de la sorcellerie.

— Sans doute, fit le comte.

— Ce sorcier était fort chrétien ! s'écria Marguerite.

— Comment donc, répliqua la baronne, ne savez-vous pas qu'il y a les bons et les mauvais sorciers ? Les uns sont voués au bien, les autres sont voués au mal.

— Rien de plus juste, affirma le président. Ruggieri faisait tomber où il lui plaisait la grêle et le tonnerre.

— Voyez-vous, l'habile homme.

— Le Dieu des chrétiens est plus patient que le Jupiter antique.

— Oui certes! Salmonée n'a pas eu de chance.

— Messieurs, messieurs, il ne faut point rire de ces choses. D'ailleurs, pourquoi chercher si loin des preuves? En 1631, il n'y a pas plus de trois ans, la chambre de justice de l'arsenal, où je siégeais alors, condamna au feu Adrien Bouchard, prêtre, et Nicolas Gorgan, parce qu'on avait trouvé chez eux trois livres de magie écrits à l'encre rouge sur parchemin, une étole noire et un petit calice de plomb, dont ils se servaient pour faire périr par sortilége le cardinal de Richelieu.

— Vraiment? s'écria Saint-Évremond: l'idée ne manquait pas d'un certain mérite.

— C'est grand dommage qu'ils n'aient pas réussi, ajouta le comte de Lude.

— Silence, messieurs! m'écriai-je, vous savez que la politique est exclue de mon cercle. Revenons aux sorciers, de grâce. Il est fâcheux que, pour mieux établir ma conviction, madame de Panat ne m'en indique pas un que je puisse interroger et voir.

— Allons en Poitou! dirent ensemble Marguerite et le comte : vous verrez Urbain Grandier.

— Bah! c'est inutile de faire un si long voyage, cria la baronne.

— Auriez-vous mon affaire plus près d'ici? lui demandai-je.

— Sans nul doute, chère belle.

— Cela me convient mieux... Où donc?

— Allez à Gentilly, vous y trouverez Perditor.

— En effet, dit le président, c'est un sorcier du premier choix.

— Aussi fort que César et Ruggieri?

— Plus fort, mademoiselle, plus fort: il montre le diable à qui veut le voir et compose des filtres pour que les jeunes gens soient aimés des jeunes filles.

— Et aussi, s'empressa d'ajouter madame de Panat, pour conserver la beauté des femmes jusque dans l'extrême vieillesse.

— Quelle plaisanterie! fis-je en éclatant de rire.

— Je ne plaisante pas, ma chère.

— Mais alors pourquoi ne lui en avez-vous pas demandé un pour vous-même, baronne?

— Parce qu'il faut s'y prendre très-jeune, à votre âge, par exemple.

— Ah!

— Moi, je suis arrivée trop tard.

Nos incrédules continuèrent de se moquer. Je ne les écoutais plus, je me laissais impressionner malgré moi par les sottes histoires du président et de la vieille dame. Je formai tout bas le projet d'aller voir Perditor.

Le lendemain, je courais en voiture sur la route de Gentilly, et j'emmenai avec moi le comte de Lude, précisément parce qu'il ne croyait point aux sorciers. Je ne voulais pas être dupe. A l'entrée du village, nous demandâmes la demeure du célèbre nécromancien. On nous répondit qu'il restait aux carrières. Un guide se présenta pour nous y conduire, et bientôt nous arrivâmes en face d'une ouverture béante, nouveau Ténare enveloppé de fossés larges et profonds. Notre guide fit un signal. Aussitôt un homme vêtu de rouge parut à l'autre bord et nous demanda ce que nous voulions.

— Je veux un philtre, répondis-je, qui fasse durer ma beauté autant que ma vie.

— Et moi, dit le comte, je veux voir le diable.

— Vous serez satisfaits l'un et l'autre, répondit l'homme rouge avec autant de calme que si nous demandions la chose du monde la plus naturelle.

Il abaissa sur le fossé une sorte de pont-levis et nous fit pénétrer dans la carrière, où bientôt nous fûmes dans l'obscurité la plus complète. Je n'étais rien moins que rassurée.

— Soyez sans crainte, me dit le comte. J'ai mon épée, un poignard et deux pistolets : avec cela je défie tous les sorciers du monde.

Après cinq minutes de marche au milieu des galeries souterraines, nous nous trouvâmes dans une sorte de salle circulaire creusée dans le roc vif. Quelques torches de résine jetaient sous les voûtes une clarté vacillante et sinistre. Tout au fond de la salle, sur une haute estrade tendue de noir, un personnage assis, en costume de magicien, paraissait nous attendre.

— Voilà le maître! nous dit solennellement l'homme rouge.

Et il nous laissa. Nous étions effectivement en présence du sorcier lui-même (1).

---

(1) Ninon n'a rien inventé de tout ce qui va suivre sur le fameux nécromancien des carrières de Gentilly. On peut s'en convaincre en lisant les *Chroniques de la cour et de la ville*, ainsi que les autres Mémoires du temps. (*Notes des Éditeurs.*)

— Approchez ! nous cria Perditor d'une voix terrible. Que voulez-vous ?

— Je désire, murmurai-je toute frémissante, un philtre pour conserver ma jeunesse et ma beauté.

— C'est quarante écus. Payez d'abord.

Tirant aussitôt ma bourse, je donnai cinq louis sans faire la moindre réflexion sur l'espèce de défiance qu'on me témoignait. Le comte n'attendit pas les questions de l'homme de l'estrade.

— Quant à moi, seigneur sorcier, dit-il, je suis curieux de voir le diable. Combien prenez-vous pour le montrer ?

— Cent livres.

— Peste ! à ce prix-là, vous devez faire d'assez beaux bénéfices.

Le maître de la caverne ne daigna pas répondre. Il prit l'argent du comte, qu'il serra dans son escarcelle avec mes louis. Cela fait, il appuya la main sur un large timbre, qui me parut résonner aussi fort qu'un coup de bourdon de Notre-Dame. A ce signal, qui faillit nous rendre sourds, deux espèces de nymphes médiocrement jolies, mais habillées de blanc et couronnées de fleurs, sortirent de terre à ses côtés. Perditor me désigna silencieusement à elles, leur tendit une fiole de cristal vide et fit de nouveau retentir son effroyable timbre. Les nymphes disparurent. Je compris qu'elles allaient fabriquer mon philtre.

— Ainsi donc, reprit le sorcier, qui se tourna vers nous, vous êtes décidés l'un et l'autre à voir le diable ?

— Très-décidés, dit le comte.

— Votre nom ?

— Mais est-il donc si nécessaire de vous le donner, monsieur le magicien? balbutiai-je.

— C'est indispensable.

— Je m'appelle Anne de Lenclos.

— Et moi, s'empressa d'ajouter mon compagnon, je me nomme Georges des Landrilles, comte de Lude.

— Vous jurez de ne rien révéler de ce qui va se passer sous vos yeux?

— Nous le jurons.

— Vous promettez d'être sans peur et de n'invoquer ni Dieu ni les saints?

— Nous le promettons.

Le sorcier se leva. Il prit une longue baguette d'ébène, vint à nous, traça sur le sable un grand cercle avec nombre de figures cabalistiques et nous dit :

— Vous pouvez encore sortir... Avez-vous peur?

J'avais envie de répondre affirmativement. Mais le comte s'écria d'un ton résolu.

— Peur du diable?... fi donc!... Pour qui nous prenez-vous?... allez toujours.

Au même instant nous entendîmes comme des éclats de tonnerre. La voix du magicien dominait le tumulte. Il gesticulait, criait et se livrait dans une langue inconnue à une foule d'invocations diaboliques. C'était à faire dresser les cheveux. La frayeur s'empara de moi. Je me cramponnai convulsivement au bras du comte et je le suppliai de quitter ces lieux effroyables.

— Il n'est plus temps! cria le sorcier : ne franchissez pas le cercle, ou vous êtes morts.

Tout à coup au bruit de la foudre succéda comme un

bruit de chaînes qu'on traînait dans les profondeurs du souterrain. Nous entendîmes des hurlements lugubres. Le magicien gesticulait toujours et redoublait ses cris. Il prononçait des mots barbares et semblait entrer en fureur. En un clin d'œil nous fûmes environnés de flammes.

— Regardez! cria Perditor.

Je jetai un cri d'épouvante, en voyant paraître au milieu de ce tourbillon de feu un grand bouc noir chargé de grosses chaînes rougies. Les hurlements devinrent plus sinistres; les flammes prirent une intensité effrayante, et une troupe d'affreux démons, également chargés de chaînes, se mirent à danser autour du bouc, en agitant des torches et en poussant des clameurs furibondes. Le bouc se dressait, branlant ses cornes et semblait présider cette ronde infernale.

— Ah! pardieu! s'écria le comte de Lude, la comédie est habile, je l'avoue; mais je suis curieux de voir les coulisses et d'examiner de près le costume des acteurs.

Il prit en main ses pistolets et se mit en devoir de franchir le cercle. Mais, sur un signe rapide du magicien, toutes les flammes s'éteignirent. Le bouc et le démon disparurent. Nous étions plongés dans les ténèbres les plus profondes. En même temps nous nous sentîmes saisir par des bras vigoureux. On nous entraîna violemment et l'on nous jeta hors de la caverne.

Je me trouvais trop heureuse de ce dénoûment imprévu, et je ne demandai pas à rentrer pour prendre mon philtre; j'abandonnais volontiers mes quarante écus au magicien.

Le comte n'était pas de cette humeur. Il voulait à toute force avoir le mot de l'énigme. J'eus des peines inimaginables à le décider à la retraite. Nous avions été, à l'entendre, victimes d'un charlatanisme odieux. Je n'en étais pas aussi sûre que lui, et l'abominable spectacle ne pouvait pas quitter mon imagination. Pendant le reste du jour et toute la nuit suivante, je ne vis que diables dansant et hurlant au milieu des flammes. Le lendemain j'avais la fièvre, et je défendis ma porte. J'avais réussi à sommeiller un peu, lorsque tout à coup je fus réveillée en sursaut. J'entendis une querelle dans mon antichambre.

— Vous n'entrerez pas! criait Perrote.

— J'entrerai, vous dis-je, répondait une voix impérieuse.

— Eh! monsieur...

— Silence! Qu'on me laisse le passage libre.

— Mais, je vous le proteste, madame est sortie...

— Tu mens.

— Ah! fit Perrote, interloqué de cet aplomb.

— Je sais qu'elle est chez elle.

— Comment le savez vous!

— Je sais qu'elle est seule.

— Voilà qui est bizarre!

— C'est ainsi. Va lui dire que j'ai à lui parler de choses de la plus haute importance.

— Enfin de la part de qui venez-vous?

— De ma part.

— Au moins dites votre nom.

— Je n'ai point de nom.

— Quel homme! cria mon domestique.

Il céda de guerre lasse et vint me répéter tout ce que j'avais entendu. La curiosité m'avait prise. Je passai vivement une robe de chambre et je donnai l'ordre d'introduire le visiteur. Quelques secondes après, il parut au seuil de ma porte. Je jetai un cri de saisissement mêlé d'effroi, en reconnaissant l'homme noir du Louvre. Il me salua jusqu'à terre, et s'approcha de mon fauteuil.

Je l'examinai curieusement.

Il était vieux, mais non cassé, vêtu de velours noir des pieds à la tête, sans épée, portant calotte sur des cheveux blancs, ayant à la main une petite canne d'ébène fort légère et une grande mouche sur le front. Du reste, des yeux pleins de feu et une physionomie spirituelle.

— Que voulez-vous, monsieur, lui dis-je, et que demandez-vous?

Sans me répondre d'abord, il prit un siége et me regarda fixement.

— Il vous plaira, j'espère, murmurai-je, presque intimidée par son œil scrutateur, de m'expliquer le motif de votre visite et de l'insistance au moins bizarre, pour ne rien dire de plus, que vous avez déployée vis-à-vis de mes gens?

Tirant de sa poche une tabatière de vermeil enrichie de pierres précieuses, il huma cinq ou six prises de tabac d'Espagne en me regardant toujours. Puis il me dit avec un sourire ironique :

— Vous avez été hier à Gentilly, belle dame.

— C'est vrai, répondis-je.

— Et vous vous imaginez avoir vu le diable?

— Mais, monsieur, qui a pu vous apprendre?...

— Oh! que cela ne vous inquiète point. Vous vous figurez, dis-je, avoir vu Satan... Detrompez-vous, mademoiselle : vous avez été dupe de la fantasmagorie la plus sotte et du plus impudent charlatanisme.

— Il serait bon de m'en donner la preuve.

— Je suis venu pour cela.

— Vraiment?

— Le diable, soyez-en bien convaincue, est de trop bonne compagnie, trop bien élevé, trop rempli de tact et de convenance pour se présenter à n'importe qui, mais surtout à une jolie femme, sous des dehors aussi ridicules.

— Vous croyez, monsieur? lui dis-je toute frémissante.

— J'en suis positivement certain.

— Comment cela?

— Perditor est un fourbe; son bouc est un bouc véritable, dressé à remuer les cornes et à manœuvrer au milieu des flammes.

— Est-ce possible?

— Vous pouvez me croire. Les chaînes que cet animal porte sont tout simplement peintes en rouge; les flammes qui l'entourent sont des flammes de poix de résine, jetées par des hommes cachés dans les détours du souterrain, et qui jouent ensuite le rôle de diables subalternes.

— Le comte s'en doutait.

— Vous auriez dû vous en douter vous-même. Au lieu du bruit du tonnerre, vous avez entendu le bruit d'une voiture qu'on fait rouler sur des plaques d'airain. Quant aux hurlements, ils sont poussés par de gros bouledogues à qui l'on a fourré la tête dans de longs instruments de bois, sonores, larges par le haut, étroits par le bas. On pique ces malheureuses bêtes avec des aiguillons. Vous avez, à présent, tous les secrets du sorcier.

— Mais, encore une fois, monsieur, d'où tenez-vous ces détails?

— Je sais tout, me répondit-il, rien ne m'échappe ; il n'est point de mystère que je ne pénètre.

— Alors vous êtes le diable! m'écriai-je. Si je ne l'ai pas vu hier, je le vois aujourd'hui.

— Croyez ce qu'il vous plaira, me répondit-il.

— Quoi! vous ne me dépersuadez point?

— Non, vraiment, cela n'est en aucune sorte nécessaire. Je ne viens, au reste, que pour vous être agréable, et ma visite ne doit pas vous effrayer, quoique je ne fasse cet honneur qu'à fort peu de gens. Rassurez-vous et veuillez m'entendre.

Somme toute, il me paraissait assez bon homme ; je repris quelque assurance et je lui dis :

— Qui que vous soyez, je vous écoute.

Il rapprocha son siége du mien.

— Vous m'intéressez beaucoup, continua-t-il. Je dispose à mon gré du sort de l'espèce humaine, et je viens savoir de quelle façon vous voulez que je dispose du vôtre.

— Mais qui me prouvera que vous ayez réellement cette puissance?

— Oh! pour cela, mademoiselle, les preuves sont inutiles, ma parole suffit. Vos beaux jours ne sont qu'à leur aurore; vous entrez dans l'âge où les portes du monde s'ouvrent toutes grandes pour vous recevoir, et il dépend de vous d'être la femme la plus heureuse et la plus illustre de votre siècle.

— En vérité?... Quelle brillante perspective!... J'en suis éblouie, je vous le jure.

Je cherchais à me donner un peu de hardiesse et à paraître calme, car je tremblais de tous mes membres.

— Ne raillez pas, me dit-il d'une voix grave et sentencieuse. Je vous apporte la grandeur suprême, des richesses immenses, ou une beauté éternelle. Ces biens divers peuvent également flatter la vanité d'une jeune personne : choisissez des trois celui qui vous touche le plus. Nul au monde ne peut vous en offrir autant.

— J'en suis persuadée, lui dis-je, et la magnificence de vos dons m'enchante.

— Une dernière fois, mademoiselle, point de raillerie. Vous avez trop de sens et trop de bon goût pour vous moquer d'une personne que vous ne connaissez pas. Choisissez, je le répète, ce que vous préférez, grandeur, richesse, ou beauté éternelle.

— Mais, balbutiai-je, il me faudrait au moins quelques heures pour réfléchir...

— Vite, et point d'hésitation ! Je ne vous donne qu'un instant.

— De grâce...

— Votre choix, dépêchons... Quel est votre choix ?

— La beauté, répondis-je très-émue. Mais que faut-il faire pour cela ?

— Peu et beaucoup. Il faut écrire votre nom sur mes tablettes.

— Mon nom seulement ?

— Oui, mademoiselle.

A ces mots, il me présenta tout ouvertes de vieilles tablettes noires, à feuillets rouges.

— Ma foi, m'écriai-je, advienne que pourra, je me risque !

Prenant aussitôt les tablettes, j'y apposai intrépidement ma signature.

— Fort bien, dit l'homme noir.

Il remit les tablettes dans sa poche et en tira un assez gros paquet cacheté, qu'il déposa sur mes genoux.

— Vous trouverez là-dedans, me dit-il, quelques instructions et un philtre autrement efficace que celui de Perditor. Ne décachetez qu'après mon départ.

Il se leva. Sa taille me parut avoir grandi; ses yeux brillèrent d'un éclat plus étrange, et il ajouta d'une voix vibrante :

— Maintenant, Ninon de Lenclos, tu es à moi! Compte sur une beauté éternelle et sur la conquête de tous les cœurs. Je te donne le pouvoir de tout charmer; c'est le plus beau privilége dont puisse jouir une créature humaine, et depuis six mille ans que je parcours l'univers d'un bout à l'autre...

— Six mille ans! m'écriai-je avec un geste d'effroi.

— Oui, cela doit te surprendre. Depuis six mille ans je n'ai encore trouvé que quatre mortelles entièrement dignes de cette faveur.

— Qui donc?

— Sémiramis, Hélène, Cléopâtre et Diane de Poitiers.

L'épouvante glaçait la parole sur mes lèvres. Il ajouta :

— Tu es la cinquième et dernière que j'ai résolu de favoriser ainsi : tu paraîtras toujours jeune et toujours fraîche, tu seras toujours charmante et toujours adorable. Nul homme ne pourra te voir sans devenir amoureux de toi, et jamais tu n'auras à craindre de ne pas être aimée de ceux que tu aimeras. Tes amants ne te quitteront plus, tu les quitteras toujours la première... N'ai-je pas deviné le plus secret de tes désirs ?

— Oui, murmurai-je, baissant les yeux et n'osant l'envisager de nouveau.

— C'est bien! Je suis venu dans l'intention de t'être agréable en tout. Tu jouiras d'une santé parfaite, ou tes maladies seront si légères, qu'elles n'apporteront de changement ni au corps ni à l'esprit. Tu atteindras un âge fort avancé sans vieillir, et tu charmeras également par le cœur et par les yeux. Le temps t'épargnera ses outrages; tu seras belle, toujours belle, et tu feras des passions à un âge où les autres femmes sont environnées des horreurs de la caducité. Enfin, on parlera de toi tant que subsistera le monde!

Mon cœur battait avec une force extrême. Je voulus balbutier quelques mots. L'homme noir mit un doigt sur sa bouche pour m'inviter au silence.

— Oui, sans doute, continua-t-il, oui, tout cela doit te paraitre fort extraordinaire. Mais point de questions, je n'y répondrais pas.

Il posa l'une de ses mains sur mon épaule, comme s'il eût voulu prendre possession de moi à tout jamais. Puis il ajouta d'une voix sinistre :

— Je t'annonce que tu me reverras une fois, une seule. Ce sera dans moins de quatre-vingts ans. Tremble alors, tremble quand tu recevras cette visite, car tu n'auras plus que trois jours à vivre!

A ces mots, il disparut, me laissant anéantie, pétrifiée, sans mouvement et presque sans souffle.

FIN DU PREMIER VOLUME

www.ingramcontent.com/pod-product-compliance
Lightning Source LLC
Chambersburg PA
CBHW071530160426
43196CB00010B/1720